El encantador de perros

El encantador de perros

César Millán

Con Melissa Jo Peltier

AGUILAR

Título original: *Cesar's Way*
© 2006, César Millán y Melissa Jo Peltier
© De la edición original en inglés: 2006, Harmony Books, Random House
© De la traducción: 2007, Javier Lago Bornstein y Ana Isabel Robleda
De esta edición:
D. R. © Santillana Ediciones Generales, S.A. de C.V., 2007.
Av. Universidad 767, Col. del Valle.
México, 03100, D.F.

Primera edición: enero de 2009
Octava reimpresión: marzo de 2011
ISBN: 978-607-11-0073-3
Diseño de cubierta: El Orfanato (www.elorfanato.com)

Impreso en México.

*Dedico este libro a la memoria de mi abuelo, Teodoro Millán Angulo,
y a mi padre, Felipe Millán Guillén; mi agradecimiento a los dos
por enseñarme a apreciar, respetar y amar verdaderamente
a la Madre Naturaleza.*

*Mi agradecimiento especial a mi madre, María Teresa Favela d'Millán,
que me enseñó el poder de un sueño.*

Índice

Agradecimientos

Este primer libro significa mucho para mí, y es importante que exprese mi reconocimiento a todas las personas que, de algún modo, han influido en mi vida, que me ayudaron a alcanzar el punto en el que me encuentro, cumpliendo realmente mi sueño de escribir un libro. Con algunas de esas personas no he hablado nunca, pero todas ellas contribuyeron a conformar mi modo de pensar y la forma en que abordo este libro.

La primera de ellas es Jada Pinkett Smith, que ha sido más que una cliente; también ha sido una mentora, una guía y un modelo que hay que imitar. Gracias, Jada, por tu hermoso espíritu y por mostrarme el significado de la amistad incondicional.

Quiero mostrar mi reconocimiento a Jay Real por tomarme bajo su protección y enseñarme las reglas, las fronteras y los límites del mundo de los negocios. Jay, eres un hombre de honor. Instintivamente supiste cuándo llevarme de la mano y guiarme, pero también supiste cuándo llegó el momento de que abandonara el nido y volara por mi cuenta. Siempre me sentiré agradecido por ello.

También hay dos mujeres a las que tengo que dar las gracias: las que regentaban un salón de belleza en San Diego y que me contrataron cuando llegué a Estados Unidos por primera vez. Perdónenme por no recordar sus nombres. Por aquel entonces no hablaba inglés y los nombres anglosajones me resultaban muy difíciles. Pero si están leyendo esto, por favor, han de saber que nunca olvidaré lo que hicieron por mí. Pienso en ustedes como mis primeros (¡pero no los últimos!) ángeles de la guarda estadounidenses.

A menudo se trivializa en los medios de comunicación sobre los autores y los expertos en libros de "autoayuda", pero he de mostrar mi reconocimiento a varios de ellos por el éxito que hoy tengo. Oprah Winfrey influyó en mí mucho antes de que tuviera el honor de conocerla en persona y de trabajar con sus perros. Su programa *How to Say No* cambió mi vida al principio de mi carrera, porque en aquella época yo decía no a mi familia y sí a todos los demás. Gracias, Oprah, por tu sabiduría y tu perspicacia. Para mí siempre serás la encarnación de la energía "serena y firme" por el modo en que encaras tu vida y tu trabajo. ¡Realmente eres una "líder de la manada" estelar para los seres humanos!

Hay otros, a los que quiero mencionar y recomendar, que han influido tanto en mi vida como en mi manera de trabajar con los perros. Anthony Robbins me enseñó a fijarme una meta, emprender las tareas necesarias para alcanzar dicha meta y conseguirla. El Dr. Wayne Dyer me inculcó la fuerza de la voluntad. Deepak Chopra me ayudó a esclarecer mis creencias en cuanto al equilibrio entre el cuerpo y el alma, y nuestras conexiones con los mundos natural y espiritual. El Dr. Phil McGraw me enseñó a informar con amabilidad a la gente de cosas que no quieren oír y también me ayudó a aceptar con elegancia el hecho de que mis consejos no son para todo el mundo. El libro *Men Are from Mars, Women Are from Venus (Los hombres son de Marte, las mujeres son de Venus),* del psicólogo John Gray, me ayudó a salvar mi matrimonio.

Hubo un momento en mi vida en el que me encontraba desesperado por saber si estaba loco, en el que me preguntaba si era la única persona en el mundo que creía que la *psicología* canina —no el *adiestramiento* canino— era la clave para ayudar a los perros con problemas. *Dog Psychology: The Basics of Dog Training,* del desaparecido Dr. Leon F. Whitney, y *The Dog's Mind,* del Dr. Bruce Fogle, fueron los dos libros que salvaron mi cordura y me ayudaron a ver que iba por buen camino.

Cuando *Los Angeles Times* publicó un artículo sobre mí en 2002, una bandada de productores de Hollywood llegó de golpe a mi Centro de Psicología Canina, todos ellos prometiéndome la luna a cambio de cederles mi vida y mis "derechos". Sheila Emery y Kay Summer fueron los únicos que no quisieron sacar provecho de mí y que no me hicieron promesas salvajes. Les agradezco que me presentaran al grupo MPH Entertainment: Jim Milio, Melissa Jo Peltier y Mark Hufnail. El equipo MPH/Emery-Sumner vendió mi programa, *Dog Whisperer with Cesar Millan* al National Geographic Channel. A diferencia de otros productores que se me habían acercado, los socios de MPH no querían cambiarme. Nunca jamás me pidieron que fingiera ser algo que yo no era. Querían que me presentara exactamente tal cual era: nada de adornos, nada de espectáculo, sólo mi esencia. Kay, Sheila y los tres socios de MPH —yo los llamo mi "pandilla de la televisión"— me han ayudado a conservar la sensatez, los pies en el suelo en un negocio que fácilmente puede conseguir que los recién llegados pierdan el equilibrio.

Quiero agradecer especialmente a mis dos hijos, Andre y Calvin. Tienen un padre dedicado en extremo a su misión, una misión que a menudo le ha robado un tiempo que podría haber pasado con ellos. Quiero que sepan, mientras van creciendo, que cada segundo que no estoy con ellos ocupan mi pensamiento. Mis extraordinarios niños, son mi razón para seguir adelante; la huella que deje en este mundo la dejo por ustedes. Quiero que crezcan en una familia de honor que defiende algo importante. Andre y Calvin, espero que siempre recuerden y aprecien sus raíces.

Por encima de todo está mi fuerza, mi espina dorsal: mi esposa, Ilusión Wilson Millán. Creo que no hay hombre más afortunado que aquel que tiene detrás a una mujer al cien por cien y yo he sido bendecido con eso. Ilusión estaba allí conmigo antes de que yo fuera "alguien" o tuviera algo. Me mostró la importancia del amor incondicional y al mismo tiempo realmente me "rehabilitó". Nací con los pies en el suelo, pero antes de casarme con mi esposa empezaba a sentirme perdido. Me volví egoísta y tenía mis prioridades confundidas. Ilusión me devolvió a la realidad. Me estableció normas, fronteras y límites. Siempre luchó por aquello que consideraba que era lo mejor para nuestra relación y nunca dio un paso atrás. Ama a los seres humanos del mismo modo que yo amo a los perros. Al principio de mi carrera me resultaba más fácil rechazar la parte humana de la relación ser humano-perro, pero Ilusión vio enseguida que eran los humanos quienes tenían que "conseguirlo" para que los perros fueran felices. Además es la persona más generosa y misericordiosa que haya conocido jamás. Sabe qué es el verdadero perdón: no sólo las palabras, sino el acto de perdonar; para ella esto significa haber perdonado a los responsables de algunos hechos muy traumáticos que sucedieron en su vida. Eso ya es una inspiración para mí. Ilusión, cada día me despierto orgulloso y honrado de tenerte como esposa.

Por último están los perros. Si yo fuera un árbol, todas las maravillosas personas de mi vida serían aquellos que me habrían influido a medida que iba creciendo, pero los perros seguirían siendo mis raíces. Me mantienen con los pies en el suelo. En cada perro que veo vive el espíritu de mi abuelo, el hombre que más influyó en mi objetivo vital, que me introdujo en el milagro de los animales y las maravillas de la Madre Naturaleza. Los perros no leen libros, por lo que este reconocimiento no significa nada para ellos. Pero espero, cuando esté cerca de ellos, que siempre perciban la energía de mi imperecedera gratitud por todo lo que me han dado.

Melissa Jo Peltier desea dar las gracias a Lauren Ong, John Ford, Colette Beaudry, Mike Beller y Michael Cascio, del National Geographic Channel, así como a Russel Howard y Chris Albert, su genial departamento de publicidad; a nuestro equipo y personal de *Dog Whisperer with Cesar Millan* por su consistente excelencia; a Scott Miller, de Trident Media Group, por su fe y paciencia, y al incomparable Ronald Kessler por presentarme a Trident; a Kim Meisner y Julia Pastore, de Harmony Books, por su experiencia; a Heather Mitchell por su investigación y comprobación de hechos; a Kay Sumner y Sheila Emery por traer a César a nuestras vidas; a Ilusión Millán por su confianza y amistad; a Jim Milio y Mark Hufnail por diez alucinantes años y los que vendrán; a Euclid J. Peltier (papá) por la inspiración; a la adorable Caitlin Gray por ser paciente conmigo durante un verano de escritura, y a John Gray, el amor de mi vida: lo has cambiado todo.

Y, por supuesto, a César. Gracias, César, por el honor de permitirme formar parte de tu objetivo.

Prefacio, por Jada Pinkett Smith

Permítanme que les prepare para la idea de que mediante la psicología canina de César Millán van a aprender tanto sobre ustedes como sobre su(s) perro(s). Ya ven, los humanos somos los que hemos perdido el concepto del orden natural en el que funcionan nuestros perros. Nuestra falta de conocimientos sobre la naturaleza de nuestras mascotas y sus necesidades priva a nuestros animales de los instintos naturales que emplean para sobrevivir. Esto se traduce en una mascota desequilibrada, infeliz, que se convierte más en una jaqueca que en una alegría. César nos ayuda a entender las formas naturales en que viven nuestros perros, para que se vuelvan más equilibrados y felices. En esas condiciones nuestros perros nos permiten desarrollar una relación más saludable con ellos.

Mediante su paciencia y su sabiduría César ha supuesto una bendición para mi familia, para mis perros y para mí. Así pues, nuevos estudiantes, estén abiertos a aprender cosas nuevas.

Prefacio, por Martin Deeley

Presidente de la Asociación Internacional de Profesionales Caninos

Hoy en día, aunque tenemos más libros, más ayuda, más artilugios de adiestramiento y definitivamente más recompensas, hay más perros mal educados que nunca. Tenemos los medios que nos ayudan a conseguir un perro bien educado, pero no entendemos suficientemente la naturaleza de nuestro perro. Si bien la mayoría de nosotros somos bienintencionados y adorables dueños de perros, esta falta de entendimiento puede crear muchos problemas comunes entre los perros. En pocas palabras, un perro no es un ser humano pequeño. No piensa como un ser humano ni actúa como un humano ni ve el mundo del mismo modo que un humano. Un perro es un perro y hemos de respetarlo como perro. Flaco favor le haremos si lo tratamos como a un ser humano y fomentamos de ese modo muchos de los malos comportamientos que vemos hoy en día.

Desde el primer momento que vi a César Millán trabajar con perros en su programa *Dog Whisperer* supe que entendía este concepto. Es un hombre único que no teme ser políticamente incorrecto, que habla de liderazgo con los perros y no teme dar y mostrar un correctivo cuando un perro lo necesita. No dejo de impresionarme con el modo en que César interactúa tanto con los perros como con sus dueños. César explica qué es lo que está creando el problema de tal forma que cualquier dueño de un perro pueda entenderlo. Su personalidad, su calidez y su humor son irresistibles; ante su encanto hasta el dueño más testarudo escucha y desea cambiar. No sólo puede explicar la situación, también puede solucionar el problema. Con una mínima cantidad de comunicación verbal, el perro obedece, cambiando su actitud y su comportamiento. Los perros responden al enfoque tranquilo y confiado de César. Verdaderamente se trata de un hombre que sabe cómo "hablar el idioma de los perros".

En este libro César nos recuerda que lo más importante del adiestramiento de un perro consiste en crear una relación saludable entre el ser humano y el perro, en la que la frontera entre uno y otro quede claramente trazada. Por mi propia experiencia me consta que esto es algo crítico. Mi primer perro, Kim, jamás se mostró agresivo ni se comportó mal en público ni cuando recibía visitas en casa. Hoy en día la gente diría: "Qué perro más bien adiestrado". Pero no se trataba de adiestramiento; se trataba de compartir una relación basada en los tres elementos clave que César detalla en este libro: ejercicio, disciplina y afecto.

César nos muestra cómo construir este tipo de relación y nos ayuda a entender mejor a nuestros perros. También nos explica cómo un perro puede cambiar su comportamiento y su actitud con el enfoque adecuado. Es una información esencial para todo aquel que quiera vivir de forma más pacífica con nuestros valiosos acompañantes.

Introducción

¿Su perro lo está volviendo loco? ¿Es agresivo, nervioso, asustadizo o sencillamente demasiado irritable? Tal vez su amigo de cuatro patas esté obsesionado con algo: ya sea saltar sobre el primero que entre por la puerta o enchincharlo a usted para que juegue a tirarle una y otra vez esa asquerosa pelota verde de tenis.

O tal vez quizá usted crea que tiene la mascota perfecta pero le gustaría que su relación con ella fuera más satisfactoria. Realmente le gustaría saber qué resortes hacen saltar a su perro. Querría entrar en el cerebro de su perro, forjar una relación más íntima.

Si ha contestado afirmativamente a cualquiera de las preguntas anteriores, ha llegado al lugar adecuado.

Si no me conoce por mi serie de televisión *Dog Whisperer,* que emite el National Geographic Channel, permítame presentarme. Me llamo César Millán y estoy encantado de compartir con usted los conocimientos adquiridos durante toda mi vida por mi experiencia al vivir y trabajar con perros, incluyendo los millares de "causas perdidas" que he rehabilitado a lo largo de los años.

Si quieren saber algo de mí, llegué a Estados Unidos en 1990, procedente de México, sin dinero en los bolsillos y con el sueño y la ambición de convertirme en el mejor adiestrador canino del mundo. Empecé como cuidador, pero menos de tres años después ya estaba trabajando con jaurías de rottweiler realmente agresivos, incluyendo algunos perros que resultaban ser propiedad de una maravillosa pareja de la que quizá haya oído hablar: Will Smith y Jada Pinkett Smith. Will y Jada, muy responsables como dueños de perros, quedaron impresionados por mi talento natural con los perros, y con gran generosidad me recomendaron a sus amigos y colegas, muchos de ellos famosos. No publicaba anuncios: mi negocio se centraba estrictamente en la publicidad "boca a boca".

Enseguida me encontré con un negocio próspero y pude abrir mi primer Centro de Psicología Canina al sur de Los Ángeles. Allí conservo una manada de entre treinta y cuarenta perros que nadie más quiere acoger. Rescato a la mayoría de estos animales de refugios o de organizaciones de rescate porque son considerados "no adoptables" o han sido abandonados por sus dueños debido a su comportamiento. Desgraciadamente, y dado que no hay suficientes refugios a los que acudir donde no los maten, la mayoría de los animales abandonados se enfrenta a una inevitable eutanasia. Pero los perros que rescato, una vez rehabilitados, se convierten en miembros felices y productivos de la manada. Al final muchos de ellos encuentran una familia adoptiva adorable y responsable. Y durante su estancia en mi manada estos perros que en su día estuvieron condenados a morir suelen actuar como anfitriones y modelos que se pueden imitar para los perros problemáticos de mis clientes.

Hay una necesidad única en los perros en Estados Unidos: lo he visto en sus ojos y lo he sentido en sus energías desde el primer día que crucé la frontera. Los perros domésticos aquí ansían tener lo que la mayoría de los perros en libertad posee de una forma natural: la capacidad de ser simplemente *perros,* vivir en una *manada* estable y equilibrada. Los perros estadounidenses luchan contra algo desconocido para la mayoría de los perros del mundo: la necesidad de "desaprender" los esfuerzos de sus dueños, motivados por el amor pero en definitiva destructivos, por transformarlos en personas peludas de cuatro patas.

De niño, en México, veía *Lassie* y *Rin Tin Tin* y soñaba con convertirme en el "adiestrador" de perros más grande del mundo. Ya no llamo "adiestrar" a lo que hago. Hay muchos grandes adiestradores, gente que puede enseñar a su perro a responder a órdenes como "siéntate", "quieto", "ven" y "sígueme". No es eso lo que yo hago. Yo me dedico a la rehabilitación en profundidad. Manejo la psicología canina; tratar de conectar con el cerebro y los instintos naturales del perro para ayudarlo a corregir un comportamiento no deseado. No empleo palabras ni órdenes. Empleo la energía y el tacto. Cuando llego a la casa de un cliente, el dueño suele pensar que el problema radica en el perro. Siempre me ronda la idea de que es más probable que sea cosa del dueño. A menudo digo a mis clientes: "Rehabilito perros, pero adiestro personas".

La clave de mi método es lo que yo llamo "el poder de la manada". Al haber crecido en una granja con perros que eran perros de trabajo y no mascotas domésticas, tenía años de experiencia interactuando y observando a los perros en sus sociedades "grupales" naturales. El concepto de "manada" está profundamente arraigado en el ADN de su perro. En una manada sólo hay dos papeles: el del líder y el del seguidor. Si no te conviertes en el líder de la manada de tu perro, éste asumirá ese papel y tratará de dominarte. En América la mayoría de los dueños de mascotas miman a sus perros y les ofrecen su constante afecto, pensando que con eso el perro tendrá suficiente y no es así. En el mundo canino, si sólo se obtiene afecto, el equilibrio natural puede verse alterado. Al enseñar a mis clientes a "hablar" el lenguaje de su perro —el lenguaje de la manada— les abro todo un mundo nuevo. Mi objetivo al trabajar con los clientes consiste en asegurarme de que tanto el ser humano como el perro acaban más sanos y felices.

Hay más de sesenta y cinco millones de perros mascota en Estados Unidos[1]. En los últimos diez años la industria de las mascotas ha duplicado su tamaño con unos ingresos cercanos a los treinta y cuatro mil millones: ¡sí, miles de millones! Los dueños de perros aquí miman a sus mascotas con cosas como bolsitas de viaje de piel de cocodrilo verde de cinco mil setecientos dólares para minúsculos Yorkshire terriers y pólizas de seguros por treinta mil dólares[2]. Como media, el dueño de un perro puede llegar a gastar once mil dólares o más en su mascota durante la vida de su perro: ¡y es una estimación muy a la baja![3]. Está claro que este país tiene los perros más mimados del mundo. Pero ¿son los más felices? Desgraciadamente mi respuesta es no.

Lo que espero que obtenga después de haber leído este libro es algunas técnicas prácticas para ayudar a su perro con sus problemas. Sin embargo, lo más importante es que quiero que comprenda con mayor profundidad cómo ve el mundo su perro y lo que realmente quiere y necesita para llevar una vida pacífica, feliz y equilibrada. Creo que casi todos los perros nacen con un equilibrio perfecto, en armonía con ellos mismos y con la naturaleza. Sólo cuando viven con los seres humanos desarrollan esos problemas de comportamiento que yo llamo "cuestiones". Y hablando de cuestiones, ¿quién de nosotros no tiene unas cuantas? Después de aplicar mis técnicas puede que incluso usted empiece a comprenderse mejor. Observará su propia conducta con una luz diferente y puede que se encuentre alterando las formas con las que interactúa con sus hijos, su pareja o su jefe. ¡Después de todo los seres humanos también somos animales grupales! Más espectadores de los que se podría imaginar me han dicho que mis técnicas han ayudado a tantos seres humanos como perros. Por ejemplo, tomemos un extracto de esta deliciosa carta de un admirador:

Querido César:

Muchas gracias por tu programa Dog Whisperer.

Lo curioso es que ha cambiado mi vida y la de mi familia, y ni siquiera tenemos perro.

Tengo 42 años y soy madre de dos hijos (un niño de 5 años y una niña de 6). La estaba pasando terriblemente mal al educarlos con un poco de disciplina (me di cuenta de que no tienen fronteras ni límites). Mis hijos me trataban muy mal, literalmente, en lugares públicos y en casa. Entonces vi su programa.

Desde entonces me he adiestrado a mí misma para ser una madre más firme, siendo más enérgica, exigiendo mi espacio como figura materna. También me he adiestrado para no pedirles ni rogarles que hagan algo, sino para decirles que lo hagan (cosas como recoger su habitación, limpiar su zona del comedor y llevarse la ropa lavada y planchada). Mi vida ha cambiado, y ellos también. Para mi asombro, mis hijos se han vuelto más disciplinados (y hay menos peleas) y he descubierto que realmente les gustan la responsabilidad y las tareas del hogar. Están orgullosos cuando terminan una tarea y yo estoy emocionada.

No sólo ha enseñado a los seres humanos cosas sobre sus perros, también ha enseñado a los seres humanos cosas sobre ellos mismos.
¡Muchísimas gracias!

Familia Capino

Debo mucho a los perros. Obviamente les debo mi sustento, pero mi gratitud es mucho más profunda. Mi equilibrio se lo debo a los perros. Haber experimentado el amor incondicional se lo debo a los perros, así como, de niño, mi capacidad para superar la soledad. El hecho de entender a la familia se lo debo a los perros, y ellos me han ayudado a aprender a ser un mejor y más equilibrado "líder de la manada" con mi mujer y con nuestros hijos. Los perros nos dan mucho, pero realmente, ¿qué les damos nosotros a cambio? Un sitio donde dormir, comida, afecto... pero ¿es suficiente para ellos? Son puros y generosos al compartir su vida con nosotros. ¿No podríamos echar una mirada más profunda dentro de su cerebro y corazón para descubrir lo que realmente desean?

He llegado a la conclusión de que algunos dueños de perros realmente no quieren hacer cuanto sea necesario para que su perro lleve una vida plena por temor a que ello altere el equilibrio en la forma en que su perro llena la *suya*. Pero en una relación ideal ¿no deberían ambas partes ver que sus necesidades quedan satisfechas?

Lo que espero lograr con este libro es tratar de ayudar a todos mis lectores a devolver a sus perros tan sólo una parte de los muchos regalos que sus perros les dan a ellos.

Notas

[1] Fuente: U.S. Humane Society.

[2] Fetterman, M., "Pampered Pooches Nestle in Lap of Luxury", *USA Today,* 11 de febrero de 2005.

[3] Lieber, A., "Lifetime Costs of Pet Ownership", PetPlace.com, http://petplace.compuserve.com/Articles/artShow. Asp-artID=5024.

Nota sobre el género

Crecí en México, en una cultura que podría llamar "machista". Otros en Estados Unidos podrían llamarla "sexista". La llame como la llame, es una cultura que no valora a la mujer del modo en que se valora aquí. La mujer es respetada como madre, pero su valía personal no recibe ni de lejos la importancia que debería. No se anima a la mujer a tener una alta autoestima ni a sentir su importancia en la sociedad.

Desde que llegué a Estados Unidos y me casé con una estadounidense, he sido "rehabilitado" hasta el punto de creer que una cultura no puede ser realmente saludable a menos que conceda a la mujer el valor que merece. Cómo enfrentarse al tema del género es muy importante para mí. Por tanto, mi coautora y yo hemos afrontado la cuestión del género de la siguiente manera: en un capítulo nos referiremos a los animales en masculino y a los seres humanos en femenino. En el siguiente capítulo los animales serán nombrados en femenino y los seres humanos en masculino. Y así sucesivamente iremos alternando los géneros hasta el final del libro.

He de agradecer a mi brillante y preciosa esposa, Ilusión Wilson Millán, que me abriera los ojos al vital papel que la mujer desempeña en nuestra existencia humana. Realmente son el pegamento que mantiene unidos nuestros "grupos" humanos.

Prólogo
Una vida de perros

Son las siete menos cuarto de la mañana y el sol empieza a asomarse por la cumbre de los montes de Santa Mónica. Nos dirigimos al este, y el sendero está tranquilo y desierto. Aún no he visto indicio alguno de vida humana, lo cual es buena señal. Cuando corro por la colina —seguido por unos treinta y cinco perros sin collar—, siempre lo hago por las rutas menos transitadas. Los perros no suponen peligro alguno, pero pueden resultar imponentes para alguien que jamás haya visto a un hombre correr seguido por una manada de perros.

Ya llevamos una media hora corriendo y Geovani, mi ayudante, sigue al último perro, guardando la retaguardia de la manada y vigilando que no haya rezagados. Casi nunca los hay. En cuanto alcanzamos un ritmo, la manada y yo levantamos el polvo del sendero como si fuéramos una unidad, como si fuéramos un solo animal. Yo guío, ellos siguen. Los oigo respirar fuerte y los suaves arañazos que sus patas hacen en el sendero. Están tranquilos y felices, y trotan ligeramente con la cabeza baja, meneando el rabo.

Los perros me siguen ordenados según su categoría, pero, como esta manada es mucho más numerosa de lo que sería una de lobos sin adiestrar, los perros se dividen en grupos de acuerdo con su energía: alta, media y baja. (Los perros más pequeños tienen que correr más para llevar el mismo paso.)

Los perros están en actitud migratoria y sus instintos mandan. A veces pienso que también los míos. Respiro hondo: el aire está limpio y transparente y ni siquiera me llega el olor de la contaminación de Los Ángeles. Es una sensación de total arrebato, vigorizadora. Me siento en armonía con el aire libre, el amanecer y los perros. Pienso en lo privilegiado que soy por pasar así mis días, por habérseme permitido disfrutar de este día como parte de mi trabajo, de mi misión en la vida.

En un día normal de trabajo salgo de mi casa en Inglewood, California, y llego al Centro de Psicología Canina al sur de Los Ángeles a las seis de la mañana. Geovani y yo sacamos a los perros al "patio trasero" del Centro para que puedan aliviarse tras el descanso nocturno. Después de eso los subimos a una camioneta y llegamos a la montaña no más tarde de las seis y media. Nos quedamos allí unas cuatro horas, alternando entre ejercicios vigorosos, ejercicios moderados y algo de descanso.

El ejercicio es como lo he descrito: yo guío a la manada como un lobo alfa y los perros me siguen. Es un grupo variopinto, formado por perros heridos, rechazados, abandonados y rescatados, que se mezclan con los perros de mis clientes que han venido al centro a "regresar a sus raíces", en el sentido canino, claro está. Tenemos una buena cantidad de pitbull, rottweiler, pastores alemanes y otras razas poderosas, junto a perros de aguas, galgos italianos, bulldog y chihuahuas. Mientras corro, la mayoría de los perros van sin collar. Si hay que poner collar a un perro, un ayudante se encargará de ello. Si existe la menor duda sobre la capacidad de un perro para ser un miembro obediente de la manada, se quedará en casa y haré ejercicios con él de otras maneras. Por muy distintos que sean, los perros trabajan juntos como un grupo. Su instinto más profundo y primario los guía a seguirme, su "líder de la manada", a obedecerme y a cooperar entre ellos. Y cada vez que hacemos este ejercicio me siento más unido a ellos. Es así como la naturaleza planeó el funcionamiento de una manada de perros.

Lo más notable es que siempre que paseamos o corremos es imposible distinguir a los perros, da igual de qué raza sean. Simplemente son una manada. Cuando descansamos, se separan por razas. Los rottweiler van juntos. Cavan una madriguera en la tierra para descansar en ella. Los pitbull se tumban juntos, siempre en el centro de la manada, al sol. Y los pastores alemanes van a echarse bajo la sombra de un árbol. Todos tienen un estilo propio. Entonces, cuando llega el momento de volver a correr, todos encajan como si no hubiera diferencias entre ellos. El perro y el animal que hay en ellos son algo mucho más fuerte que la raza: al menos cuando se trata de un asunto tan serio como la migración. Cada día que convivo con los perros aprendo algo nuevo de ellos. Por todo cuanto hago para ayudarlos ellos me devuelven a cambio mil regalos.

A las once menos cuarto de la mañana regresamos al sur de Los Ángeles. Después de cuatro horas de intensivo ejercicio en la montaña los perros quieren agua y estar en casa. Regresan al Centro y descansan a la sombra de un pórtico de dos pisos, un árbol frondoso o en "Tailandia": así llamo yo a la hilera de cinco casetas privadas para los más pequeños. A algunos de los más activos les gusta refrescarse en una de nuestras albercas antes de caer rendidos. Durante la hora que descansan, entre las once de la mañana y el mediodía, paso consulta y recibo a los nuevos perros en el Centro. El mejor momento para introducir un perro nuevo y desequilibrado en una manada estable es cuando están reventados.

Ahora que ya han hecho ejercicio y descansado, los perros se han ganado su comida... igual que tendrían que hacerlo en la naturaleza. Me gusta prepararles personalmente la comida, sacándola de las latas y mezclándola con mis propias manos, de modo que su comida siempre lleve el olor de su líder de manada. El ritual de la comida en el Centro de Psicología Canina dura entre una hora y media y dos horas, y está diseñado para constituir un reto psicológico para los perros: en términos humanos, un ejercicio de "fuerza de voluntad". Los perros forman una fila delante de mí y esperan. El perro más maduro, tranquilo y relajado será el primero en comer. Esto hará que los otros perros comprendan que cuanto más tranquilos y maduros estén, más posibilidades tendrán de conseguir lo que quieren. Los perros tienen que comer uno al lado del otro, sin pelear ni mostrarse dominantes en cuanto a la comida. Esto supone un enorme reto mental para el perro, pero al mismo tiempo ayuda a garantizar que la manada funciona tranquilamente.

Una vez que los perros han comido y hecho sus necesidades, están listos para más ejercicio físico. Como verán, tengo mucha fe tanto en la estructura como en la actividad física intensa para ayudar a los perros a lograr el tipo de equilibrio que tendrían si vivieran en la naturaleza, en un mundo ajeno a la influencia humana.

Nuestra siguiente actividad es la más rigurosa del día: el patinaje. Lo crean o no, a la mayoría de los perros les encanta correr conmigo mientras patino: ¡les encanta el reto de seguir el ritmo de un líder de la manada en patines! Puedo patinar con un máximo de diez perros cada vez, por lo que son unas tres o cuatro sesiones seguidas. A media tarde todos han pasado por ello. Los perros están exhaustos y yo también. Mientras descansan un par de horas, paso consulta por teléfono y me encargo del papeleo en la oficina. A eso de las cinco de la tarde salimos otra vez y jugamos a lanzar la pelota unos veinte minutos. En el Centro de Psicología Canina entre treinta y cuarenta perros pueden jugar con la misma pelota sin que estalle pelea alguna. Es lo que yo llamo el "poder del grupo" para influir en la buena conducta.

A medida que el sol se va ocultando la manada entra en actitud de descanso hasta el final del día. Es el mejor momento para cualquier sesión cara a cara que necesite hacer con cualquiera de los perros. Por ejemplo, tomemos a Beauty, una larguirucha pastora alemana con un grave caso de agresividad temerosa. Si alguien se le acerca, se encoge y sale corriendo o ataca. Para engancharle la correa al collar he de correr detrás de ella, agotarla y esperar a que se rinda. Tal vez tenga que repetir este proceso un millar de veces hasta que se dé cuenta de que, cuando extiendo mi mano, la mejor solución para ella es venir hacia mí. Dado que Beauty ha estado todo el día haciendo ejercicio y participando con los demás, está en la mejor disposición mental para que yo trabaje con ella esas cuestiones.

Hoy en día, más de diez años después de que el Centro de Psicología Canina abriera sus puertas, mantengo un reducido personal que comprende, además de a mí mismo, a mi esposa, Ilusión, y otros cuatro leales empleados. Cuidamos de una media de entre treinta y cuarenta perros a la vez. Muchos de los perros de la manada en el Centro llevan con nosotros desde el principio. A algunos los consideramos como mascotas de la familia, y vienen a casa con nosotros cada noche. Nos sentimos unidos a tantos que hemos de hacer turnos para ver a cuáles traemos a casa. Otros perros son visitantes de vuelta, pertenecientes a clientes ya veteranos, a quienes les gusta el efecto que la manada crea en el equilibrio de sus perros. Estos clientes nos traen a sus perros siempre que salen de viaje. Para sus perros, que ya están sanos psicológicamente, venir a estar con los demás es como irse de campamento y reunirse con viejos amigos.

El resto de los perros del Centro son visitantes temporales, perros que traigo para ayudarlos en su rehabilitación. La relación entre "regulares" y "temporales" de la manada es de un 50 por ciento. Algunos de estos "temporales" son perros rescatados de refugios: perros a los que se les podría aplicar la eutanasia si no fueran capaces de convertirse en animales sociales *rápidamente*. Los demás son perros que pertenecen a clientes privados. Me gusta decir que los perros de los clientes son los que mantienen el negocio en funcionamiento, y los de las organizaciones de rescate son los que mantienen mi karma en funcionamiento. A la mayoría de mis clientes no les hace falta enviar a sus perros al Centro para que estén bien, igual que no todos los seres humanos necesitan ir a terapia de grupo para tratar sus cuestiones psicológicas. La mayoría de los casos que trato tienen que ver con perros que para ser mejores simplemente necesitan un liderazgo más fuerte por parte de sus dueños, además de reglas, fronteras, límites y consistencia en sus propios hogares. Pero existen otros casos en los que la mejor solución consiste en traer los perros para que tengan el respaldo y la influencia de sus iguales para que puedan aprender de nuevo a ser perros.

Dado que muchos de nuestros perros proceden de organizaciones de rescate, muchos de ellos tienen historias sobrecogedoras, algunas de ellas con la participación de la increíble crueldad que algunos seres humanos infligen a los animales. La de Rosemary era una de esas historias. Una pitbull mestiza había sido entrenada para luchar contra otros perros en peleas ilegales. Después de perder una pelea importante sus dueños la rociaron con gasolina y le prendieron fuego. Una organización de rescate le salvó la vida y se recuperó de sus quemaduras, pero estaba claro que su horrible experiencia la había convertido en un perro peligrosamente agresivo para los humanos. Empezó a morder a la gente. Oí hablar de Rosemary después de que atacara a dos ancianos e inmediatamente me ofrecí a acogerla y tratar de rehabilitarla.

Me presentaron a Rosemary como un perro peligroso, mortal. Cuando la traje al Centro, sin embargo, su transformación resultó ser pan comido. Sólo necesitaba un lugar seguro y un liderazgo sólido para recuperar su confianza en las personas. Antes se había sentido intimidada por la gente, por lo que daba el primer paso. Y atacaba porque, por su propia experiencia, si no atacaba a una persona, esa persona le haría daño. Me bastaron dos días para ganarme su confianza. Después era el perro más dulce y obediente que puedan imaginar. No nació para ser una asesina, fueron los seres humanos los que la transformaron. En cuanto se encontró viviendo en el Centro, rodeada por la energía de perros estables y equilibrados, resultó ser un caso muy suave.

Rosemary vive ahora con una familia adoptiva que la adora y que no puede creer que haya sido agresiva con los seres humanos. Resultó ser uno de los mejores embajadores del Centro de Psicología Canina que jamás hubiera podido imaginar.

Al igual que Rosemary, a Popeye lo encontró vagando por las calles una organización de rescate y acabó aquí porque sus trabajadores no podían controlarlo. Popeye es un pitbull de raza pura que perdió un ojo en una pelea ilegal. Al ser una "mercancía dañada", sus dueños ya no lo encontraban útil y lo abandonaron. Mientras se adaptaba a la situación de tener un solo ojo, Popeye se volvió muy suspicaz ante otros perros porque su visión del mundo se había estrechado y se sentía vulnerable. Respondía acercándose a otros perros de forma muy agresiva, para intimidarlos, lo cual solía desembocar casi siempre en una pelea. Entonces empezó a atacar a las personas. Cuando me llegó, era muy agresivo, dominante y nervioso. Era un caso mucho más difícil porque su energía era muy fuerte, así que yo siempre tenía que estar más que alerta y atento cuando estaba con él. Hoy en día es un miembro de la manada, tranquilo y digno de confianza. Y aquí nadie se mete con él por el hecho de tener un solo ojo.

Tenemos muchos pitbull en la manada, no porque sean más peligrosos que otros perros sino porque están entre las razas más poderosas, y a menudo son los que más difíciles resultan de controlar para las organizaciones de rescate cuando los perros presentan cuestiones, especialmente la agresividad. Desgraciadamente para los pitbull, mucha gente los cría para peleas ilegales o para que la proteja, por lo que están condicionados a sacar el lado más agresivo de su naturaleza.

Preston también es un pitbull y es enorme. Vivía con un hombre de 80 años y se pasaba la vida encerrado con él en un apartamento. Dado que Preston estuvo naturalmente expuesto a la tranquilidad, nunca se volvió destructivo mientras su dueño estaba vivo. Preston estaba allí cuando su dueño falleció y fue el que buscó al casero, que llamó a la Amanda Foundation. Cuando fueron a recogerlo, era muy tímido. A menudo un perro tímido es candidato a manifestar agresividad temerosa. Cuando metieron a Preston en una perrera y luego trataron de sacarlo, empezó a arremeter contra todo el mundo. Al ser un ejemplar tan grande, sus rescatadores empezaron a tenerle miedo. Sin embargo, cuando lo traje aquí, vi de inmediato que en realidad era alguien asustado, inseguro. Fue uno de los pocos perros a los que metí dentro de la manada desde el primer día. Al ser alguien naturalmente tranquilo, Preston captó la energía relajada y estable de los otros miembros y casi al instante se transformó nuevamente en uno más de ellos. Se tranquilizó de manera inmediata y, aunque aún tiene un aspecto que asusta a la mayoría de los visitantes, yo sé su secreto: en realidad es un gigante amable.

Aunque no tengo favoritos en el Centro, me siento muy unido a Scarlett, una pequeña bulldog francesa blanca y negra. A menudo viene a casa conmigo, y para mis hijos es una mascota de la familia. Scarlett fue el último perro en llegar a un hogar lleno de perros y otras mascotas. Sus dueños tenían un conejo que salió de su jaula y Scarlett lo atacó y le sacó un ojo. Fui a casa de sus dueños y trabajé con Scarlett; ni siquiera era un caso que me pareciera que necesitara ir al Centro. El problema no era Scarlett: eran sus dueños. No había disciplina en la casa —ni reglas ni fronteras ni límites— y los dueños casi nunca estaban en casa para supervisar a los distintos animales que tenían sueltos por la propiedad. Asigné a los dueños un montón de ejercicios, pero no cambiaron nada. Pocas semanas después Scarlett le arrancó la pata a un chihuahua que vivía con ellos. Como Scarlett era el perro más agresivo y el último en llegar a la manada, una vez más los dueños la culparon a ella. Me parecía que no había esperanza para ella en esa casa, así que me ofrecí a adoptarla. Ahora es tan dulce y tranquila que puede ir a cualquier sitio conmigo. Para mí es como un amuleto de la buena suerte. Siempre que necesito una racha extra de buena suerte acaricio su barriga como si fuera la de un buda. Aún no me ha fallado ni una sola vez.

Oliver y Dakota son dos perros de aguas blancos y marrones. Como resultado de la excesiva endogamia, los dos presentan cuestiones físicas tales como infecciones periódicas en ojos y oídos. Dakota es el que está peor. Creo que cada perro entra en nuestra vida para enseñarnos algo. Dakota es el perro que me enseñó qué es el daño neurológico: un problema que no puedo solucionar. La energía de Dakota está "apagada". Todo en él está muy desequilibrado: desde su ladrido hasta el modo en que persigue las sombras. Dado que en la manada no se permite —nunca— la agresividad, los otros perros no le hacen daño y puede vivir pacíficamente. En la naturaleza habría sido señalado y atacado por su debilidad, y probablemente no sobreviviría.

Ojalá pudiera presentarles a todos los perros de la manada, porque todos ellos tienen anécdotas y una historia igualmente fascinantes. Sin embargo, todos ellos comparten una cosa. Para ellos estar con los suyos tiene un profundo significado. Probablemente, formar parte de una familia de personas no tendría ese mismo significado. Tendrían comodidad y tal vez estarían mimados. Pero a su vida le faltaría este significado primario. Así que cuando estos perros consiguen ser uno más entre los suyos —independientemente de su raza— se sienten completos.

Ojalá todos los perros de Estados Unidos —y del mundo— pudieran estar tan equilibrados y satisfechos como los perros de mi manada. Mi objetivo en la vida es ayudar a rehabilitar tantos perros "problemáticos" como me sea posible.

A medida que se va la tarde se va acercando la hora de que vuelva a casa con mi grupo humano: mi esposa, Ilusión, y nuestros dos hijos, Andre y Calvin. Geovani se quedará a pasar la noche, atendiendo las necesidades de los perros y metiéndolos en sus perreras cuando llegue la hora de dormir. Después de unas siete u ocho horas de ejercicio están a punto de caer reventados. Mañana se repetirá nuevamente el ciclo conmigo o con alguno de mis colegas del centro. Ésta es mi vida —una vida de perros— y no hay mayor bendición para mí que poder vivirla.

Mediante este libro los invito a experimentarla conmigo.

1
Una infancia entre perras
Una visión desde el otro lado de la frontera

Aquellas mañanas de verano en la granja nos despertábamos antes de que saliera el sol. No había electricidad, por lo que en cuanto el cielo se oscurecía por la noche había poco que hacer para los niños a la luz de las velas. Mientras los adultos hablaban en voz baja en la noche, mi hermana mayor y yo tratábamos de conciliar el sueño en el sofocante calor. No necesitábamos despertadores; nuestro toque de diana era ese primer rayo de polvo dorado a contraluz que entraba por la ventana abierta y sin cortinas. Los primeros sonidos que llegaban a mis oídos eran los de las gallinas: su insistente cacareo al competir por el grano que mi abuelo ya estaba esparciendo por el patio. Si me quedaba remoloneando el suficiente tiempo en la cama, podía oler el café hirviendo en la cocina y oír el chapoteo del agua en los baldes de cerámica que mi abuela traía desde el pozo. Antes de entrar en casa rociaba con cuidado un poco de agua sobre el camino que llevaba a nuestra puerta para que las vacas no nos ahogaran con el polvo que levantaban al pasar por allí en su desfile matutino al río.

Sin embargo, la mayoría de los días lo que menos se me antojaba era quedarme en la cama. Me moría de ganas por levantarme y salir. El único sitio donde realmente quería estar era entre los animales. Desde siempre me ha encantado pasar horas y horas caminando con ellos o simplemente observándolos en silencio, tratando de descubrir cómo funcionaba su cerebro salvaje. Ya fuera un gato, una gallina, un toro o una cabra, quería saber cómo se veía el mundo a través de los ojos de cada animal y quería entender a ese animal desde dentro. Nunca pensaba en ellos como en nuestros iguales, pero tampoco recuerdo haber pensado jamás que los animales fueran "menos" que nosotros. Siempre me sentía eternamente fascinado —y encantado— por nuestras diferencias. Mi madre me cuenta que desde el momento en que pude estirarme para tocar a cualquier animal nunca me cansé de aprender más sobre él.

Y los animales que más me atraían eran las perras. En nuestra familia tener perras a nuestro alrededor era como tener agua para beber. La de los canes fue una presencia constante en mi infancia, y no exagero su importancia en mi desarrollo para convertirme en el hombre que soy hoy en día. No quisiera imaginar un mundo en el que no hubiera perras. Respeto la dignidad de la perra como animal orgulloso y milagroso. Me maravilla su lealtad, su coherencia, su elasticidad y su fuerza. Sigo creciendo espiritualmente al estudiar su unión sin fisuras con la Madre Naturaleza a pesar de miles de años viviendo codo con codo con el hombre. Decir que "adoro" a las perras ni siquiera se acerca remotamente a mis profundos sentimientos y afinidad por ellas.

Fui un privilegiado por haber tenido una infancia maravillosa y vivir cerca de las perras y otros muchos animales. Dado que también crecí en México, en una cultura muy distinta de la que tienen en Estados Unidos, tuve la ventaja de ver su país y sus costumbres desde la perspectiva de un recién llegado. Aunque no soy veterinario ni médico ni biólogo, durante años he rehabilitado con éxito a miles de perras problemáticas, y tanto mi observación como mi opinión son que muchas perras en América no son tan felices o estables como podrían ser. Me gustaría ofrecerles una forma más equilibrada y saludable de amar a su perra. Una forma que le promete la clase de profunda conexión que siempre soñó tener con un animal. Espero que, tras compartir con usted mis experiencias y mi historia personal de una vida moldeada por las perras, pueda empezar a tener una perspectiva diferente de las relaciones que los humanos compartimos con nuestros amigos caninos.

La granja

Nací y pasé la mayoría de mis primeros años en Culiacán, una de las ciudades más antiguas de México, a unos mil kilómetros de la Ciudad de México. Mis más vívidos recuerdos infantiles, sin embargo, son los de pasar todas las vacaciones y fines de semana en la granja de mi abuelo en Ixpalino, a una hora de distancia. En la región de Sinaloa, en México, las granjas como la de mi abuelo funcionaban con una especie de sistema feudal. La granja, o rancho, pertenecía a los patrones, las familias más ricas de México. Mi abuelo era uno de los muchos trabajadores y familias de los ranchos, conocidos como campesinos, que alquilaban los ejidos, parcelas de tierra, y se ganaban sus escasos ingresos trabajándolos. Esas familias de las granjas formaban una comunidad: la tierra que cultivaban era lo que tenían en común. Se podría comparar a la situación de los aparceros en el sur de Estados Unidos. La principal tarea de mi abuelo consistía en cuidar de las vacas —docenas de ellas— y llevarlas sanas y salvas desde los pastos hasta la corriente y de vuelta todos los días.

También criábamos gallinas y otros animales, sobre todo como comida para nosotros. La casa era incómoda: de planta larga y estrecha, y hecha sobre todo de ladrillo y barro. Sólo tenía cuatro habitaciones, que se empezaron a llenar de gente en cuanto nacieron mis hermanas y mi hermano, y siempre que nos visitaban nuestros numerosos primos. Yo ya tenía 14 o 15 años cuando nos llegó el agua corriente. A pesar de ello no recuerdo haberme sentido "pobre" jamás. En esa parte de México la clase trabajadora era la mayoría. Y para mí la granja era el paraíso. Prefería estar allí que en la Montaña Mágica sin dudarlo. La granja siempre fue el lugar en el que sentía que podía ser yo de verdad, la persona que tenía que ser. Era el lugar que me hacía sentir realmente en conexión con la naturaleza.

Y allí siempre, de fondo, estaban las perras, normalmente viviendo en manadas más o menos formadas por entre cinco y siete animales. No eran salvajes, pero tampoco eran "perras de interior". Vivían fuera, en el patio, e iban y venían a su antojo. La mayoría era una mezcla de razas, muchas de ellas con un aspecto que recordaba a algo entre un pequeño pastor alemán, un labrador y un basenji. Las perras siempre se sintieron parte de nuestra familia, pero no tenían nada que ver con una "mascota" en el sentido moderno estadounidense de la palabra. Esas perras de granja trabajaban para poder vivir. Ayudaban a mantener en fila a los animales: corriendo al lado o detrás de mi abuelo mientras él pastoreaba a las vacas, o trabajando para que las vacas no se apartaran del camino. Las perras también desempeñaban otras funciones, como proteger nuestra tierra y propiedades. Si alguno de los trabajadores olvidaba un sombrero en el prado, pueden estar seguros de que una de las perras se quedaría atrás para vigilarlo hasta que su dueño regresara. También cuidaban de las mujeres de la familia. Si mi abuela iba a los prados a la hora de comer, llevándoles el almuerzo a los trabajadores, siempre la acompañaban una o dos perras por si aparecía algún cerdo agresivo y trataba de quitarle la comida. Las perras siempre nos protegían; era algo que dábamos por sentado. Y nunca les "enseñamos" a hacer ninguna de esas cosas, por lo menos no en el sentido de "adiestramiento de perras" como lo conoce la mayoría de la gente. No les gritábamos órdenes como hacen los adiestradores ni las premiábamos con galletitas. Nunca abusamos de ellas físicamente para lograr que nos obedecieran. Sencillamente hacían las tareas que había que hacer. Parecía como si en su naturaleza hubiera algo en cuanto a su forma de ayudarnos, o tal vez habían ido transmitiéndose ese comportamiento de generación en generación. A cambio de su ayuda de vez en cuando les echábamos uno o dos burritos. De lo contrario escarbaban en la basura en busca de comida o cazaban algún animal pequeño. Se relacionaban encantadas con nosotros, pero también tenían su propio estilo de vida diferente: su propia "cultura" si lo prefieren.

Esas "perras trabajadoras" de nuestra granja fueron mis auténticas profesoras en las artes y las ciencias de la psicología canina.

Me encantaba observar a las perras. Supongo que el niño medio norteamericano corre y juega a lanzar la pelota a su compañera canina: lanzarle un Frisbee, jugar a tirar de una cuerda o pelear con ella en la hierba. Desde mi más tierna infancia encontré la felicidad en las perras simplemente observándolas. Cuando las perras no estaban con nosotros o relacionándose con los otros animales de la granja, las observaba jugar entre ellas. Muy pronto aprendí a descifrar su lenguaje corporal: como la postura de "reverencia juguetona" cuando una perra invitaba a otra a retozar. Recuerdo cómo una le agarraba la oreja a la otra y rodaban por el suelo. A veces salían corriendo a explorar juntas; a veces formaban un equipo y excavaban en la guarida de una ardilla de tierra. Cuando acababan su "día de trabajo", algunas corrían a saltar al riachuelo para refrescarse. Las menos atrevidas se tumbaban tranquilamente en la orilla y miraban a las demás. Sus esquemas y sus ritmos diarios formaban una cultura en sí misma. Las madres disciplinaban a sus cachorros por lo que los cachorros aprendían las reglas del grupo a muy temprana edad. Sin lugar a dudas, sus grupos y unidades familiares funcionaban como una sociedad organizada, con reglas y límites definidos.

Cuantas más horas pasaba observándolas, más preguntas me venían a la cabeza. ¿Cómo coordinaban sus actividades? ¿Cómo se comunicaban unas con otras? Muy pronto me di cuenta de que una simple mirada de una perra a otra podía cambiar la dinámica de todo un grupo en un segundo. ¿Qué estaba pasando entre ellas? ¿Qué se estaban "diciendo" y cómo lo estaban diciendo? Aprendí pronto que yo también podía influir en ellas. Si quería algo de ellas —por ejemplo, si quería que una de ellas me siguiera al prado—, al parecer sólo tenía que llevar ese pensamiento a mi cerebro, pensar en qué dirección quería ir y la perra podía leer mi mente y obedecer. ¿Cómo podía hacer eso?

También me fascinaba la interminable cantidad de cosas que las perras podían aprender sobre el complejo mundo a su alrededor, simplemente a base de intentar algo y equivocarse. Me preguntaba si no serían algo innato esos conocimientos sobre la naturaleza. Los vastos conocimientos que desplegaban en cuanto a su entorno y a cómo sobrevivir en él parecían surgir de una combinación, a partes iguales, de naturaleza y crianza. Por ejemplo, recuerdo vivamente haber observado a una pareja de cachorros adolescente acercarse a un escorpión, probablemente por primera vez en sus vidas. Obviamente se sentían fascinados por aquella criatura estrafalaria y se acercaban poco a poco hacia ella, guiados por sus hocicos. En cuanto estuvieron cerca, el escorpión empezó a avanzar hacia ellos y los cachorros retrocedieron de golpe. Entonces los cachorros empezaron a olisquear al escorpión nuevamente, luego retrocedieron y volvieron a empezar: pero nunca se acercaron lo suficiente como para que aquél los aguijoneara. ¿Cómo sabían hasta dónde podían llegar? ¿El escorpión les estaba mandando "señales" sobre cuáles eran sus límites? ¿Cómo notaron aquellos dos cachorros el veneno del escorpión? Presencié lo mismo con otra de nuestras perras y una serpiente de cascabel. ¿Acaso olió el peligro de la serpiente de cascabel? Yo sabía cómo me habían enseñado si un animal era venenoso. Mi padre me dijo: "Acércate a ese escorpión y te doy una paliza", o "Si tocas esa serpiente, te envenenarás". Pero nunca se veía a un padre o una madre caninos decir a un cachorro: "Esto es así". Aquellos cachorros aprendían de la experiencia y observando a otras perras, pero también parecían tener una especie de sexto sentido acerca de la naturaleza: un sentido que, incluso de niño, yo veía que faltaba a la mayoría de los seres humanos que conocía. Aquellas perras parecían estar en total armonía con la Madre Naturaleza, y eso era lo que me alucinaba y me llevaba a observarlas día tras día.

Líderes de la manada y seguidores de la manada

Había algo más que observé siendo muy joven: un conjunto de conductas que parecían diferenciar a las perras de la granja de mi abuelo de las perras de otras granjas familiares. Algunos de los otros granjeros parecían tener perras con estructuras de grupo bastante firmes, en las que una perra lideraba la manada y las demás eran sus seguidoras. A aquellas familias les gustaba mirar cuando sus perras entablaban batallas de dominación: cuando una perra vencía a otra. Para ellas era una diversión. Yo veía que aquellos despliegues de dominación eran una conducta natural para las perras; también lo vi en las manadas de perras salvajes que corrían por los prados cerca de nuestra casa. Pero esa clase de comportamiento no era aceptable para mi abuelo. Entre las perras de nuestra granja no parecía que hubiera una líder perceptible. Ahora comprendo que eso era así porque mi abuelo jamás dejó que ninguna perra le arrebatara el papel de líder ni a él ni, ya que estamos en ello, a ninguno de los demás seres humanos. Comprendía instintivamente que para que las perras vivieran en armonía con nosotros —para que trabajaran de buena gana con nosotros en la granja y que jamás mostraran agresividad o dominación hacia nosotros— todas tenían que entender que los seres humanos éramos sus líderes de grupo. Se podía ver en su actitud a nuestro alrededor. Su lenguaje corporal comunicaba una clara y clásica "sumisión tranquila" o "sumisión activa": cualidades de la energía que más adelante describiré con más detalle. Las perras siempre iban con la cabeza gacha, y siempre mantenían cierta posición respecto a nosotros cuando viajábamos: trotando detrás o a nuestro lado, y jamás corriendo delante de nosotros.

Ahora bien, mi abuelo jamás tuvo manuales de adiestramiento o libros de autoayuda o técnicas científicas en las que apoyarse, aunque siempre consiguió esa respuesta perfectamente tranquila, sumisa y cooperadora de sus perras. Nunca vi que mi abuelo empleara un castigo violento, y tampoco sobornaba a las perras con regalos. Lo que hacía era proyectar esa especie de energía coherente, de tranquila firmeza, que sencillamente exclama "líder" en cualquier idioma, para cualquier especie. Mi abuelo fue una de las personas más seguras de sí misma y equilibradas que he conocido en mi vida: y, sin duda, la persona más en armonía con la naturaleza. Creo que se daba cuenta de que, de todos sus nietos, yo era el único que había nacido con ese mismo don especial. Lo más sabio que jamás me dijo fue: "Nunca trabajes contra la Madre Naturaleza. Sólo triunfas cuando trabajas con ella". Hasta el día de hoy me lo repito a mí mismo —y a mis clientes— siempre que trabajo con perras. Y a veces, cuando me siento estresado, lo aplico a otras parcelas de mi vida. Aunque mi abuelo falleció con 105 años, todos los días le agradezco en silencio esa intemporal sabiduría.

Al vivir con perras que tenían esa mentalidad amable y obediente, ninguno de los niños teníamos miedo de que alguna de ellas nos hiciera daño. Siempre confiábamos en ellas y, por lo tanto, también nosotros nos convertimos en sus líderes. Nunca jamás vi a una perra enseñar los dientes, gruñir o actuar agresivamente contra mi abuelo, y ninguno de los niños de la familia fue atacado o mordido por una perra. Mi experiencia, al aprender de mi sabio abuelo en la granja, me ha convencido de que cuando las perras y los seres humanos conviven, la mejor mentalidad que puede tener una perra es la mentalidad de sumisión tranquila. Mi familia y yo crecimos entre perras con esa mentalidad, y nuestra relación con aquellas perras era de pura y relajada armonía. Y también las perras parecían siempre felices, relajadas, serenas

y contentas. No mostraban una conducta estresada o ansiosa. Eran perras saludables y equilibradas, tal como la naturaleza había pensado que fueran.

No quiero dar todo el mérito de mi increíble e incomparable infancia a mis abuelos. Mi padre fue el hombre más honrado y honorable que he conocido. Me inculcó
integridad. Sin embargo, mi madre me inculcó paciencia y sacrificio. Siempre hablaba de la importancia de tener un sueño y de soñar tan a lo grande como quisiera. Pero, al igual que otras personas que al crecer trabajan con animales, siempre me sen-
tí algo diferente de los demás niños. Parecía conectar mejor con los animales que
con las personas. Esa sensación de aislamiento aumentó cuando empezamos a
pasar menos tiempo en la granja y más tiempo en la populosa ciudad costera de Mazatlán.

El traslado fue motivado por la preocupación de mi padre en cuanto a nuestra
educación. Era un hijo mexicano tradicional —muy entregado a sus padres— pero
comprendía que no había escuelas de verdad en el rancho. A veces venían unos profesores y daban clase a unos cuantos niños de la granja, pero a menudo no volvían
en mucho tiempo. Mi padre quería que nosotros nos tomáramos más en serio nuestra educación, por lo que nos mudamos a Mazatlán, la segunda ciudad costera más
grande de México, y un gran centro de vacaciones. Yo debía de tener unos 6 o 7 años.

La vida en la ciudad: la perra se come a la perra

Recuerdo nuestro primer departamento en Mazatlán. Créanme: jamás habría
salido en la portada de *Metropolitan Home*. Estaba en el segundo piso de un edificio en la calle Morelos, en la zona populosa y obrera de la ciudad. Era muy largo y
estrecho, como un "multifamiliar" en Manhattan: una sala, cocina, vestíbulo y dos dor-
mitorios; uno para nuestros padres y el otro para todos los niños. Había un baño en
el que también lavábamos la ropa. Y eso era todo. Mi padre consiguió un empleo re-
partiendo periódicos, y los niños usábamos ropa de segunda mano e íbamos al colegio todos los días.

Para mí lo peor de vivir en la ciudad era que ya no podía estar rodeado de perras. La primera vez que llevamos perras al departamento las dejamos vivir en el vestíbulo. Pero olían mal y no éramos muy disciplinados en cuando a limpiar lo que ensuciaban. (¡También tratamos de criar gallinas en el vestíbulo, pero olían aún peor!) No podíamos dejar que las perras salieran a la calle porque podrían ser atropelladas por los coches que iban aún más rápido que en Culiacán. Estábamos acostumbrados a que las perras corrieran en libertad por la granja y que básicamente cuidaran de ellas mismas; no sabíamos nada de caminar con ellas o de cuidarlas adecuadamente en un entorno urbano. Siendo sinceros, éramos un poco vagos para eso. Y los niños de ciudad de nuestro barrio no jugaban con las perras. La mayoría de las perras con que nos topábamos corrían sin correa, buscando entre la basura. Me fijé en que esas perras de ciudad no estaban tan flacas como las perras del rancho; tenían mucha más comida a su disposición, un montón de basura para comer. Pero estaba claro que eran más asustadizas, nerviosas e inseguras. Y por primera vez vi gente maltratar realmente a una perra. En el campo la gente sólo les gritaba a las perras o las ahuyentaba si estaban atacando a sus gallinas o robando la comida de la familia. En la mayoría de los casos se trataba de perras salvajes o de coyotes. Las perras que vivían con nosotros nunca harían algo así. Pero en la ciudad vi gente que les tiraba piedras a las perras y las maldecía aunque sólo estuvieran pasando junto a su coche o corriendo delante de su tienda o puesto de frutas. Me destrozaba ver aquello. Sencillamente no me parecía algo "natural". Fue la única vez en mi vida en que realmente me desvinculé de las perras. Creo que, en cierto sentido, fue entonces cuando me empecé a desvincular de mí mismo.

Como aún era muy joven, la ciudad ya estaba dominando mi "salvajismo" natural, del mismo modo que impedía que las perras desarrollaran su verdadera naturaleza. En la granja podía estar fuera durante horas y más horas, paseando por la tierra, siguiendo a "los chicos" —mi padre o mi abuelo o los demás trabajadores del rancho— y siempre seguidos por las perras. No había ningún sitio al que no pudiera ir a pie. Ahora mi madre se ponía nerviosa sólo con dejarnos ir a la esquina y volver. Por supuesto, le asustaban los secuestradores, los corruptores de menores: los típicos matones urbanos. Los únicos momentos en que volvía a sentirme "libre" eran los fines de semana cuando volvíamos a la granja. Pero esos fines de semana siempre se me hacían demasiado cortos.

Recuerdo algo bueno de la ciudad: fue allí donde vi mi primera perra de raza pura. Había un médico que vivía en nuestro barrio. Era el Dr. Fisher. Estaba paseando a su setter irlandés —la primera perra de raza pura que había visto en mi vida— y cuando vi su lustroso pelo rojizo quedé hipnotizado. Estaba tan acicalada y era tan distinta de las perras sarnosas, mestizas, que estaba acostumbrado a ver. No podía dejar de mirarla, pensando: "¡Tengo que tener esa perra tan bonita!". Seguí al Dr. Fisher hasta donde vivía. Entonces regresé día tras día, siguiéndolo y observando cómo paseaba a su perra. Un día tuvo una camada de cachorritos. Ya estaba. Reuní el valor para presentarme ante el Dr. Fisher y preguntarle: "¿Cree que podría darme uno de esos cachorros?". Me miró como si yo estuviera loco. Allí estaba yo, un desconocido, un niño, y quería que me regalara un valioso cachorro de raza pura, por el que algún rico podría pagar cientos de dólares. Con todo, creo que él podía ver en mis ojos que lo decía muy en serio. ¡Realmente quería una de esas perras! Después de mirarme fijamente durante un rato contestó: "Tal vez". ¡Tal vez, en serio! Dos años más tarde por fin me regaló una cachorrita de una de sus camadas. La llamé Saluki y con los años se convirtió en una muchacha enorme, preciosa y totalmente leal. Fue mi constante compañera durante casi diez años y me enseñó una lección que ha resultado muy importante para mi trabajo actual con las perras y sus dueños. De raza pura o no, perra de granja o doméstica, husky siberiano, pastor alemán o setter irlandés, una raza pura es básica y fundamentalmente una perra normal que viste un traje de diseñador. Más adelante en este libro hablaré de por qué creo que son demasiadas las personas que le echan la culpa a la "raza" por los problemas de conducta de sus perras. La dulce Saluki me enseñó que una preciosa perra de raza pura y una callejera de aspecto divertido son iguales debajo de su piel: sencillamente, *primero* son *perras*.

A pesar de la presencia de Saluki yo no encajaba muy bien con los niños del colegio. Para empezar todos eran niños de ciudad, nacidos y criados en ese estilo de vida. Desde el primer día me quedó claro que su forma de entender la vida no tenía nada que ver con la mía. Yo no emití juicio alguno, para bien o para mal; sencillamente notaba que realmente no había mucho que tuviéramos en común. Sin embargo, como buen animal de grupo, comprendí que si quería triunfar en la ciudad, alguien tendría que cambiar su comportamiento, y estaba claro que no iban a ser los otros niños. Ellos eran el "grupo", así que traté de adaptarme y encajar. He de admitir que se me dio bastante bien. Salía con ellos e íbamos juntos a la playa, a jugar al béisbol y al futbol, pero en el fondo yo sabía que estaba fingiendo. Nunca fue como en la granja, donde perseguíamos a alguna rana, atrapábamos luciérnagas en frascos y luego las soltábamos, o simplemente nos sentábamos bajo las estrellas y escuchábamos el canto de los grillos. La naturaleza siempre me ofrecía algo nuevo que aprender, algo sobre lo que pensar. Los deportes tan sólo eran una forma de quemar energía y tratar de encajar.

La verdad es que aquellos años en la granja estaban grabados en mi corazón. El único lugar en el que era realmente feliz era al aire libre, en la naturaleza, sin muros de cemento ni calles ni edificios que me acorralaran. Me estaba tragando el alma para que me aceptaran y todo ese exceso de energía y frustración tenían que salir por algún lado. No tardó mucho en convertirse en agresividad: pero casi siempre mi rabia parecía estallar en casa. Empecé a pelearme con mis hermanas y a discutir con mi madre. Mis padres eran inteligentes: me mandaron a yudo. Era el modo perfecto de purgar mi rabia y canalizarla en algo constructivo y saludable, algo que me enseñara lecciones a las que atribuyo mi éxito actual.

Con seis años entré por primera vez en un gimnasio de yudo. A los 14 años ya había ganado seis campeonatos seguidos. De algún modo había que redirigir mi agresividad, y encontré el mentor perfecto en mi maestro de yudo, Joaquim. Me dijo que creía que yo poseía una cualidad especial; él lo llamaba un "fuego interior". Me tomó bajo su protección y me contaba historias sobre Japón y sobre cómo la gente allí también vivía en armonía con la Madre Naturaleza. Me enseñó técnicas japonesas de meditación: sobre respiración, concentración y sobre cómo emplear el poder de la mente para alcanzar cualquier objetivo. La experiencia me recordaba a mi abuelo y su sabiduría natural. Muchas de las técnicas que aprendí en yudo —resolución, autocontrol, relajación mental, una profunda concentración— son tácticas que aún empleo a diario y me resultan especialmente cruciales en mi trabajo con perras peligrosas y con una agresividad descontrolada. También recomiendo muchas de esas técnicas a clientes que necesitan aprender a controlarse mejor *a sí mismos* para poder lograr que sus perras mejoren su comportamiento. Mis padres no habrían podido encontrar una mejor salida para mí durante aquella fase de mi vida. Fue el yudo lo que me mantuvo cuerdo durante aquellos años, hasta que llegaba el fin de semana y de nuevo podía retozar en la granja o ir a la montaña o pasear entre los animales. Sólo me encontraba realmente en mi elemento cuando estaba con la Madre Naturaleza o practicando yudo.

El perrero

Cuando yo tenía unos 14 años, mi padre empezó a trabajar como fotógrafo para el gobierno. Ahorró suficiente dinero para comprar una casa muy bonita en una zona mucho más adinerada de la ciudad. Teníamos un jardín y estábamos sólo a una manzana de la playa. No fue sino hasta entonces que empecé a sentirme cómodo nuevamente en mi piel, y comencé a ver que mi misión en la vida iba tomando forma. Todos mis amigos hablaban de lo que querían ser de grandes. Yo no sentía deseo alguno de ser bombero o médico o abogado o algo así. No sabía exactamente qué iba a hacer, pero sabía que si existía una profesión relacionada con las perras, quería formar parte de ella. Entonces recordé cuando tuvimos nuestra primera televisión. Siendo muy pequeño había quedado hipnotizado por las repeticiones de *Lassie* y *Rin Tin Tin,* siempre en blanco y negro y dobladas al español. Como había crecido entre perras en un entorno muy natural, sabía que por supuesto Lassie no entendía realmente las palabras que Timmy decía. También entendía que las perras normales no hacían automáticamente las heroicidades que Lassie y Rin Tin Tin hacían cada semana. En cuanto supe que los adiestradores permanecían fuera de cámara, controlando la conducta de las perras, empecé a fantasear sobre ellos. ¡Vaya logro, convertir a esas perras corrientes en estrellas de actuación! Con mi entendimiento natural de los canes de la granja supe instintivamente que podía adiestrar sin problemas a las perras para hacer esos mismos e impresionantes trucos que los encargados de Lassie y Rin Tin Tin les habían enseñado a hacer. Aquellas dos series de televisión inspiraron mi primer gran sueño: trasladarme a Hollywood y convertirme en el mejor adiestrador de perras del mundo. Terminé siendo algo muy distinto: pero eso llegará más adelante en el relato.

Mientras me repetía esa meta, me parecía algo totalmente adecuado. Decirme a mí mismo: "voy a trabajar con perras y a ser el mejor entrenador del mundo" me parecía como recibir un vaso de agua después de haber estado a punto de morir de sed. Me parecía algo *natural,* sencillo, y parecía realmente *bueno.* De repente, ya no estaba peleando conmigo mismo. Sabía qué sendero tomar para llegar a mi futuro.

El primer paso hacia mi meta consistía en conseguir un trabajo en el consultorio de un veterinario de la zona. No tenía nada que ver con los lujosos y estériles consultorios de veterinario que hay aquí en Estados Unidos; era una especie de mezcla entre veterinaria/pensión/salón de belleza. Yo sólo tenía 15 años, pero los empleados vieron inmediatamente que no me daban miedo las perras; podía agarrar a perras a las que ni siquiera se acercaría el veterinario. Empecé como ayudante, barriendo suelos y limpiando lo que los animales ensuciaban. Luego me convertí en cuidador y rápidamente progresé hasta ser técnico veterinario. Como técnico tenía que sujetar y mantener tranquila a una perra mientras el veterinario le ponía una inyección. Mi papel consistía en esquilar a la perra antes de la operación, bañarla, vendarla y básicamente servir de refuerzo al veterinario en cualquier cosa que hubiera que hacer.

Fue en esa época —durante mis años de preparatoria— cuando los demás chicos empezaron a llamarme *el perrero,* "el niño de las perras". Recordemos que en la ciudad de Mazatlán eso no era exactamente un cumplido. Por supuesto que en Estados Unidos y en gran parte de Europa occidental a la gente que tiene una relación especial con los animales se le pone en un pedestal. Pensemos en figuras tan memorables como el Dr. Dolittle, el hombre que susurraba a los caballos, Siegfried y

Roy... ¡incluso el cazador de cocodrilos! Todos ellos —personajes de ficción y gente de verdad— son héroes culturales aquí por su alucinante don natural para comunicarse con los animales. Sin embargo, en México las perras de ciudad eran consideradas bestias humildes y sucias: y dado que yo me movía entre perras, yo también era considerado así, por asociación. ¿Me preocupaba? No. Estaba cumpliendo una misión. Pero es importante para mí explicar las extremas diferencias entre México y Estados Unidos en cuanto a percepción sobre las perras. Creo que por el hecho de venir de un lugar donde se valora menos a las perras, tengo una perspectiva más clara sobre cómo *respetar* más a las perras.

La realidad es que en la mayor parte del mundo a las perras no se les quiere tanto como en Estados Unidos y en Europa occidental. En Sudamérica y en África se les trata como en México: como trabajadoras útiles en el campo, pero como asquerosas molestias en la ciudad. En Rusia se les valora, pero en las zonas más deprimidas corren a sus anchas en manadas y son peligrosas, incluso para los seres humanos. En China y Corea incluso son cocinadas como comida. Puede sonarnos como una barbaridad, pero recuerden que para los indios los bárbaros somos nosotros por comer carne de vaca, ¡la carne de sus sagradas vacas! Al haber crecido en una cultura y haber formado una familia en otra, creo que lo mejor es no hacer demasiados juicios de valor sobre otras formas de vida: al menos sin haberlas experimentado antes y haber hecho un esfuerzo por entender cómo nacieron sus actitudes y prácticas. ¡Dicho esto, cuando llegué a Estados Unidos me esperaban algunas enormes sorpresas sobre cómo se trata aquí a los animales!

Cruzar la frontera

Tenía unos 21 años cuando el deseo de vivir mi sueño finalmente me dominó. Lo recuerdo muy claramente; era 23 de diciembre. Fui con mi madre y le dije: "Me voy a Estados Unidos. Hoy". Ella me dijo: "¡Tienes que estar loco! ¡Casi es Navidad! ¡Y sólo tenemos cien dólares para darte!". Yo no hablaba nada de inglés. Me iría yo solo. Mi familia no conocía a nadie en California. Algunos de mis tíos se habían mudado a Yuma, en Arizona, pero ése no era mi destino. Mi objetivo era Hollywood. Y sabía que la única forma de llegar allí era a través de Tijuana. Mi madre discutió conmigo, me suplicó. Pero no puedo explicarlo: la necesidad de ir a Estados Unidos *en ese momento* me arrollaba por completo. Sabía que tenía que hacer algo.

Ya se ha publicado en otro sitio y no me avergüenza decirlo: vine a Estados Unidos de forma ilegal. Ahora tengo mi tarjeta de residencia, he pagado una cuantiosa multa por entrar ilegalmente y estoy solicitando el estatus de plena ciudadanía. No hay otro país en el que me gustaría vivir al margen de Estados Unidos. Realmente creo que es el país más grande del mundo. Me siento privilegiado por vivir y criar aquí a mis hijos. Sin embargo, para los pobres y los trabajadores de México no existe otra forma de venir a Estados Unidos salvo ilegalmente. Es imposible. El Gobierno mexicano funciona según a quién conozcas y cuánto dinero tengas. Hay que pagar enormes cantidades a los agentes para conseguir un visado legal. Mi familia no tenía forma de conseguir todo ese dinero. Así pues, con sólo cien dólares en el bolsillo me encaminé a Tijuana para averiguar cómo cruzar la frontera.

Nunca antes había estado en Tijuana. Es un lugar duro. Hay bares y cantinas llenas de borrachos, traficantes de droga y criminales: gente que hace daño y que siempre está a la espera de aprovecharse de los que tratan de cruzar la frontera. Allí vi cosas horribles. Por suerte, tenía un amigo que trabajaba en Señor Frog's, un bar muy famoso en Tijuana. Me dejó dormir dos semanas en la trastienda , mientras yo averiguaba cómo iba a cruzar al otro lado.

Recuerdo que llovía casi todos los días, pero todos los días yo salía y estudiaba la situación en la frontera. Quería ahorrar mis cien dólares, por lo que traté de cruzarla por mi cuenta: lo intenté tres veces y fracasé.

Al cabo de unas dos semanas ya estaba listo para intentarlo una vez más. Eran las once de la noche: llovía, hacía frío y viento. Delante de un café, donde todo el mundo se arremolinaba tratando de entrar en calor, un tipo muy delgado —lo que llamamos un "coyote"— se me acercó y dijo: "Eh, alguien me ha dicho que quieres cruzar". Le dije que sí. Dijo: "Bien. Te cobraré cien dólares". Me recorrió un escalofrío.

¿No era alucinante que quisiera exactamente la cantidad de dinero que yo llevaba encima? Lo único que dijo fue: "Sígueme. Te llevaré a San Ysidro". Así que lo seguí hacia el este.

Corrimos un trecho del camino, corrimos hasta caer exhaustos. Mi coyote señaló unas luces rojas a lo lejos, que indicaban las posiciones de los *Migras* (los agentes de la patrulla fronteriza). Me dijo: "Nos quedaremos aquí hasta que se muevan". Estábamos en un charco. Esperé toda la noche con el agua que me llegaba hasta el pecho. Estaba congelado, temblando, pero no me preocupaba. Por fin, mi coyote dijo: "Bien. Hora de irse". Así que corrimos hacia el norte: por el barro, a través de un vertedero de chatarra, cruzando una autopista y por un túnel. Al otro extremo del túnel había una gasolinera. Mi guía dijo: "Te voy a pedir un taxi y él te llevará al centro de San Diego". Ni siquiera había oído hablar de San Diego. Los únicos sitios que conocía eran San Ysidro y Los Ángeles. El coyote le dio al taxista veinte dólares de los cien que yo le había entregado, me deseó suerte y desapareció. Por suerte el taxista hablaba español, porque yo no sabía una palabra de inglés. Me llevó a San Diego y me dejó allí: empapado, sucio, sediento, hambriento, con las botas cubiertas de barro.

Era el hombre más feliz del mundo. Estaba en Estados Unidos.

San Diego

En primer lugar estaban las correas: ¡correas por todas partes! Había visto cadenas en la ciudad cuando vivía en México, pero nada como las correas de cuero y de náilon flexibles que usaban los estadounidenses. Miraba por toda la ciudad y me preguntaba: "¿Dónde están todos las perras que vagabundean por las calles?". La verdad es que tardé un tiempo en acostumbrar a mi cerebro al concepto de "ley de la correa". En la granja de mi abuelo lo más parecido que jamás tuvimos a una correa eran las sogas que a lo mejor atábamos al cuello de algún animal especialmente difícil, "al estilo de una exposición canina", hasta que hubiéramos establecido nuestra posición como líderes. Y luego vuelta a la naturaleza: no hacía falta correa alguna. Las correas eran para las mulas, ya que las perras más educadas del rancho siempre hacían lo que les pedíamos. Pero las correas y los collares de lujo sólo fueron el comienzo de mi choque cultural. Como inmigrante recién llegado a este gran país, me esperaban unos cuantos bombazos más.

No tenía más que unos dólares en el bolsillo cuando llegué a Estados Unidos y no sabía inglés. Por supuesto, mi sueño era el mismo en cualquier idioma: había venido aquí para convertirme en el mejor adiestrador de perras del mundo. Las primeras palabras que aprendí a decir en inglés fueron: "¿Tiene un empleo vacante?".

Después de vivir más de un mes en las calles de San Diego, pateando el asfalto con las mismas botas que llevaba al cruzar la frontera, conseguí mi primer empleo: ¡increíblemente, en el campo que había elegido! Todo sucedió tan deprisa que tenía que ser un milagro. No sabía dónde buscar empleos de "adiestrador de perras": ni siquiera sabía leer la Sección Amarilla. Pero un día, mientras paseaba por un barrio —aún emocionado por estar de verdad en este país—, vi el cartel de un salón de belleza canina. Llamé a la puerta y me las ingenié para juntar las palabras y preguntar a las dos mujeres que lo regentaban si tenían algún empleo vacante. Para mi sorpresa me contrataron en el momento.

Hay que recordar que no hablaba una palabra de inglés; mi ropa estaba vieja y sucia; y yo vivía en la calle. ¿Por qué iban a confiar en mí? Pero no sólo me dieron un trabajo sino también 50 por ciento de las ganancias de cualquier trabajo que trajera. ¡El 50 por ciento! Pocos días después se enteraron de que vivía en la calle, ¡y me dejaron vivir allí mismo, en el salón de belleza!

Hoy en día sigo llamando a esas mujeres mis ángeles de la guarda estadounidenses. Confiaron en mí y me trataron como si me hubieran conocido de toda la vida. Aparecieron en mi camino por alguna gran razón y les estaré eternamente agradecido, aunque no recuerde sus nombres.

Si alguna vez le dicen que la gente en Estados Unidos ya no tiene amabilidad en su corazón, no lo crea. Yo no estaría donde hoy estoy de no haber sido por la ayuda desinteresada y la confianza de mucha gente que me tendió la mano. En este país aquellas dos hermosas damas de San Diego fueron las primeras, pero no serían las últimas. Créanme, no pasa un solo día sin que recuerde la bendición que ha supuesto para mí la gente que me he encontrado en mi camino.

En el salón de belleza

Así pues, ahí estaba yo, con 21 años, sin hablar apenas inglés y trabajando en un salón de belleza para perras. ¡Un salón *de belleza para perras!* ¡Sólo el concepto en sí habría hecho que mi abuelo se partiera de risa! ¡Las perras de la granja se limpiaban unas a otras y sólo se bañaban en el riachuelo si tenían demasiado calor! ¡Su idea de un baño consistía en rodar por el lodo! A mi abuelo sólo se le ocurría lavar a manguerazos a una perra cuando ésta tenía garrapatas, pulgas u otros parásitos, o si se le había enredado o enmarañado el pelo. Lo crean o no, en México algunos propietarios llegaban realmente a sacrificar a sus perras si éstas tenían demasiadas garrapatas. No mostraban piedad alguna: se limitaban a deshacerse de la perra y se hacían con otra que no estuviera "defectuosa". Incluso las labores de limpieza que hice con el veterinario en Mazatlán eran simplemente parte del tratamiento médico. Me pareció revelador el hecho de que el dueño de una perra se gastara un buen dineral —¡en mi opinión, una enorme cantidad de dinero!— en lavarla, arreglarla y acicalarla de forma cotidiana. Fue mi primera ojeada a la actitud estadounidense hacia las mascotas. Cuando estaba en México ya había oído hablar de que los estadounidenses trataban a sus mascotas como si fueran seres humanos, pero ahora lo estaba viendo en persona, y al principio realmente me dejó anonadado. Al parecer, en Estados Unidos nada era demasiado bueno para una perra.

Por extraño que me resultara el concepto de "salón de belleza", cuando empecé a trabajar allí me encantó. Las mujeres eran de lo más amables conmigo, y rápidamente me labré una reputación como el único que podía tranquilizar a las perras más difíciles: las razas más fuertes o las que conseguían que todos los demás arrojaran la toalla. Los clientes fijos empezaron a preguntar por mí cuando veían cómo me relacionaba con sus mascotas, pero yo aún no entendía por qué sus perras se portaban mucho mejor conmigo que con los demás cuidadores, o incluso que con sus dueños. Creo que estaba *empezando* a entender la diferencia, pero aún no podía expresarla.

El salón de belleza de San Diego contaba con muchos más recursos de los que yo estaba acostumbrado a tener en México. Había rasuradoras para el pelo, champús aromáticos y unos delicados secadores especiales de pelo, diseñados especialmente para perras. ¡Alucinante! Al haber aprendido con el veterinario de Mazatlán, nunca había usado una rasuradora, pero era todo un experto con las tijeras. Las dueñas del salón de belleza de San Diego se estremecieron al ver lo rápido y preciso que era con un par de tijeras. Por eso me dieron todas las cocker spaniels, caniches, terriers y las perras que más costaba arreglar: resulta que eran las perras por cuya limpieza la gente pagaba más dinero. La tienda cobraba 120 dólares por un caniche de tamaño mediano: ¡eso significaba 60 dólares para mí! Era maná caído del cielo. Sólo me gastaba unos pocos dólares al día: desayunaba y cenaba un par de *hot dogs* de 99 centavos, ésa era toda mi subsistencia. Todo lo demás lo guardaba. Para fin de año planeaba tener suficiente dinero para mudarme a Hollywood: un paso más cerca de mi sueño.

 ### Cuestiones de comportamiento

El hecho de encontrarme con perras con correas y collares lujosos y caros peinados me dejó pasmado cuando llegué a Estados Unidos, pero en cierto modo ya me había preparado para algo así la "propaganda hollywoodiense" con la que había crecido, viendo películas y la tele. Era como ir al circo por primera vez después de toda una vida de haber oído hablar de él. Sin embargo, había algo en mi nueva situación que me dejó totalmente anonadado. Eran los peculiares problemas de comportamiento que mostraban la mayoría de esas perras. Aunque había crecido rodeado de canes, una perra con lo que ahora llamo "cuestiones" era algo totalmente desconocido para mí. Durante mi etapa en el salón de belleza vi las perras más hermosas que hubiera imaginado jamás: asombrosos ejemplos de sus razas, con ojos claros, relucientes pelajes y cuerpos saludables y bien alimentados. A pesar de eso, podía ver sólo con mirarlas que sus cerebros no estaban sanos. Al crecer entre animales se puede notar automáticamente si sus niveles de energía son normales. Esa mentalidad saludable y equilibrada es reconocible en cualquier criatura: es lo mismo con un caballo, una gallina, un camello o incluso un niño. A pesar de todo, podía ver inmediatamente que aquellas perras estadounidenses mostraban lo que me parecía una energía muy extraña, muy *antinatural*. Ni siquiera en la veterinaria de Mazatlán me había encontrado jamás con perras tan neuróticas, tan irritables, tan asustadizas y tensas. ¡Y las quejas de los dueños! No me hacía falta saber mucho inglés para comprender que esas perras eran agresivas, obsesivas y estaban volviendo locos a sus dueños. Por cómo actuaban algunos de aquellos dueños, parecía que sus perras estuvieran gobernando de verdad sus vidas. ¿Qué estaba pasando aquí?

En la granja de mi abuelo en México era imposible que una perra se portara mal y se saliera con la suya, o que tratara de demostrar su dominio sobre una persona. Y no era por los malos tratos ni por el castigo físico. Era porque los humanos sabían que eran humanos, y las perras sabían que eran perras. Estaba muy claro quién estaba al mando y quién no. Esa sencilla ecuación ha impulsado la relación entre perras y humanos durante los miles —posiblemente decenas de miles— de años transcurridos desde que la primera antepasada de la perra se acercó al campamento de nuestros antepasados humanos y comprendió que allí podía conseguir comida más rápidamente que si tenía que pasarse el día cazando. Las fronteras entre los humanos y las perras eran sencillas y obvias. Las perras que conocí en México estaban equilibradas de forma natural. No tenían rasgos problemáticos de personalidad, como una agresividad declarada o fijaciones. A menudo eran escuálidas y sarnosas, y a veces resultaba desagradable mirarlas, pero parecían vivir con la armonía que Dios y la Madre Naturaleza habían pensado para ellas. Se relacionaban de forma natural entre ellas y con los humanos. ¿Qué pasaba entonces con esas preciosas perras estadounidenses de póster?

El hecho de que tantas perras aquí tuvieran "cuestiones" me quedó aún más claro en cuanto me trasladé a Los Ángeles y empecé a trabajar como encargado de las jaulas en un establecimiento de adiestramiento de perras. Quería aprender a ser adiestrador de perras y había oído que aquel lugar era el mejor. Sabía que los ricos pagaban un dineral por dejar sus perras en esas instalaciones tan respetadas. Dejaban sus perras durante dos semanas para que los animales pudieran aprender a obedecer órdenes como "siéntate", "quieta", "ven" y "sígueme".

Cuando empecé a trabajar en esas instalaciones me sorprendieron las condiciones en que llegaban algunas de aquellas perras. Por supuesto, físicamente todas eran espectaculares. Estaban bien alimentadas, perfectamente arregladas y su pelaje relucía con su buena salud. Pero emocionalmente muchas de ellas estaban destrozadas. Algunas eran asustadizas y huidizas; las había irritables o de una agresividad descontrolada. Irónicamente, los dueños solían traer a las perras para que las adiestráramos con la esperanza de que se desharían de esas conductas neuróticas. Creían que en cuanto la perra aprendiera a obedecer órdenes, su miedo, ansiedad y demás problemas de comportamiento desaparecerían milagrosamente. Es un malentendido tan común como peligroso. Es absolutamente cierto que si, de entrada, una perra tiene una naturaleza apacible y despreocupada, el adiestramiento tradicional de perras puede ayudar a calmarla y a hacer que la vida sea más fácil para todos. Pero para una perra que sea nerviosa, tensa, irritable, asustadiza, agresiva, dominante, llena de pánico o tenga cualquier otro desequilibrio, el adiestramiento tradicional a veces puede hacer más daño que otra cosa. Ese hecho me quedó claro desde mi primer día en las instalaciones de entrenamiento.

Mi trabajo en esas instalaciones consistía en encerrar a las perras en jaulas separadas hasta el comienzo de sus "clases" diarias, y luego llevárselas a sus adiestradores. El aislamiento que aquellas perras problemáticas experimentaban en sus jaulas entre sesión y sesión a menudo aumentaba la tensión que habían traído con ellas. Desgraciadamente, como el establecimiento no cobraba a menos que la perra ya obedeciera órdenes cuando su dueño viniera a recogerla, a menudo el último cartucho consistía en que el adiestrador infundiera miedo al animal. Algunas perras salían en peores condiciones psicológicas que cuando entraron. Vi que alguna perra respondía obedientemente a las órdenes del adiestrador, acurrucada, con las orejas recogidas, asustada, el rabo entre las piernas: un lenguaje corporal que expresaba, alto y claro, "¡Sólo te estoy obedeciendo porque estoy aterrorizada!". Creo que los adiestradores de aquel establecimiento eran profesionales cuidadosos, y no había nada de cruel o inhumano en su conducta. Pero, desde mi punto de vista, existía un arraigado malentendido en cuanto a las necesidades básicas de una perra, de lo que el cerebro canino realmente *necesita* para alcanzar el equilibrio. Eso se debe a que el adiestramiento tradicional de perras está basado en la psicología humana. No empieza por dirigirse a la naturaleza de la perra.

Me quedé en aquel establecimiento porque me parecía que necesitaba aprender el negocio del adiestramiento de perras. Después de todo para eso había recorrido todo ese camino. Pero aquel no era el sueño que había imaginado. Desde el momento que llegué allí noté que esa especie de "adiestramiento" podría haber sido útil con los humanos, pero a veces era perjudicial para las perras. Ahora que lo pienso, fue entonces cuando empezó a adquirir una forma nueva mi "sueño" original. Una vez más gran parte de aquel cambio sucedió de forma accidental. Aunque prefiero creer que no fue un accidente en absoluto: fue el destino.

Ha nacido "el encantador de perros"

Mientras trabajaba en esas instalaciones de adiestramiento, una vez me hice famoso por ser el tipo que podía manejar las razas más agresivas y poderosas, como los pitbull, pastores alemanes y rottweiler. Resulta que esas razas me vuelven loco; su fuerza bruta me inspira. Había otro encargado de las jaulas allí al que también se le daban muy bien las razas poderosas, pero no quería trabajar con las más nerviosas o ansiosas. Al final era yo quien se encargaba de ellas: normalmente los casos realmente problemáticos. En lugar de gritarle a una perra agresiva o insegura, como hacían otros encargados de las jaulas, me acercaba a ella en silencio. Sin hablar, sin tocarla, sin mirarla a los ojos. De hecho, cuando veía una perra así, abría la puerta y le daba la espalda como si estuviera a punto de irme en otra dirección. Al final, y dado que las perras son curiosas por naturaleza, venía hacia mí. Sólo después de que se me hubiera acercado le ponía la correa. Llegado ese momento era sencillo, porque yo ya había establecido mi dominio firme y tranquilo sobre ella; igual que otra perra haría en un entorno natural. Inconscientemente empezaba a aplicar la psicología canina que había aprendido de aquellos años en los que observaba a las perras en la granja de mi abuelo. Me relacionaba con las perras igual que éstas se relacionaban entre ellas. Aquél fue el nacimiento de los métodos de rehabilitación que aún empleo hoy en día, aunque no habría podido expresar con palabras lo que estaba haciendo en esos momentos: ni en inglés ni en español. Todo cuanto hice surgió por instinto.

Otro "accidente" crucial que sucedió en aquellas instalaciones fue que empecé a ver el "poder del grupo" para rehabilitar a una perra desequilibrada. Un día salí al patio sujetando, a la vez, a dos rottweiler, una pastor alemán y una pitbull. Era el único de los que trabajaban allí que jamás hubiera intentado algo así. Casi todos los demás empleados pensaron que estaba loco. De hecho, en un momento dado, me ordenaron expresamente que *no* trabajara con las perras en manada; ponía nervioso a los jefes. Pero desde el momento en que descubrí este método vi lo eficaz que sería una manada de perras como instrumento para ayudar a una perra con problemas. Lo que descubrí fue que cuando se introducía a una perra nueva e inestable en una que ya hubiera creado una unión saludable, ésta influiría realmente en la recién llegada para que ésta lograra esa mentalidad equilibrada. Mi trabajo consistía en garantizar que la relación entre la recién llegada y las componentes no fuera demasiado intensa. Mientras supervisara y atajara cualquier comportamiento agresivo, excluyente o defensivo, por las dos partes del encuentro, al final la nueva perra adaptaría su conducta para "encajar" con las demás. Ya se trate de los humanos o de las perras —de hecho es algo que se da en todas las especies orientadas al grupo— genéticamente lo que más nos conviene es tratar de encajar, llevarnos bien con nuestros semejantes[1]. Simplemente estaba explotando ese impulso tan natural y genético. Al trabajar con las perras en manadas, observé que podían acelerar sus procesos de curación mucho más deprisa de lo que podría un adiestrador humano.

Pronto me labré una reputación en las instalaciones como un trabajador esforzado y fiable. Pero cuanto más desarrollaba mis propias ideas sobre psicología canina, más infeliz era allí. Supongo que no ocultaba muy bien mi descontento. Un cliente, un empresario de éxito a quien emocionaba especialmente mi forma de tratar a su perdiguera, me había estado observando durante un tiempo y estaba impresionado por mi destreza y mi ética del trabajo. Un día se me acercó y dijo: "No pareces muy feliz aquí. ¿Quieres venir a trabajar para mí?". Le pregunté en qué consistiría mi trabajo con él, dando por supuesto que tendría que ver con las perras. Quedé un tanto decepcionado cuando me dijo: "Lavarías limusinas. Tengo toda una flotilla".

Bonita oferta, pero había venido a Estados Unidos para ser adiestrador de perras. Con todo, era un hombre impresionante: la clase de empresario fuerte y seguro de sí mismo que yo quería llegar a ser algún día.

Entonces me doró la píldora diciéndome que, como empleado suyo, tendría mi propio coche. Por aquel entonces no podía permitirme tener un coche, y en Los Ángeles eso equivale prácticamente a no poder permitirse tener piernas. Tardé un par de semanas en decidirme, pero finalmente acepté. Nuevamente un ángel de la guarda que ni siquiera me conocía contribuyó a preparar el escenario para la siguiente etapa de mi viaje.

 El boca a boca

Mi nuevo jefe era un capataz duro pero imparcial. Me enseñó cómo funcionaba el negocio y cómo lavar sus limusinas: y era muy maniático en cuanto a mantenerlas impolutas. Podía ser una tarea física y ardua, pero no me preocupaba en absoluto porque yo mismo era —y aún lo soy— un perfeccionista. Si iba a ser limpiador de coches, sería el mejor del mundo. He de agradecer a aquel hombre que me enseñara tanto sobre cómo manejar un negocio sólido y rentable.

El día que recogí el coche que me prestó es un día que jamás olvidaré. Sí, sólo era un coche —digamos un Chevrolet Astrovan blanco, del 88, y no, no tenía el cofre rosa— pero para mí simbolizaba la primera vez en que realmente pensé que "había triunfado" en Estados Unidos. Aquél fue también el día en que puse en marcha mi propia "empresa de adiestramiento" para perras, la Pacific Point Canine Academy. Todo cuanto tenía era un logotipo, una chamarra y algunas tarjetas personales impresas a toda prisa, pero lo más importante es que tenía una visión nítida de lo que quería ser. Mi sueño ya no consistía en ser el mejor adiestrador de perras del mundo del cine. Ahora quería ayudar a más perras, como los cientos de animales problemáticos que había visto desde mi llegada a Estados Unidos. Pensaba que mi insólita educación e innatos conocimientos de psicología canina proporcionarían a las perras y a sus dueños una oportunidad para mejorar su relación y nuevas esperanzas para su futuro. Me afligía enormemente el que muchas de esas perras "malas" que habían "fracasado" en los establecimientos corrientes de adiestramiento estuvieran condenadas a la eutanasia si sus dueños decidían que ya "no podían más con ellas". En el fondo sabía que esas perras merecían vivir tanto como yo. Mi optimismo sobre el futuro surgía de una creencia muy arraigada de que había muchas perras en Estados Unidos que realmente necesitaban mi ayuda. Gracias nuevamente a la generosidad de mi nuevo jefe mi visión empezó a tomar forma más rápidamente de lo que jamás habría podido imaginar.

El boca a boca es algo alucinante. Incluso en una ciudad tan grande y variada como Los Ángeles, el último chisme o consejo puede extenderse como la pólvora. Afortunadamente para mí, mi nuevo jefe conocía a mucha gente y nunca se detuvo a la hora de alabar mi destreza. Llamaba a sus amigos y les decía: "Conozco a un mexicano genial que es alucinante con las perras. Tráiganlas". Sus amigos empezaron a traer a sus perras con problemas. Solían quedar encantados con los resultados. Entonces se lo contaban a sus amigos. Al final, mi Pacific Point Canine Academy tenía siete doberman y dos rottweiler con las que corría arriba y abajo por las calles de Inglewood, una pequeña ciudad en el condado de Los Ángeles. (Tenía que ser todo un espectáculo).

Después de eso, mi incipiente negocio empezó a florecer.

¿Qué estaba haciendo que impresionaba tanto a la gente? ¿Cómo era posible que después de unos pocos años en Estados Unidos ya tuviera un negocio boyante sin haber puesto un solo anuncio? Después de todo, hay cientos de adiestradores de perras y conductistas con licencia en el Sur de California, y estoy seguro de que muchos de ellos son excepcionales en lo que hacen. Es posible que, en definitiva, usted decida que alguno de ellos sea un experto más adecuado para lo que busca en su relación con su perra. Yo sólo puedo hablar por mis clientes, y entre ellos era conocido como "ese tipo mexicano que tiene unos métodos mágicos con los perros". El sello de mi técnica consistía en energía, lenguaje corporal y, cuando era necesario, un toque rápido y psicológico con la mano ahuecada, que nunca es doloroso para la perra pero se acerca a la sensación del "mordisco suave" y disciplinario que le darían su madre o una perra dominante. Yo nunca gritaba, nunca pegaba y nunca "castigué" a los animales por rabia. Simplemente los corregía, igual que un líder natural del grupo corregirá y educará a un seguidor. Corregir y seguir adelante. No había nada nuevo en las técnicas que estaba desarrollando: surgían directamente de observar la naturaleza. No estoy diciendo que en Estados Unidos no hubiera otros adiestradores que experimentaran con estos mismos métodos. Pero los métodos parecían satisfacer una necesidad desesperada por parte de mis clientes en Los Ángeles, y por eso seguían viniendo.

Un día en 1994 me encontraba en casa de un cliente, trabajando con su problemática rottweiler, Kanji. Kanji había hecho grandes progresos y su dueño, que tenía muchos contactos en el mundo del espectáculo, había estado hablando de mí por toda la ciudad. Miré al exterior mientras un Nissan 300C marrón subía por el sendero y una espectacular mujer se bajaba de él y se acercaba hacia mí con total confianza. La miré, tratando de recordar dónde la había visto antes, pero no podía aunque en ello me fuera la vida. Caminando a su lado —sin tanta confianza— iba una dubitativa y tímida rottweiler. (Resulta que Saki era una de las crías de Kanji).

La mujer me preguntó si podría adiestrar a su perra, y tres semanas después acudí a su casa. Y me abrió la puerta nada menos que el actor Will Smith. Casi me quedé sin palabras. Ahora recordaba dónde había visto antes a aquella mujer: en la película *Low Down, Dirty Shame*. ¡Mi clienta era Jada Pinkett Smith!

Entonces, aclaremos esto: llevo sólo tres o cuatro años en Estados Unidos, tengo mi propio negocio rentable, ¿y hoy estoy trabajando con la perra de Jada Pinkett y Will Smith?

Jada y Will me explicaron que Jay Leno acababa de regalarles dos rottweiler y que las perras necesitaban algo de trabajo, igual que Saki. Aquello era quedarse corto: las perras eran un descontrol. Por suerte Jada fue una de las pocas y muy especiales personas que "captaron" enseguida mis técnicas y filosofía. Es la dueña ideal de perras: todo cuanto quiere es lo mejor para sus animales y hará lo que sea para asegurarse de que están felices y satisfechas.

Aquel día fue el comienzo de una amistad que sigue hoy en día, once años después. Jada y Will me recomendaron a sus amigos de la "élite de Hollywood", entre ellos Ridley Scott, Michael Bay, Barry Josephson y Vin Diesel. Pero estos no son, ni en broma, los mejores regalos que me ha hecho Jada. Me tomó bajo su protección. Contrató a un profesor para mí, durante todo un año, para que trabajara intensivamente en mi inglés. Por encima de todo creyó en mí. Ser famoso por lo que hago siempre fue mi sueño, pero todo gran regalo viene con un precio. Mi vida se ha vuelto mucho más complicada ahora, con nuevos dilemas tales como en quién confiar o a quién vigilar; qué contratos son buenos y cuáles deberían ir a la trituradora: cosas que no se aprenden en la granja de Ixpalino, México. Cuando algún asunto me desconcierta, sé que puedo contar con Jada. No sólo es una de las personas más generosas que he conocido, también es una de las más inteligentes. Le pregunto: "Jada, ¿qué está pasando? ¿Ahora qué hago?". Y ella se limita a protestar un poco y empieza a tranquilizarme: "Mira, César, es así...". Siempre pienso que tengo a alguien que sabe mucho más que yo acerca de jugar en la primera división, y que siempre ha estado dispuesta a tomarse un momento de su ajetreada vida para echarme una mano. Jada ha sido más que mi cliente. Ha sido mi mentora, mi hermana y otra de mis preciosas ángeles de la guarda.

Gracias a Jada también avancé enormemente con el inglés. Estaba más emocionado con mi nueva y nítida misión: como suelo decir, "rehabilitar perras y adiestrar a las personas". Puse en marcha un programa de autoeducación, leyendo todo cuanto caía en mis manos acerca de psicología canina y comportamiento animal. Dos de los libros que más me influyeron y confirmaron lo que ya conocía instintivamente fueron *The Dog's Mind,* del Dr. Bruce Fogle, y *Dog Psychology,* de Leon F. Whitney. Obtuve muchos conocimientos de ellos y de otros libros (algunos de ellos aparecen en la bibliografía al final de este libro), y también me aseguré de incorporar esa información a lo que ya había aprendido por experiencia. Según mi opinión y mis observaciones la Madre Naturaleza es la mejor profesora del mundo. Pero estaba aprendiendo a pensar de forma crítica, como no lo había hecho antes, y lo más importante es que estaba encontrando formas de articular las cosas que entendía por intuición. Y, por último, realmente podía expresar aquellas nuevas ideas con claridad y en inglés.

Para aquel entonces yo ya había conocido a mi futura esposa, Ilusión, que sólo tenía 16 años cuando empezamos a salir. Cuando un amigo mío me comentó que en Estados Unidos había una ley que prohibía que un mayor de edad saliera con una chica tan joven, aluciné. Me aterraba la idea de ser deportado y rompí con ella al momento. Quedó destrozada. Convencida de que yo era el "único", llamó a mi puerta el día que cumplió 18 años. Nuestra relación fue un tanto inestable durante los primeros años de matrimonio y después de que naciera nuestro hijo Andre. Yo seguía pegado a mis modales mexicanos, anticuados y machistas. Creía que lo único que importaba era yo —mi sueño, mi carrera— y más le valía a ella resignarse o cerrar la boca. No hizo ninguna de las dos cosas. Me abandonó. En cuanto se hubo ido y yo comprendí que iba en serio, tuve que mirarme al espejo por primera vez en mi vida. No quería perderla. No quería verla casada de nuevo y ver cómo otro hombre educaba a nuestro hijo. Ilusión sólo volvería conmigo con dos condiciones: que acudiéramos a terapia de pareja y que yo me comprometiera sinceramente a ser un compañero completo en la relación. Acepté de mala gana. No creía que tuviera mucho que aprender. Me equivoqué. Ilusión me rehabilitó del mismo modo que yo rehabilito a una perra desequilibrada. Me hizo ver qué gran regalo es contar con un compañero y una familia fuertes, y que cada miembro de la familia tiene que arrimar el hombro. Hoy considero que Ilusión, Andre y Calvin son mis mayores bendiciones en la Tierra.

Mientras peleaba por convertirme en un mejor compañero en mi matrimonio, tenía más trabajo del que podía afrontar, gracias a gente como mi jefe en la renta de limusinas y a clientes como Jada. Las organizaciones de salvamento habían empezado a llamarme para que les ayudara a salvar a sus casos "perdidos" de una muerte segura, y súbitamente me encontré con una manada de perras recién rehabilitadas pero huérfanas. Necesitaba más espacio, así que alquilé un almacén destartalado en un polígono industrial al sur de Los Ángeles. Ilusión y yo lo reformamos y lo convertimos en el Centro de Psicología Canina, una especie de punto intermedio permanente o centro de "terapia de grupo" para perras. Durante todo el proceso seguí trabajando para encontrar formas de explicar mis métodos y filosofía al propietario promedio de una perra.

Los estadounidenses y las perras: humanos que dan demasiado amor

Cuando de niño veía en México las series de *Lassie* y *Rin Tin Tin,* siempre me divertía con las aventuras de aquellos perros superestrellas, ¡pero pensaba que, por supuesto, *todo el mundo que los viera* también comprendería que esas series no eran sino fantasías de Hollywood! Cuando Lassie ladraba cuatro veces y Timmy decía: "¿Qué pasa, Lassie? ¿Fuego? ¿La casa... no, el granero está en llamas? ¡Gracias, chica, vamos!", sabía —y suponía que todos los demás también— que una perra de verdad no actúa así. Cuando llegué a Estados Unidos me sorprendió descubrir que muchos propietarios de perras creían, de forma inconsciente, ¡que Lassie realmente *entendía* lo que Timmy le estaba diciendo! Aprendí que aquí la percepción generalizada que se tenía de las perras era que todas eran como Lassie: básicamente, seres humanos disfrazados de perras. Tardé un tiempo en procesar aquello, pero después de una temporada por aquí vi que la mayoría de los propietarios de mascotas creían, hasta cierto punto, que sus animales —ya fueran perros, gatos, pájaros o peces de colores— eran de hecho humanos en todo menos en su apariencia. Y los trataban consecuentemente.

Cuando ya llevaba unos cinco años en Estados Unidos por fin lo entendí: *¡ése era el problema!* Las perras aquí tenían tantos problemas porque sus dueños pensaban que eran humanas. *¡No se les permitía ser animales!* En el país de la libertad —donde se supone que todo el mundo puede alcanzar su ilimitado potencial— ¡a aquellas perras no se les permitía! De acuerdo, recibían todo tipo de mimos: tenían la mejor comida, las mejores casas, los mejores cuidados y grandes raciones de amor. Pero eso no era todo lo que querían. *¡Sencillamente querían ser perras!*

Pensé en lo que había aprendido en México, donde me pasaba horas sin fin observando a los mejores adiestradores caninos del mundo: las propias perras. Recapacitando sobre mi relación natural con ellas, empecé a ver cómo podía ayudar a las perras de Estados Unidos a ser criaturas más felices y saludables: y, además, ayudar a sus dueños. Mi método no es la neurocirugía. Yo no lo creé: lo hizo la Madre Naturaleza. Mi fórmula de la satisfacción es sencilla: para tener una perra equilibrada y saludable, un humano ha de compartir el ejercicio, la disciplina y el afecto, ¡y en ese orden! El orden es vital, y lo explicaré con más detalle más adelante.

Desgraciadamente aquí la mayoría de los propietarios de perras no captan correctamente el orden de la satisfacción. Sitúan el afecto en el primer lugar. ¡De hecho muchos propietarios no dan a sus perras más que afecto, afecto y más afecto! Por supuesto sé que lo hacen con la mejor intención. Pero sus buenas intenciones realmente pueden hacer daño a sus perras. A esos propietarios los llamo "humanos que dan demasiado amor".

Puede que usted esté leyendo esto y piense: "¡Le doy a mi perra toneladas de afecto porque es mi nena! ¡Y está bien! No tengo problemas de conducta con ella". De hecho es muy posible que tenga una perra de naturaleza pasiva, con una actitud despreocupada y puede que nunca tenga el menor problema con ella. Puede abrumarla con un exceso de cariño y obtener a cambio tan sólo ese maravilloso e incondicional amor de perra. Puede que se considere el propietario de perra más afortunado del mundo, con la perra más perfecta del mundo. Gracias a su perra usted es feliz y su vida está plena. Y me alegro por usted. Pero, por favor, abra su mente a la posibilidad de que su perra se esté perdiendo cosas que podría necesitar en *su* vida para sentirse feliz y satisfecha *como perra*. En el peor de los casos espero que este libro lo ayude a ser más consciente de las necesidades realmente específicas de su perra y le inspire a encontrar formas creativas que lo ayuden a satisfacerlas.

Lo que estoy a punto de compartir es la verdad de mis experiencias vitales. Éstas son las cosas que he aprendido, experimentado y observado personalmente, trabajando con miles de perras durante veinte largos años. Creo desde lo más profundo de mi corazón que mi misión consiste en ayudar a las perras y a pasarme la vida aprendiendo todo cuanto ellas tengan que enseñarme. Veo mi carrera entre perras como una educación eterna. Yo soy el estudiante y ellas mis profesoras. Que le enseñen también a usted lo que me enseñaron a mí. Me han ayudado a comprender que lo que las perras necesitan no siempre es lo que nosotros queremos darles.

NOTAS

[1] Saponsky, R. M., "Social Status and Health in Humans and Other Animals", en *Annual Review of Anthropology* 33 (2004): 393-414.

2
Si pudiéramos hablar con los animales
El lenguaje de la energía

¿Qué estilo de comunicación emplea usted con su perro? ¿Le implora que vaya con usted, mientras él se niega y sigue corriendo calle abajo tras una ardilla del vecindario? Si su perro le roba su tenis preferido, ¿le habla como si fuera un bebé para tratar de que se lo devuelva? ¿Grita con todas sus fuerzas para que su perro se baje de un mueble, mientras él se queda allí sentado, mirándola fijamente como si usted estuviera loca? Si cualquiera de estos ejemplos le suena familiar, sé que es consciente de que las técnicas que utiliza no funcionan. Comprende que no puede "razonar" con un perro, pero sencillamente no conoce otra forma de comunicarse con él. Estoy aquí para decirle que hay una forma mucho mejor.

¿Recuerda la historia del Dr. Dolittle, el hombre que podía hablar y entender el lenguaje de cualquier animal? Desde los libros de Hugh Lofting hasta la película muda de 1928, pasando por las series radiofónicas de la década de 1930, el musical cinematográfico de 1967, los dibujos animados de la década de 1970 y las taquilleras comedias de Eddie Murphy, este maravilloso relato y su protagonista han atraído a niñas y adultas generación tras generación. Piense en los infinitos mundos que se nos abrirían si viéramos las cosas como las ven los animales. Imagine observar la tierra desde el cielo a través de los ojos de un pájaro, moverse por la vida en tres dimensiones, como una ballena, o "ver" el mundo a través de ondas sonoras, como los murciélagos. ¿Quién no ha soñado con unas posibilidades tan emocionantes? El atractivo de la historia del Dr. Dolittle es que da vida a los animales en la pantalla grande, a todo color.

¿Qué me diría si le contara que el secreto del Dr. Dolittle era algo más que ficción creativa?

Tal vez se esté imaginando este secreto desde una perspectiva humana. Se preguntará si le estoy diciendo que existe una forma *verbal* de hablarle a su perro, quizá con el empleo de un libro de expresiones que traduzca su lenguaje al suyo. ¿Se pregunta qué aspecto tendría ese lenguaje, cómo sonaría? ¿Incluiría las palabras *siéntate, quieto, ven* y *sígueme?* ¿Tendría que gritar las traducciones, o podría susurrarlas? ¿Tendría que aprender a gemir y ladrar? ¿Olisquear el trasero de su mascota? ¿Y cómo le respondería su perro? ¿Cómo traduciría usted lo que le está diciendo? De hecho, como puede ver, crear un libro de expresiones perro-ser humano —del modo que se crea, digamos, un libro de expresiones inglés-español— sería una tarea muy complicada.

¿No sería más sencillo si hubiera un *lenguaje universal* que pudieran entender *todas* las especies? "Imposible —dirá usted—. ¡Ni siquiera todos los seres humanos hablamos el mismo idioma!". Cierto, pero eso no ha impedido que la gente haya *tratado* durante siglos de encontrar un lenguaje común. En el mundo antiguo las personas de las clases superiores, educadas, aprendían griego. De ese modo, todas podían leer y entender los documentos más importantes. En la era cristiana todo aquel que era alguien importante sabía leer y escribir en latín. Hoy en día el inglés está en lo más alto de la cadena alimenticia del lenguaje. Esto lo aprendí con sangre cuando llegué a Estados Unidos hace catorce años. Créame, si no lo habla de nacimiento, el inglés es un idioma monstruoso para aprenderlo a partir de cero: a pesar de ello, todo el mundo, desde los chinos hasta los rusos, lo acepta como el idioma internacional para los negocios. El ser humano ha buscado otras formas de romper la barrera idiomática. Da igual qué idioma hable usted, si es ciega puede emplear el Braille. Si es sorda, puede entender a cualquier otra persona sorda mediante el Lenguaje Internacional de Signos. Los lenguajes matemáticos e informáticos rompen muchas barreras lingüísticas y permiten a los seres humanos de distintas lenguas conversar fácilmente entre sí, gracias al poder de la tecnología.

Si los seres humanos hemos conseguido diseñar estos lenguajes colectivos, ¿acaso no podemos crear una forma de conversar con las demás especies del planeta? ¿No existe lenguaje alguno, que podamos aprender, en el que algo signifique lo mismo para toda criatura?

¡Buenas noticias! Me alegra informarles que el lenguaje universal del Dr. Dolittle ya existe. Y no lo inventó el ser humano. Es un lenguaje que todos los animales hablan sin saberlo siquiera, incluyendo el animal humano. Es más, todos los animales *nacen* sabiendo este lenguaje de forma instintiva. Incluso los seres humanos nacemos hablando fluidamente esta lengua universal, pero tendemos a olvidarlo porque desde niñas se nos adiestra para creer que *las palabras* constituyen la única forma de comunicación. Lo irónico es que, aunque creemos que ya no sabemos hablar ese idioma, la verdad es que lo hablamos todo el tiempo. ¡Sin saberlo, estamos radiando en esta lengua las veinticuatro horas del día, los siete días de la semana! Otras especies animales aún pueden *entendernos,* aunque quizá no tengamos ni idea de cómo entenderlas a ellas. ¡Nos interpretan nítidamente, aunque no seamos conscientes de que nos estamos comunicando!

Este lenguaje auténticamente universal, que llega a todas las especies, se llama *energía*.

 Energía en la naturaleza

¿Cómo puede *la energía* ser un lenguaje? Permítame exponer unos cuantos ejemplos. En la naturaleza, las distintas especies animales se entremezclan sin esfuerzo alguno. Por ejemplo, tomemos la sabana africana o una selva. En una charca de una selva podríamos ver monos y pájaros en los árboles, o, en una sabana, distintos herbívoros, como las cebras o las gacelas, paseando y bebiendo felizmente de la misma poza de agua cristalina. Todo es pacífico, a pesar de que son especies muy diferentes compartiendo el mismo espacio. ¿Cómo es que conviven tan armoniosamente?

¿Qué tal un ejemplo menos exótico? En su propio jardín puede que usted tenga ardillas, pájaros, conejos, incluso zorros, conviviendo felizmente. No hay problema hasta que pone en marcha su segadora. ¿Por qué? Porque todos esos animales se están comunicando con la misma energía relajada, equilibrada y nada agresiva. Cada animal sabe que los demás están dando una vuelta, ocupándose de sus cosas: beben agua, buscan comida, se relajan, se acicalan unos a otros. Todos están tranquilos y nadie ataca a nadie. A diferencia de nosotros no les hace falta *preguntar* a los demás cómo se sienten. La energía que proyectan les dice todo lo que necesitan saber. En ese sentido *están todo el tiempo hablando unos con otros.*

Ahora que tiene en su mente esta pacífica visión, imagínese esto: de repente, un nuevo animal entra en su jardín, o se acerca a nuestra imaginaria charca de la selva, proyectando una energía totalmente diferente. Esta nueva energía podría ser algo tan insignificante como una ardilla que tratara de robarle el alijo a otra, o una gacela que pugna a la carrera con otra por lograr un lugar mejor para beber en el oasis. También podría ser algo tan grave como un hambriento depredador que busca sojuzgar a su próxima presa. ¿Se han fijado cómo un grupo de pacíficos animales puede asustarse o ponerse a la defensiva en un instante, a veces incluso antes de que un depredador haya aparecido en escena? Probablemente les haya llegado algo de su olor: pero también es probable que hayan percibido la energía que el depredador estaba proyectando.

Lo que siempre me resulta fascinante del reino animal es que incluso si hay un depredador cerca los demás animales normalmente saben si es seguro quedarse en el lugar o no. Imagine que le presentan a un hombre y usted sabe que es un asesino en serie. ¿Podría estar relajado ante él? ¡Claro que no! Pero si usted fuera otra clase de animal de este planeta, probablemente podría percibir si el asesino en serie estaba de caza o simplemente de retirada. Un animal reconoce inmediatamente si un depredador está proyectando una energía cazadora, a veces antes incluso de ver al propio depredador. Como seres humanos a menudo estamos ciegos antes estos matices de la energía animal: creemos que un tigre es peligroso en todo momento, cuando, en realidad, si acaba de comerse un ciervo de ciento cuarenta kilos probablemente sólo tenga cansancio. Sin embargo, en cuanto se le vacíe el estómago será un animal diferente: todo instinto, todo energía para sobrevivir. Hasta su ardilla del jardín captará esa sutil diferencia. Pero los humanos tendemos a estar ciegos ante lo que, en el reino animal, es un auténtico semáforo en rojo.

He aquí un ejemplo de energía animal con el que probablemente se sientan identificados los habitantes del sur de Estados Unidos. En un soleado día en Florida, Louisiana o cualquiera de las dos Carolinas verá caimanes gigantes bañando al sol sus correosos cuerpos en la orilla de algún pantano: ¡en campos de golf tan caros como exclusivos! Mientras tanto, las golfistas golpean la bola a unos cuantos pasos. Garzas, grullas y tortugas toman felices el sol al lado de esos terribles reptiles. Ancianas regordetas pasean a sus perritos, del tamaño de una taza de té, por senderos a centímetros de distancia del pantano de los caimanes. ¿Qué está pasando? Es muy sencillo. Los otros animales —desde las tortugas a los diminutos chihuahuas— son conscientes, instintivamente, de que esos temibles depredadores no están en ese momento en una actitud cazadora. Hay algo de lo que podemos estar seguras: en cuanto a esa enorme criatura empiecen a sonarle las tripas, y su energía cambie a una actitud cazadora, los demás animales habrán desaparecido en un abrir y cerrar de ojos. Menos, tal vez, las golfistas. Pero éstas constituyen una de las especies más extrañas de la naturaleza, y ni siquiera la ciencia moderna ha conseguido descifrarlas todavía.

 ## La energía en los humanos

Si hablamos de energía, los humanos tenemos mucho más en común con los animales de lo que habitualmente nos gusta admitir. Piense en una de las selvas más despiadadas del mundo humano: la cafetería de la preparatoria. Imagínela como una charca donde distintas especies —en este caso, las pandillas de los deportistas, las ingenuas y las enamoradizas— se entremezclan pacíficamente. Entonces, una matona choca "accidentalmente" contra la bandeja de comida de una tipa menos corpulenta. La energía liberada por esa relación se extenderá en oleadas por toda la sala. Pregunte a alguna adolescente cercana si esto no es cierto. Y, al igual que en el reino animal, este cambio de energía ni siquiera tiene que ser algo tan descarado como un empujón. Digamos que la chica bajita de la cafetería ha tenido un mal día. Ha reprobado dos exámenes seguidos y no está de muy buen ánimo. Sin querer, levanta la vista y su mirada se cruza con la de la matona. Tal vez ésta estaba pensando en sus cosas, pero en cuanto capta la energía reducida de la tipa más débil, la dinámica entre ellas cambia en un segundo. En el reino animal a eso se le llama la supervivencia del más apto.

Saquemos este concepto del comedor escolar y pensemos en nuestra sociedad como conjunto. Equivocados o no, en Estados Unidos esperamos que nuestros líderes proyecten una energía dominante, poderosa, como la de un Bill Clinton o un Ronald Reagan. Algunos líderes poderosos proyectan una energía carismática que se contagia a los que los rodean, activándolos: piensen en Tony Robbins. Martin Luther King, Jr. proyectaba una energía "de firmeza tranquila", como la llamo yo: la energía ideal para un líder. Aunque Gandhi también fue un líder, su energía era de una naturaleza más compasiva.

Es interesante comprobar que el Homo sapiens es la única especie del planeta capaz de seguir a un líder sabio, amable, compasivo o adorable. El ser humano incluso seguiría a un líder inestable, ¡pero eso daría para otro libro! Por difícil que nos resulte comprenderlo, en el reino animal un Fidel Castro tendría más probabilidades de ser líder que una Madre Teresa de Calcuta. En el reino animal no hay moral, ni concepto del bien y del mal. Del mismo modo, un animal jamás hará trampas o mentirá para hacerse con el poder: no puede. Los demás animales lo descubrirían enseguida. Un líder en la naturaleza ha de proyectar la fuerza más obvia e incontestable. En el reino animal sólo hay reglas, rutinas y rituales: basadas en la supervivencia del más fuerte, no del más listo o del más guapo.

¿Ha oído alguna vez hablar del "olor del miedo"? No es sólo una expresión. Los animales perciben vibraciones de energía, pero el olfato es su segundo sentido más desarrollado: y, en un perro, la energía y el olfato parecen estar profundamente conectados. De hecho un perro evacua sus glándulas anales cuando tiene miedo, emitiendo un olor distintivo no sólo para otros perros sino para la mayoría de los animales (incluidos los seres humanos). El sentido del olfato de un perro está conectado al sistema límbico, la parte del cerebro responsable de las emociones. En su libro *The Dog's Mind,* el Dr. Bruce Fogle cita estudios de la década de 1970 que mostraban que un perro puede detectar el ácido butírico —uno de los componentes del sudor humano— en una concentración hasta un millón de veces menor de lo que nosotros podemos[1]. Pensemos en los sensores de un detector de mentiras que pueden captar insignificantes cambios en la sudoración de las manos de una persona cuando miente. ¡En esencia, su perro es un "detector de mentiras" andante!

¿Puede un perro realmente "oler el miedo" físicamente en nosotros? Evidentemente pueden percibirlo al instante. Numerosas corredoras y carteras pueden contarnos esta angustiosa experiencia: pasar corriendo o caminando por delante de una casa y hacer que el perro empiece a ladrar, gruñir o incluso lanzarse contra la valla o la puerta. Ahora bien, podría tratarse de un perro que haya adoptado el papel de protector de la casa y se lo haya tomado muy en serio: y son demasiadas las carteras y corredoras cuyas cicatrices demuestran cómo puede descontrolarse un perro poderoso y agresivo —lo que yo llamo un perro en zona roja. (Un perro en zona roja es un asunto muy serio, y lo trataré a fondo en un capítulo posterior).

Con el fin de comprender cómo un perro percibe un estado emocional imagínese esto mientras pasa por delante de una casa en la que hay un perro en zona roja: *Tal vez ese perro ladrador tiene un secreto.* ¡Puede que esté más asustado de usted que usted de él! Sin embargo, en cuanto usted se paraliza aterrorizado el equilibrio de poder cambia instantáneamente. ¿Acaso el perro percibe el cambio de su energía con su "sexto sentido"? ¿O acaso huele algún cambio en la química de su cuerpo o de su cerebro? La ciencia aún no lo ha explicado en términos profanos, pero en mi opinión es una mezcla de las dos. Puedo garantizar esto después de décadas de atenta observación: no se puede "ir de farol" con un perro igual que se va de farol con una compañera de póquer borracha. En cuanto cambiamos a la emoción del miedo, el perro instantáneamente sabe que está en ventaja sobre nosotros. Estamos proyectando una energía débil. Y si el perro sale, es más probable que nos persiga o muerda que si hubiéramos desconectado de su ladrido y seguido nuestro camino. En el mundo natural, los débiles son eliminados rápidamente. No hay bien ni mal en todo ello: es sólo el modo en que la vida en la Tierra ha funcionado durante millones de años.

Energía y emoción

Lo más importante que hay que entender sobre la energía es que es un *lenguaje de emociones*. Por supuesto, no hace falta que le diga a un animal que usted está triste, cansada, emocionada o relajada, porque ese animal ya sabe *exactamente* cómo se siente usted. Piense en algunos de esos preciosos relatos que ha leído en publicaciones como *Selecciones* o la revista *People:* historias de mascotas que han reconfortado, incluso salvado, a sus propietarias cuando estaban enfermas, deprimidas o afligidas. Esas historias a menudo incluyen comentarios del tipo "era casi como si supiera por lo que su dueña estaba pasando". Estoy aquí para asegurarle que sí, que estos animales *sí* saben exactamente qué están sintiendo sus dueñas. Un estudio francés llegó a la conclusión de que un perro también puede utilizar su sentido del olfato para distinguir los diferentes estados emocionales del ser humano[2]. Yo no soy científico, pero después de toda una vida entre perros mi opinión es que, sin duda alguna, un perro puede percibir hasta los cambios más sutiles en la energía y las emociones de los humanos con los que está. Por supuesto, un animal no siempre puede comprender el *contexto* de nuestras dificultades; no puede distinguir si estamos destrozados tras un divorcio o por perder un trabajo o por haber perdido la cartera, porque estas situaciones tan humanas no significan nada para él. Sin embargo, tales situaciones crean emociones: y esas emociones son universales. Estar enfermo y triste es estar enfermo y triste, da igual a qué especie pertenezcamos.

Los animales no sólo viven en armonía con otros animales: también parecen poder interpretar la energía de la Tierra. La historia está llena de anécdotas de perros que al parecer "predecían" terremotos, o gatos que se escondieron durante horas en la bodega antes de la llegada de un tornado. En 2004, medio día antes de que el huracán Charley golpeara las costas de Florida, catorce tiburones a los que se había puesto un chip electrónico, y que jamás habían salido de su territorio de Sarasota, de repente se dirigieron hacia aguas más profundas. Y pensemos en el terrible tsunami que azotó el sudeste asiático ese mismo año[3]. Según testigos oculares, una hora antes de que la ola alcanzara la costa en Indonesia, unos cuantos elefantes cautivos, de los "paseos en elefante" para turistas, empezaron a gemir e incluso rompieron sus cadenas para huir a tierras más altas. Por toda la región los animales de los zoos se escondieron en sus refugios y se negaron a salir, los perros no salían a la calle y cientos de animales salvajes en el Parque Nacional de Yala, en Sri Lanka —leopardos, tigres, elefantes, jabalíes, búfalos de agua y monos— también escaparon a zonas más seguras[4]. Éstos son algunos de los milagros de la Madre Naturaleza que siguen sorprendiéndome: son una brillante ilustración del poderoso lenguaje de la energía en funcionamiento.

Una de las cosas más importantes que hay que recordar es que todos los animales que la rodean —especialmente las mascotas con las que comparte su vida— están interpretando su energía en todo momento del día. Claro, puede decir lo primero que se le ocurra, pero su energía *no puede* mentir, y *no lo hace*. Puede gritarle a su perro que no se acerque al sofá hasta que se le ponga la cara azul, pero si no está proyectando la energía de un líder —si en el fondo sabe que va a dejarle subirse al sofá si se lo pide lo suficiente— él sabrá realmente hasta dónde puede llegar. Ese perro se sentará en el sofá mientras se le antoje. Ya sabe que usted no va a ir más allá de sus gritos. Dado que un perro a menudo percibe los chillidos de un humano en un estado de excitación emocional como una señal de inestabilidad, o bien su arrebato no le afectará o bien se confundirá y asustará. ¡Lo que está claro es que no lo relacionará con sus reglas en cuanto al sofá!

La personalidad firme y tranquila

Ahora que ya entiende el poderoso "lenguaje" de la energía mi siguiente tarea consiste en ayudarla a entender cómo aprovecharla para favorecer una mejor comunicación con su perro. Un perro sólo tarda unos cuantos segundos en determinar qué tipo de energía está proyectando usted, por lo que es importante que sea coherente. Ante su perro le conviene proyectar en todo momento lo que yo llamo energía "firme y tranquila". Un líder firme y tranquilo está relajado, pero siempre sabe que tiene el control de la situación.

Ahora bien el término *firme* últimamente ha adquirido mala fama. Tal vez porque recuerde mucho al término *agresivo,* pero sus significados no tienen nada que ver. Pensemos en personas de la cultura popular. Da igual si usted se identifica políticamente con él o no, tendrá que admitir que Bill O'Reilly es furioso y agresivo. Grita "¡Cállese!", interrumpe y trata de salirse con la suya en plan de abuso. En la mayoría de las situaciones cotidianas, el que usted sea furiosa y agresiva puede volvérsele en contra: sencillamente, no es una forma eficaz, en cuanto a la energía, de conseguir las cosas, y realmente no es muy buena para su presión sanguínea. Un perro furioso y agresivo no sería un buen líder de grupo porque los demás perros lo considerarían inestable.

En mi trabajo no he conocido mucha gente que fuera "firme y tranquila" aunque supongo que podríamos describir así a los malos de las películas de James Bond: siempre están tramando hacer volar el planeta sin que se les mueva un pelo ni se les derrame el martini. En cualquier caso "firme y tranquilo" no es un estado de energía natural para las criaturas no humanas del reino animal.

¿Pero las personalidades firmes y tranquilas? Son los líderes del mundo animal. En nuestro paisaje humano hay muy pocos, pero casi siempre son las personas más poderosas, impresionantes y triunfadoras. Oprah Winfrey —el principal modelo a imitar en cuanto a mi propio comportamiento profesional— es la personificación de la energía firme y tranquila. Está relajada, es ecuánime pero indudablemente poderosa, y siempre mantiene el control. Gente de todas partes responde a su magnética energía, que la ha convertido en una de las mujeres más influyentes —y una de las más adineradas— del mundo.

La relación de Oprah con una de sus perras, Sophie, es otra historia. Al igual que mucha de la gente poderosa que me contrata para que los ayude con sus perros Oprah tenía algunas dificultades para compartir con Sophie su célebre firmeza y tranquilidad. En los años que llevo ayudando a la gente y sus perros he observado que muchos de los poderosos del tipo A —directores, ejecutivos de los estudios, estrellas de cine, médicos, abogados, arquitectos— no tienen problema alguno para mostrarse dominantes y controladores en sus trabajos, pero en cuanto llegan a casa dejan que sus perros los avasallen. A menudo esta gente considera su vida con su mascota como la *única* área en la que pueden dejar que aflore su lado más suave. Esto es increíblemente terapéutico para el humano, pero puede ser psicológicamente dañino para el animal. Su perro necesita un líder de la manada más de lo que necesita a un colega. Pero, si lo que busca es un modelo que puede imitar en cuanto a energía firme y tranquila, encienda el canal del *The Oprah Winfrey Show* y obsérvela relacionarse con sus invitados y su público. ¡Ésa es la clase de energía que debería buscar cuando se relaciona con su perro, su gato, su jefa o con sus hijos!

Finja hasta conseguirlo

¿Qué pasa si usted no es una persona firme y tranquila por naturaleza? ¿Cómo reacciona cuando surge un problema? ¿Le entra el pánico y el nerviosismo, o se vuelve defensiva y agresiva? ¿Tiende a enfrentarse a los problemas como si fueran ataques personales contra usted? Es cierto que la energía no miente, pero podemos *canalizar* y *controlar* la *energía* y el *poder*. La biorretroalimentación, la meditación, el yoga y otras técnicas de relajación son excelentes para aprender a controlar mejor la energía que proyectamos. Los ocho años que pasé entrenando yudo intensivamente de niño hicieron que para mí controlar mi energía mental sea algo casi natural. Si usted es muy excitable, ansiosa o abiertamente emocional —indicios evidentes para todo animal que esté interpretando su energía— tales técnicas pueden suponer una gran diferencia en su relación con sus mascotas. Aprender a aprovechar el poder de la energía firme y tranquila que hay en usted también tendrá un impacto positivo en su propia salud mental: y en sus relaciones con los *humanos* que hay en su vida, se lo garantizo.

A menudo aconsejo a mis clientes que usen la imaginación y empleen técnicas de visualización cuando se sientan "bloqueados" al tratar de proyectar a sus perros la energía adecuada. Hay a su disposición un montón de libros maravillosos de autoayuda, psicología y filosofía que lo ayudarán a aprender a aprovechar el poder de la mente para cambiar su conducta. Algunos de los autores que más me han influido son el Dr. Wayne Dyer, Tony Robbins, Deepak Chopra y el Dr. Phil McGraw. Las técnicas interpretativas, como las que crearon Konstantin Stanislavski y Lee Strasberg también son excelentes herramientas para transformar la forma en que se relaciona en el mundo.

En la primera temporada de mi programa en el National Geographic Channel, *Dog Whisperer with Cesar Millan,* me encontré con un caso que ofrecía un excelente ejemplo de cómo podemos utilizar nuestros poderes de visualización para transformar instantáneamente nuestra energía y nuestra relación con nuestros perros.

Sharon y su marido, Brendan, habían rescatado a Julius, un dulce y adorable mestizo de pitbull y dálmata que, desgraciadamente, les llegó con miedo hasta de su sombra. Cada vez que lo sacaban a pasear le temblaba todo el cuerpo y andaba con el rabo entre las patas, y en cuanto tenía la menor ocasión salía disparado hacia la seguridad de su casa. Cuando había invitados se paralizaba y acurrucaba bajo los muebles. Cuando trabajé con la pareja, observé que Sharon se volvía tremendamente ansiosa y asustadiza cuando Julius mostraba miedo o tiraba de la correa durante los paseos. Estaba tan preocupada por Julius que trataba de tranquilizarlo con palabras y, cuando veía que no se tranquilizaba, tiraba la toalla, impotente. Me quedó muy claro que Julius estaba recogiendo la energía asustadiza de Sharon, la cual estaba intensificando en gran medida su propio miedo.

Sin embargo, cuando Sharon me dijo que era actriz, comprendí que contaba con una poderosa herramienta que no estaba aprovechando. Los mejores actores aprenden a buscar en su interior, a emplear el poder del pensamiento, de la sensación y la imaginación para transformarse en diferentes personajes y para pasar en un instante de un estado emocional a otro. Pedí a Sharon que recurriera a la misma "caja de herramientas" que empleaba cuando actuaba en el teatro o en una película y se concentrara en un sencillo ejercicio de interpretación: que pensara en un personaje al que identificara como firme y tranquilo. Dada su preparación, Sharon entendió inmediatamente lo que le estaba pidiendo. Sin dudar, contestó: "Cleopatra". Entonces le sugerí que se "convirtiera" en Cleopatra cada vez que sacara a Julius a pasear.

¡Fue emocionante observarla la primera vez que probó a hacer ese ejercicio de interpretación! Mientras paseaba a Julius, Sharon empezó a imaginarse que realmente era Cleopatra. Delante de mis ojos enderezó su cuerpo y levantó el pecho. Alzó la cabeza y miró a su alrededor con arrogancia, como si fuera la reina de todo cuanto contemplaba. Gracias a esa misma capacidad dramática que había estado perfeccionando durante toda su vida de repente era consciente de su poder y belleza, ¡y naturalmente esperaba que todo el mundo —sobre todo su perro— obedeciera todos sus deseos! Por supuesto Julius jamás había ido a clases de teatro, pero al percibir ese cambio de energía no le quedaba otra opción que convertirse en el "partenaire" de Sharon en su fantasía sobre Cleopatra. El cambio en aquel asustadizo pitbull/dálmata fue inmediato. En cuanto comprendió que estaba paseando con una "reina", al instante se volvió más relajado y menos asustadizo. Después de todo ¿qué perro tendrá miedo si es la todopoderosa Cleopatra quien sujeta su correa?

Julius y sus dueños han trabajado duramente y han progresado mucho. Hicieron falta muchos meses de esforzada práctica diaria, pero un año después Julius muestra una total seguridad en sus paseos y ahora incluso da la bienvenida a los desconocidos que llegan a casa: todo gracias al poder del liderazgo firme y tranquilo, y con una ayudita de Cleopatra.

Energía sumisa y tranquila

La energía adecuada para un seguidor en una manada de perros se llama energía sumisa y tranquila. Es la energía más saludable que puede proyectar su perro en su relación con usted. Cuando la gente acude al Centro de Psicología Canina y observa a mi manada en acción, a menudo los deja atónitos ver cómo unos cuarenta o cincuenta perros pueden estar tan relajados 90 por ciento del tiempo. Eso se debe a que mi manada está compuesta por perros sumisos y tranquilos, mentalmente equilibrados.

El término *sumiso* tiene connotaciones negativas, al igual que *firme*. *Sumiso* no significa endeble. No significa que tenga que convertir a su perro en un zombi o un esclavo. Simplemente significa *relajado* y *receptivo*. Es la energía de un grupo de estudiantes bien educadas en una clase o de una congregación religiosa. Cuando imparto mis seminarios sobre comportamiento canino, siempre le agradezco a mi público que esté en un estado sumiso y tranquilo: esto es, abiertos de mente y capaces de conversar fácilmente entre ellos. ¡Cuando aprendí a ser sumiso y tranquilo con mi mujer, mi matrimonio mejoró en un cien por cien!

Para que haya auténtica comunicación entre un perro y un humano, el perro ha de proyectar una energía sumisa y tranquila antes de que el humano pueda lograr que le obedezca. (Como propietarios de perros, no nos conviene en absoluto que se nos perciba como sumisos). Ni siquiera cuando un perro realiza una búsqueda y un rescate se muestra firme: se muestra sumiso y activo. Aunque ese perro en misiones de búsqueda y rescate tiene que ir por delante de la adiestradora, buscando nervioso entre montones de escombros, la adiestradora primero hará que el perro se siente y esperará hasta que adopte una mentalidad sumisa, y sólo entonces le dará la señal para que empiece la búsqueda. Los perros que trabajan con personas discapacitadas también tienen que ser los sumisos en la relación, aunque sus dueños sean ciegos o estén confinados a una silla de ruedas. En esos casos los animales están para ayudar a las personas, y no al revés.

Lenguaje corporal

Su perro está observándola constantemente, interpretando su energía. También está interpretando su lenguaje corporal. Los perros utilizan el lenguaje corporal como otro medio para comunicarse entre ellos, pero es importante recordar que su lenguaje corporal también está en función de la energía que proyectan. ¿Recuerda el ejemplo de Sharon y Julius, en el que simplemente pensar que ella era Cleopatra inspiró a Sharon a caminar más erguida y orgullosa? La energía alimentaba el lenguaje corporal y, a su vez, el lenguaje corporal reforzaba la energía. Los dos siempre están conectados entre sí.

Usted puede aprender a interpretar el lenguaje corporal de su perro por las pistas visuales que le proporciona, pero es importante recordar que una energía diferente puede determinar el contexto de una postura. Es como esas fastidiosas palabras llamadas homónimas en inglés: palabras que suenan exactamente igual pero significan cosas distintas. Como *read* (leído) y *red* (rojo), o *flee* (huir) y *flea* (pulga). Las personas que no son angloparlantes de nacimiento necesitan tiempo para aprender a distinguir entre estas palabras. Por supuesto, todo radica en el contexto. Cómo se emplea una palabra es lo que determina su significado. Es lo mismo con los perros y el lenguaje corporal. Un perro con las orejas gachas puede estar indicando sumisión tranquila, que es la energía apropiada para un seguidor dentro de un grupo. O puede estar indicando que tiene miedo. Un perro que monta a otro puede indicar dominación, o simplemente puede ser un comportamiento juguetón. La energía siempre crea el contexto.

 ¿Puedo olisquearte?

Como mencionaba antes, el olfato también puede funcionar como un lenguaje para los perros. La nariz de su perro —millones de veces más sensible que la suya— le proporciona una enorme cantidad de información sobre su entorno y sobre los demás animales que están en él. En la naturaleza el olor anal de un perro es su "nombre". Cuando dos perros se encuentran, se huelen los traseros como una forma de presentación. Como no aparece en la guía telefónica, un perro puede decir a otros perros dónde vive y dónde ha estado corriendo si orina en un "poste señalizador": un arbusto, un árbol, una piedra o un poste. Cuando una hembra está en celo, depositará su olor con la orina por todo su territorio, colocando una especie de anuncio para todos los machos del vecindario[5]: que pueden presentarse ante la puerta de su dueña a la mañana siguiente, sin que la pobre de su propietaria humano tenga la menor idea de cómo fueron "invitados". Mediante el olfato, los perros también pueden averiguar si otro perro está enfermo o qué tipo de comida ha estado comiendo. Al igual que en los estudios sobre los perros y su capacidad para "olisquear" los cambios emocionales en los humanos, los científicos llevan muchos años tratando de entender el milagroso poder de la nariz de un perro para discernir todo tipo de informaciones sutiles. En septiembre de 2004 el *British Medical Journal* publicó los resultados de un estudio de la Universidad de Cambridge que demostraba que los perros pueden "olisquear" el cáncer de próstata en muestras de orina, al menos en 41 por ciento de las ocasiones[6]. Durante años había habido pruebas anecdóticas de esos milagrosos hechos, pero ahora la ciencia está trabajando activamente para investigar cómo pueden los perros ayudar a detectar enfermedades en fases mucho más tempranas de lo que incluso algunos equipos de alta tecnología pueden hacerlo.

¿Conoce esos escáners CT de cuerpo entero, en los que se acuesta durante unos momentos y en teoría le hacen un diagnóstico completo de todos sus sistemas corporales? Eso es, más o menos, lo que los perros hacen cuando la ven por primera vez. Utilizan su nariz para escanearle completamente su cuerpo, revisarlo y averiguar dónde ha estado usted y qué ha hecho recientemente. Según la buena educación canina se supone que tiene que dejarlos hacer. En mi Centro de Psicología Canina, cuando un perro nuevo entra en el territorio del grupo, lo correcto por su parte es quedarse quieto mientras todos los miembros del grupo se acercan y lo olisquean. Si el perro permanece tranquilo, permitiendo que los demás terminen de olisquearlo, será aceptado más fácilmente dentro de la manada. Si se aparta, los demás perros lo perseguirán hasta que hayan acabado de olisquearlo. Una señal de que un perro es antisocial con otros perros es que se muestre incómodo o agresivo en cuanto a que lo olisqueen. Ése es un perro que no ha aprendido buenos modales: como un humano que no da un apretón de manos cuando le presentan a alguien. Cuando una persona cruza la puerta de mi centro y camina entre la manada de perros, los perros harán lo mismo con ella. A mucha gente le intimida —o sencillamente le aterra— que cuarenta perros de aspecto terrorífico se le acerquen y empiecen a olisquearlos. Una persona no debería mirar ni tocar a los perros durante este proceso, pero se debería permitir a los perros rodear y oler a esa persona. Es la única forma de que puedan sentirse cómodos con un animal nuevo de cualquier especie: aprendiendo a distinguirlo por su olor. Yo no soy "César" para mis perros. Soy el líder de su grupo, que es el olor y la energía de César.

Mientras que para un perro su forma de reconocerla es olerla, para convertirse en el líder de la manada de su perro usted tendrá que proyectar la energía correcta. Más tarde profundizaremos en el concepto de líder de la manada: es la piedra angular de su saludable relación con su perro. Pero antes es importante recordar que su perro no ve el mundo del mismo modo que usted. En cuanto aprenda a considerar a su perro primero como un animal, y no como un humano de cuatro patas, le resultará más fácil entender su "lenguaje" de energía: y "oír" realmente lo que le está diciendo.

NOTAS

[1] Fogle, B., *The Dog's Mind: Understanding Your Dog's Behavior,* Nueva York, Macmillan, 1990.

[2] Montagner, H., *L'Attachement: Les Debuts de la Tenderse,* París, Éditions Odile Jacob, 1988.

[3] Oldenburg, D., "A Sense of Doom: Animal Instinct for Disaster", en *The Washington Post,* 8 de enero de 2005.

[4] Mott, M., "Did Animals Sense Tsunami Was Coming?", en *National Geographic News,* 4 de enero de 2005, http://news.nationalgeographic.com/news/2005/01/0104_tsunami_animals.html.

[5] Whitney, L. F., *Dog Psychology: The Basics of Dog Training,* Nueva York, Macmillan, 1971.

[6] Willis, C. M., y otros, "Olfactory Detection of Human Bladder Cancer by Dogs: Proof of Principal Study", en *BMJ* 329 (2004): 712.

3
Psicología canina
No hace falta diván

En el último capítulo he definido y tratado la energía como un concepto de comunicación entre humanos y animales. Lo sepa o no, usted y su perra se están comunicando todo el tiempo mediante la energía, con el lenguaje corporal y el olor desprendido por añadidura. Pero ¿cómo interpreta usted los mensajes que le envía su perra? ¿Y cómo sabe que está proyectando sobre ella el tipo correcto de energía? Hay que partir de la comprensión de la psicología canina: regresando a la naturaleza innata de su perra y tratando de ver el mundo a través de sus ojos, no de los de usted.

Los humanos son de Saturno, las perras son de Plutón

Una relación, para alcanzar realmente la armonía, tiene que ser bilateral. Hay que satisfacer las necesidades de ambas partes. Piense en las relaciones hombre-mujer. Nada más casarme tardé mucho tiempo en comprender que el modo en que veía el mundo como hombre era muy distinto del modo en que mi esposa veía el mundo como mujer. Las cosas que me causaban alegría y felicidad en la relación no siempre eran las mismas cosas que le causaban alegría y felicidad a ella: y mientras yo satisficiera sólo mis propias necesidades, tendríamos auténticos problemas. Era a mi manera o la carretera, en parte porque yo era egoísta, pero sobre todo porque no sabía que existía otra manera.

Si no entiendo la psicología de la mujer más importante de mi vida, entonces ¿cómo vamos a poder comunicarnos de verdad? Nunca podremos conectar entre nosotros, y una relación sin conexión es vulnerable ante el divorcio. Tuve que leer un montón de libros sobre la psicología de las relaciones para aprender a ver el mundo a través de los ojos de Ilusión, y créame, hacerlo supuso una enorme diferencia en nuestro matrimonio.

Mi meta aquí consiste en ayudarlo a llevar a cabo el mismo tipo de cambios positivos en su "matrimonio" con su perra, basados en un nuevo entendimiento de la auténtica naturaleza de su perra. Sólo mediante este conocimiento podrá conseguir el tipo de conexión entre las especies —la auténtica conexión entre el hombre y el animal— que desea de corazón.

El primer error que muchos de mis clientes cometen en su relación con sus perras es similar al que muchos hombres cometen en relación con las mujeres: dan por sentado que ambos cerebros funcionan exactamente del mismo modo. La mayoría de los amantes de los animales insisten en tratar de relacionarse con sus perras utilizando la psicología humana. Da igual la raza —pastor alemán, dálmata, cocker spaniel, perdiguero— realmente ven a todas las perras como personas peludas de cuatro patas. Supongo que es natural humanizar a un animal, porque la psicología humana es nuestro primer marco de referencia. Hemos sido educados para creer que el mundo nos pertenece y que debería funcionar tal como queremos. Sin embargo, por inteligentes que seamos los humanos, no somos lo suficientemente inteligentes como para anular por completo a la Madre Naturaleza. La humanización de una perra, fuente de muchos de los problemas de comportamiento que me encargan corregir, crea desequilibrio, y una perra que está desequilibrada es una perra insatisfecha y, las más de las veces, problemática. Una y otra vez me llaman para trabajar con una perra que esencialmente está gobernando la vida de su dueño, exhibiendo un comportamiento dominante, agresivo u obsesivo, y creando un hogar trastornado. A veces estas dificultades se han dado durante años. A menudo un dueño desconcertado dirá: "El problema es que se cree que es una persona". No, ella no. Se lo prometo, su perra sabe muy bien que es una perra. El problema es que usted no lo sabe.

Diferentes pasados, diferentes presentes

Los animales y los seres humanos evolucionaron de forma diferente, a partir de ancestros diferentes y con diferentes fuerzas y debilidades que los ayudaron a sobrevivir en el mundo. En su libro *Wild Minds: What Animals Really Think* el profesor Marc D. Hauser describe cómo los animales tienen distintos "juegos de herramientas mentales" incorporados para su supervivencia[1]. Me gusta esta analogía del "juego de herramientas" porque es una forma sencilla de empezar a comprender la gran diversidad de la naturaleza. Hay herramientas que todos tenemos, como el lenguaje universal de la energía, que describí anteriormente. Hay herramientas específicas de una especie. Muchas herramientas son iguales en más de una especie —el olfato, por ejemplo— pero quizá desempeñan un papel más importante en la supervivencia de una especie en concreto. Cada una de estas "herramientas" evolutivas se convierte en una caja de herramientas del cerebro de un animal, por lo que cada especie tiene una psicología que es en cierto sentido específica y única. Las jirafas tienen su propia psicología. Los elefantes tienen su propia psicología. Jamás pensaría que un lagarto tiene la misma psicología que un humano, ¿verdad? Claro que no. Porque el lagarto evolucionó en un entorno diferente y su vida es totalmente distinta de la del humano. Un lagarto está "construido" para llevar a cabo unas funciones totalmente diferentes de las nuestras. Volviendo a la analogía del "juego de herramientas", usted jamás esperaría que un médico llevara al quirófano el juego de herramientas de un programador informático. No esperaría que un plomero llevara las herramientas de un violinista para arreglarle el lavabo. Todos ellos cuentan con herramientas diferentes porque todos desempeñan trabajos diferentes. Aunque las perras y los humanos se han relacionado íntimamente durante miles de años —tal vez incluso con relaciones de interdependencia— las perras también fueron "construidas" para desempeñar tareas muy distintas de los trabajos para los que la naturaleza nos diseñó a los humanos. Piense en ello. Teniendo en cuenta sus distintos trabajos y juegos de herramientas, ¿por qué iba a esperar usted que el cerebro de su perra funcionara del mismo modo que el suyo?

Cuando humanizamos a una perra, le creamos una desconexión. Al humani-zarla, podremos quererla del modo que querríamos a un humano, pero nunca lo-graremos una profunda comunión con ella. Jamás aprenderemos realmente a amarla por quien y por lo que realmente es.

Puede que le parezca, al leer este libro o ver mi programa de televisión o asis-tir a alguno de mis seminarios, que una y otra vez toco los mismos puntos: "Una pe-rra no piensa como un humano". "La psicología canina no es la psicología humana". Si ya ha oído suficiente y está preparado para empezar a relacionarse con su perra como una perra, ¡felicidades y que tenga éxito! Pero le alucinaría la cantidad de clien-tes que tengo, y los cientos de personas con las que hablo o que me escriben, que se muestran reacios y a veces directamente contrarios a la idea de olvidarse de la imagen que tienen en su cabeza de sus perras como personitas adorables. Sus pe-rras son sus "bebés" y, al pensar de otro modo, los dueños temen perder en cierto modo la conexión con ellos, en lugar de fortalecerla. Durante un periodo de dudas y preguntas al final de uno de mis seminarios una mujer claramente desanimada se le-vantó y dijo: "¿Se da cuenta de que todo lo que nos está contando va totalmente en contra de todo cuanto hemos pensado siempre sobre nuestras perras?". Tuve que de-cir al público: "Lo siento, humanos". Algunos de mis clientes quedan destrozados y rompen a llorar cuando les digo que, para solucionar los problemas de su perra, han de empezar a percibir y tratar a sus acompañantes caninas de un modo totalmen-te distinto al que las han percibido, a veces durante años. A menudo, cuando acabo una consulta, temo que la perra a la que acabo de conocer jamás tendrá ocasión de llevar una vida pacífica y equilibrada porque parece poco probable que su dueño esté por la labor de cambiar. Si usted está leyendo esto y teme ser una de esas personas, por favor, anímese. ¡Piense que llegar a conocer a su perra *tal y como* re-almente es, es una aventura emocionante! ¡Considere el enorme privilegio que le ha sido concedido: poder vivir codo con codo y aprender a ver el mundo a través de los ojos de un miembro muy especial de una especie completamente diferente! Re-cuerde que al comprometerse a cambiar, se está comprometiendo con su perra. Le está dando a su perra una oportunidad de alcanzar su potencial natural. Le está ofreciendo a otra criatura viva la forma más elevada de *respeto,* permitiendo que dicha criatura sea lo que se supone que tiene que ser. Está sentando las bases de una nueva conexión que lo acercará aún más a su perra.

Así pues, ¿exactamente en qué se diferencia tanto la psicología canina? Para empezar a entenderlo hemos de observar nuevamente cómo viven los canes en la naturaleza, cuando no hay ni rastro de los humanos. Una perra comienza su vida de una forma muy distinta de la de los humanos. Incluso nuestros sentidos más básicos son diferentes.

 ## Nariz, ojos, oídos: ¡en ese orden!

Cuando una perra da a luz, sus cachorros nacen con la nariz abierta pero con los ojos y oídos cerrados. Lo más vital y temprano en la vida de una perra —su madre— le llega primero como un olor. La madre es, fundamentalmente, olor y energía. Un bebé humano también puede distinguir entre el olor de su madre y el de otros humanos, por lo que el olfato también es importante para nosotros[2]. Pero no es nuestro sentido más importante. Si le dicen que un tipo llamado César Millán puede controlar una manada de cuarenta perras sin una correa, no se lo va a creer hasta que me vea hacerlo. Bueno, para una perra oler es creer. Si no lo huele, no puede descifrarlo. Y qué le parece esta comparación: mientras que los humanos sólo tenemos unos cinco millones de receptores olfativos en nuestra nariz, una perra adulta tiene unos 220 millones. De hecho, como le diría un adiestrador de perras especializadas en buscar cadáveres, una perra puede olisquear olores que nosotros ni siquiera podemos registrar utilizando sofisticados equipos científicos[3]. En pocas palabras un cachorro crece "viendo" el mundo, usando su nariz como órgano sensorial principal.

Junto con el olfato y la energía una cachorra experimentará el tacto al gatear junto a su madre para mamar de ésta, mucho antes de que sepa qué aspecto tiene. Sólo cuando hayan pasado quince días desde su nacimiento abrirá los ojos y empezará a percibir el mundo por la vista. Y cuando hayan transcurrido unos veinte días desde su nacimiento, sus oídos empezarán a funcionar[4]. Pero ¿cómo tratamos de comunicarnos con nuestras perras la mayoría de las veces? ¡Hablándoles como si nos entendieran, o gritándoles las órdenes!

Nariz, ojos, oídos. Mis clientes acaban cansados de que se los repita, pero lo diré otra vez. Nariz, ojos, oídos. Apréndanselo de memoria. Es el orden natural en los sentidos de las perras. Lo que quiero decir es que desde el principio —desde el desarrollo de sus primeras herramientas básicas de supervivencia— las perras experimentan el mundo de una forma totalmente diferente de la nuestra. En esencia, experimentan un mundo diferente.

Incluso la experiencia del nacimiento para una cachorra no tiene nada que ver con la de un bebé humano. Para una perra la energía firme y tranquila de la madre lo empapa todo. Piense en una escena típica de nacimiento para un humano. Imagine el papel del estereotipo masculino en la sala de partos: "¡Respira, cariño, respira!" Piense en su telenovela favorita, con el marido yendo de un lado para otro en la sala de espera o desmayándose ante la visión de la sangre durante el parto. ¿Recuerda aquel famoso episodio de la serie *I Love Lucy* en el que Ricky y los Mertz lo ensayan todo para el viaje de Lucy al hospital pero, cuando por fin llega el momento, se desmoronan?

Para unos padres primerizos un parto es normalmente estresante y frenético. En el mundo animal es una historia diferente. En su entorno natural una perra no tendrá miedo de dar a luz, ni necesitará médicos, enfermeras, matronas ni instructores de Lamaze que la animen. Construye su nido, lo hace todo sola y en muchos casos se vuelve muy territorial en cuanto a esa experiencia. ¿Ha visto alguna vez a una perra llevar a sus recién nacidas a un armario o debajo de una cama, donde las limpia de los restos de placenta y empieza a amamantarlas? Para ella es algo íntimo. Eso ya supone, inmediatamente, otra diferencia entre los humanos y las perras. Nosotros traemos a toda la familia a la sala de partos: la abuela, el abuelo, los primos, además de las cámaras de video, puros, flores, globos. ¡Hacemos una fiesta del hecho de tener un bebé! Es un maravilloso ritual para nosotros, pero, una vez más, otra distinción entre los humanos y las perras es el mismo modo en que la vida comienza para nosotros. Ser una perra no es ni más ni menos que ser un humano. Pero la vida para una perra es fundamentalmente una experiencia muy diferente desde el primer día.

Pensemos en el temprano desarrollo de las perras como si fuera una ventana a su cerebro. Mientras las cachorras son diminutas, su madre se presenta en la guarida y las cachorras han de encontrarla, han de ir hacia ella. Ella no va hacia ellas. A medida que van creciendo, a veces se aleja de ellas —incluso las aparta— cuando se acercan a ella para mamar. En la naturaleza empiezan la disciplina y la selección natural. Las cachorras débiles serán las que más problemas tengan para encontrarla y no podrán competir a la hora de comer. Si una perra percibe debilidad en una de sus cachorras, no irá a buscarla. Puede que incluso muera. Podemos ver ya en ese momento la enorme diferencia entre los humanos y las perras. Somos la única especie del reino animal que cuida especialmente de un bebé débil. No hay unidad de cuidados intensivos de natalidad en una manada de perras. No es que la madre no se preocupe de sus retoñas, es sólo que, en el mundo natural de las perras, "cuidar de" significa asegurarse de la supervivencia del grupo, y de futuras generaciones. Una cachorra débil que se quede rezagada pone en peligro no sólo a toda la manada al obligarla a ir más despacio, sino que, en términos generales, es probable que también crezca débil y dé a luz cachorras más débiles. A nosotros nos parece cruel, pero en el mundo natural las débiles siempre son eliminadas pronto.

Para una cachorra su madre empieza siendo un olor y una energía: la misma energía firme y tranquila sobre la que tanto leerá usted en este libro. La hormona progesterona, que sigue siendo fuerte en la madre por el embarazo, ayuda a intensificar esta energía tranquila, inhibiendo su respuesta de pelea o huida para que pueda concentrarse en criar a sus cachorras[5]. La energía firme y tranquila es la primera energía que experimentan las cachorras y será dicha energía la que asociarán al equilibrio y la armonía durante el resto de su vida. Desde el comienzo mismo de su vida aprenden a seguir a un líder firme y tranquilo. También aprenden la sumisión tranquila, el papel natural de los *seguidores* en el reino animal y especialmente en el mundo de las perras. Aprenden paciencia. La comida de las perras no llega en un camión de Federal Express; tiene que esperar a que la madre regrese a la guarida para alimentarse. Aprenden que sobrevivir significa competir con sus compañeras de camada por la comida y cooperar con su madre: por defecto, su primer líder de la manada.

 ## La forma adecuada de presentarse a una perra

Éste no es un libro sobre biología canina, pero existe una razón por la que es importante saber cómo se relacionan el cuerpo y el cerebro de su perra, y cómo ésta se ha desarrollado a partir de la cachorra que fue. Su madre es la primera "presentación" que una cachorra tendrá en el mundo. Es el primer "otro ser" que conocerá una cachorra. Ahora bien, comparemos el olor firme y tranquilo que emite una perra madre con la forma en que normalmente nos presentamos a una perra. ¿Qué es lo que hacemos habitualmente cuando vemos una preciosa cachorrita? "¡Oooh!", exclamamos en voz alta, normalmente con esa voz aguda que reservamos para los bebés. "¡Ven aquí, cosita guapa!". Al hacerlo, nos estamos presentando a la perra usando en primer lugar el sonido: y no sólo un sonido, sino normalmente un sonido muy nervioso, *cargado de emoción*. Lo que estamos haciendo es proyectar *una energía nerviosa, emocional,* la más alejada de la energía firme y tranquila. Para una perra, la energía emocional es una energía débil y a menudo negativa. Así pues, desde el primer momento estamos diciendo a la perra que no estamos muy equilibrados.

¿Y qué sucede a continuación? *Nos* acercamos a *la perra,* y no al revés. Corremos hacia ella, nos inclinamos hasta ponernos a su altura y le damos afecto —normalmente una caricia en la cabeza— antes siquiera de que ella sepa quiénes somos. Llegado ese momento, la perra ya ha descubierto que realmente no entendemos nada sobre ella. También está recibiendo el mensaje muy claro de que estamos yendo *hacia ella:* y desde ese momento, estamos firmando un contrato que estipula que nosotros somos los seguidores y ella es el líder. ¿Va a echarle la culpa a ella, después de haber creado una primera impresión tan inestable?

Volvamos a ver la escena de ese primer encuentro recurriendo a la psicología canina en lugar de la psicología humana. La forma adecuada de acercarse a una perra nueva es no acercase a ella en absoluto. Una perra jamás se acerca a otra mirándola a la cara, salvo que la esté desafiando. Y los líderes del grupo jamás se acercan a los seguidores del grupo; los seguidores siempre se acercan a él. En el mundo canino existe la etiqueta, y una Emilie Post canina exigiría que al presentarnos a una perra no se debe establecer contacto visual, hay que mantener una energía firme y tranquila y permitir que la perra se acerque a nosotros. ¿Cómo nos examinará esa perra? Olisqueándonos, por supuesto. Y no debemos alarmarnos si nos olisquea la entrepierna. Evidentemente entre humanos sería una verdadera ofensa olisquear los genitales de alguien nada más conocerlo, pero así es cómo siempre se saludan las perras. Normalmente no tiene implicaciones sexuales; es sencillamente una forma de obtener importante información: género, edad, qué ha comido la otra perra. Una perra que lo olisquea está obteniendo una información similar sobre usted. Al olisquearlo, la perra está interpretando no sólo su olor sino también esa energía tan importante que usted está proyectando. Ahora bien, podría ser al final que esa perra no sintiera por usted el menor interés y se alejara en busca de otros olores más fascinantes. O podría quedarse cerca de usted para seguir estudiándolo. Sólo cuando una perra ha decidido iniciar el contacto con usted, acariciándolo con el hocico o restregándose contra usted podrá usted ofrecerle su afecto. Y ahórrese el contacto visual para el momento en que los dos se conozcan mejor: más o menos, el equivalente a no ir demasiado lejos en la primera cita.

A veces, después de examinar a una persona nueva, una perra perderá el interés y se dispondrá a irse. Naturalmente, el amante de las perras extenderá una mano y tratará de mostrarle su afecto para que vuelva. Para algunas perras esto sería como propasarse, y podrían lanzar un mordisco. Incluso en el caso de una perra amistosa, normalmente le sugiero a la gente que no le ofrezca su afecto enseguida.

Deje que la perra lo conozca, se sienta cómoda con usted y haga algo para *ganarse* antes su afecto.

Normalmente este consejo no cae muy bien, porque los humanos tenemos la sensación de obtener una gran satisfacción al compartir nuestro afecto con una perra. Lo que la mayoría de los amantes de los animales no entiende es que, al compartir primero nuestro afecto, no le estamos haciendo ningún favor a la perra. Puede ser que estemos satisfaciendo nuestras propias necesidades: ¡después de todo, las perras son tan dulces, llamativas, suaves y parecen de peluche! Y resulta que son importantes para nuestra salud física y mental como seres humanos. Como señala la conductista animal Patricia B. McConnell en su libro *The Other End of the Leash: Why We Do What We Do Around Dogs*[6], acariciar a un animal realmente puede producir beneficios físicos a una persona. Según McConnell hay estudios que demuestran que acariciar a una perra reduce el ritmo cardíaco y la presión sanguínea en los humanos —¡al igual que en las perras!— y libera sustancias químicas en nuestro cerebro que ayudan a suavizar y contrarrestar los efectos del estrés. Pero cuando nos acercamos a una perra a la que apenas conocemos y le ofrecemos inmediatamente nuestro afecto incondicional, quizá estemos creando un grave desequilibrio en nuestra relación con dicha perra. Especialmente si vamos a ser los dueños de dicha perra, a menudo es en un simple primer encuentro como éste donde surgen los problemas de comportamiento. Al igual que en el mundo humano, para una perra la primera impresión cuenta mucho.

Aquí es donde muchos amantes de las perras se ponen furiosos conmigo, y permítanme que deje claro que entiendo que las personas tienen las mejores intenciones en mente al dar afecto en primer lugar a una perra. Extender una mano afectuosa es un impulso natural para la mayoría de nosotros, y es una parte de lo más maravillosa de ser humano. Pero hemos de tratar de recordar que, al hacerlo, estamos satisfaciendo nuestra propia necesidad de afecto, no la de la perra. Al igual que la mayoría de los mamíferos, las perras necesitan y ansían el afecto físico en su vida. Pero no es lo más importante que necesitan de *usted*. Si lo primero que obtienen es afecto, esto inclina la balanza de su relación: en la dirección equivocada.

Ver las cosas al revés

Ahora ya entiende cómo, en lo que atañe a las perras, normalmente les comunicamos todo "al revés": empleando el sonido, luego la vista e ignorando, por lo general, el olfato. Las perras perciben el mundo por el olfato, la vista y luego el oído: en ese orden. Es vital recordarlo si queremos comunicarnos correctamente con ellas. No olvide mi fórmula: nariz, ojos, oídos. Repítasela del mismo modo que se la repito a mis clientes hasta que le salga de forma natural.

Hay otra cosa crítica que hacemos al revés cuando nos relacionamos con una perra, aunque este concepto es un poco más difícil de comprender. Nos relacionamos con las perras igual que hacemos con los humanos: en primer lugar, como un nombre o personalidad específicos. Cuando me relaciono con alguien, espero que me vea en primer lugar como César Millán, luego como un hombre hispano, y por último como un ser humano (Homo sapiens). Cuando nos relacionamos entre nosotros casi nunca pensamos en la especie a la que pertenecemos, y casi nunca recordamos que todos pertenecemos al reino animal. Esa información no entra en nuestro cerebro cuando quedamos con nuestros amigos para tomar un café en el Starbucks. Un amigo es un nombre y una personalidad, y punto.

Naturalmente pensamos en nuestras perras y nuestras mascotas del mismo modo: nombre y personalidad en primer lugar, luego raza, y luego... ¡humanas! Tomemos una perra famosa: digamos, Tinkerbell, la chihuahua de Paris Hilton. Automáticamente pensamos en la perra primero como un nombre: Tinkerbell. Al mismo tiempo podríamos pensar en algún rasgo de la personalidad de Tinkerbell: por ejemplo, que está mimada. O que lleva trajes monos. Luego pensamos en ella y en su raza: chihuahua. Por último, recordamos que es una perra, aunque la forma en que siempre la llevan de un lado a otro, en bolsas de diseñador y limusinas, sería fácil confundirla con una muñeca o un bebé. Como Tinkerbell está tan metida en el mundo humano, casi nunca se nos pasa por la cabeza pensar en ella como un animal: o relacionarnos con ella de este modo. Pero es un animal. Éste es otro punto en el que nos equivocamos tremendamente en el modo de comunicarnos con nuestros canes.

Cuando usted se relaciona con su perra —y esto es lo más importante cuando está tratando de enfrentarse a sus dificultades o de corregir sus problemas de comportamiento— debe relacionarse con ella de este modo y en este orden:

Primero, como

1. animal

2. especie: perra *(Canis familiaris)*

Luego, como

3. raza (chihuahua, gran danés, collie, etc.)

Y, por último, y es lo menos importante de todo

4. nombre (personalidad)

Esto no significa que Paris no pueda querer a Tinkerbell por ser Tinkerbell. Lo que significa es que Paris tiene que reconocer primero al animal y la especie en Tinkerbell, para que Tinkerbell lleve una vida normal. Ni todas las bolsas de diseñador ni todas las limusinas del mundo la convertirían en una perra feliz y equilibrada.

 ## Reconocer al animal que hay en su perra

¿En qué piensa cuando piensa en la palabra *animal?* Yo pienso en la naturaleza, en los prados, los bosques, la selva. Pienso en los lobos, cuyos territorios se extienden por kilómetros y kilómetros en su estado natural. Pienso en dos palabras en particular: *natural* y *libertad.* Todo animal, incluido el animal humano, nace con una necesidad profundamente arraigada de ser libre. Pero cuando traemos animales a nuestra vida, por definición dejan de ser "libres": al menos del modo que la naturaleza tenía pensado para ellos. Los refrenamos cuando los traemos a nuestro medio ambiente. Casi siempre lo hacemos por motivos bienintencionados. Pero, independientemente de que sea un gatito, un chimpancé, un caballo o una perra, les proporcionemos un departamento de una sola habitación o una mansión tan grande como la de Paris Hilton, todo animal sigue teniendo las mismas necesidades que la Madre

Naturaleza le dio originalmente. Y si decidimos que vivan con nosotros, tenemos la responsabilidad de satisfacer esas necesidades *animales* si queremos que sean felices y equilibradas.

Los animales son de una hermosa simplicidad. Para ellos la vida también es muy simple. Somos nosotros quienes se la complicamos al no permitirles ser quienes son, al no comprender su lenguaje, ni siquiera tratar de hablarlo, y al olvidarnos de darles lo que la naturaleza tenía pensado para ellos.

Lo más importante que hay que saber de los animales es que todos ellos viven en el presente. Todo el tiempo. No es que no tengan recuerdos: los tienen. Es sólo que no se obsesionan con el pasado o el futuro. Cuando alguien me trae una perra que ha atacado a alguien el día anterior, la miro como a una perra que probablemente está desequilibrada y necesita ayuda hoy, pero no pienso: "Oh, es la perra que atacó a un hombre ayer". Esa perra no está pensando en lo que hizo ayer ni está pensando en la estrategia para su próximo mordisco. Tampoco premeditó el primer mordisco: sólo reaccionó. Está en este momento y necesita ayuda en este momento. Ésa es tal vez la revelación más maravillosa que he tenido tras una vida trabajando con perras. Cada día, cuando voy al trabajo, las perras me recuerdan que viva el presente. Tal vez ayer choqué el auto o estoy preocupado por una factura que he de pagar mañana, pero al estar entre animales siempre tengo presente que el único momento verdadero en la vida es ahora.

Aunque los humanos también somos animales, somos la única especie que hace hincapié en el pasado y se preocupa por el futuro. Probablemente no somos la única especie que es consciente de su propia muerte, pero está claro que somos los únicos animales que le temen activamente.

Vivir el momento —algo que los animales hacen naturalmente— se ha convertido en el Santo Grial para muchos seres humanos. Hay personas que se pasan años aprendiendo a meditar o salmodiar y se gastan miles de dólares recluyéndose en retiros o monasterios en la cima de un monte tratando de aprender a vivir el momento, aunque sea durante poco tiempo. Pero la mayoría de los humanos no puede evitar perder el sueño por el pasado o el futuro durante un tiempo, a menos que suceda algo dramático en nuestra vida. Por ejemplo, tomemos una persona que ha estado a punto de morir. ¡Desde ese momento de repente el cielo es bello, los árboles son bellos, su esposa es bella! Todo es bello. Al final entiende el concepto de vivir el momento. Los animales no necesitan aprender esta lección porque nacen con esa intuición.

Por supuesto, el ser humano también es el único animal que utiliza el lenguaje. Aunque los científicos han descubierto recientemente que muchos animales —entre ellos los primates, los cetáceos (las ballenas y los delfines), los pájaros e incluso las abejas, por citar unos cuantos— tienen sistemas de comunicación más intrincados y complejos de lo que jamás hayamos imaginado, los humanos seguimos siendo los únicos animales que pueden unir palabras, ideas y conceptos complejos para crear un discurso. El discurso es nuestra principal forma de comunicación, y al depender tanto de ella nos olvidamos de utilizar nuestros otros cuatro sentidos, o el "sexto sentido" que describía en el capítulo 2: el sentido universal de la energía. Lo repetiré: todos los animales se comunican constantemente utilizando la energía. La energía es el ser. La energía es quienes somos y lo que hacemos *en cualquier momento dado*. Así es como los animales nos ven. Así es como nos ve nuestra perra. Nuestra energía en ese momento del presente nos define.

Especie: perra

Como todos los animales, las perras nacen con la necesidad de comer y beber, dormir, tener relaciones sexuales y protegerse de los elementos. La perra desciende del lobo; de hecho, el ADN de las perras y el de los lobos son prácticamente indistinguibles[7]. Aunque existen muchas diferencias entre las perras domésticas y los lobos, podemos aprender mucho de la naturaleza innata de nuestra perra si observamos a una manada de lobos en la naturaleza.

Muchos lobos norteamericanos pasan la primavera y el verano a la caza de animales pequeños y pescado, y el invierno en una cacería más organizada, persiguiendo mamíferos, a veces tan grandes como un alce. El biólogo David L. Mech[8] estuvo estudiando a los lobos en la naturaleza y observó que sólo cinco por ciento de sus cacerías tuvieron éxito. Pero los lobos seguían saliendo a cazar todos los días. No se reunían para decir: "¿Saben? Tenemos una racha de mala suerte. Hoy nos saltamos la caza". Atraparan a su presa o no, se levantaban y salían a cazar. Así pues, la necesidad de cazar —de ir al trabajo— está firmemente arraigada entre los lobos.

Los biólogos y otros expertos creen que hace un tiempo, entre diez y doce mil años, las primeras protoperras aprendieron que estar cerca de los humanos era un camino más corto hacia la supervivencia que todas aquellas frustrantes cacerías. Empezaron a complementar sus cacerías buscando restos de comida en los asentamientos humanos. Pero los primeros humanos no se lo ponían fácil a aquellas perras. Explotaron la capacidad natural de las perras para olisquear y capturar presas y, más tarde, para mantener a raya a los animales de granja y arrastrar materiales demasiado pesados para los humanos. Así pues, las perras llevan trabajando miles de años: ya sea para nosotros o para ellas mismas.

Al igual que los demás animales de la Tierra, una perra necesita trabajar. La naturaleza las diseñó con una finalidad, y ese deseo innato de cumplir con esa finalidad no desaparece cuando las traemos a nuestras casas. Tampoco las tareas específicas que los humanos les hemos inculcado selectivamente: tareas como cazar, recuperar piezas, guardar rebaños, correr. Pero al domesticarlas a menudo les arrebatamos sus trabajos. Las mimamos con camas cómodas, montones de juguetes chillones, platos con comida suculenta y gratuita, y toneladas de afecto. Pensamos: "¡Cómo viven estas perras!". De hecho tal vez sea una vida agradable para un contador jubilado que descansa en una urbanización de departamentos en Florida tras cuarenta años de trabajo. Pero los genes de un can le reclaman que salga y vague por ahí con su manada, que explore nuevos territorios, que corra y busque comida y agua. Imagínese qué sentiría si tuviera esas antiguas necesidades firmemente arraigadas dentro de usted y tuviera que vivir encerrado a solas todo el día en un departamento de dos habitaciones. Millones de perras viven así en las ciudades. Sus propietarios piensan que con sacar a la perra a un paseo de cinco minutos hasta la esquina para hacer sus necesidades ya es suficiente para ella. Imagine qué sienten en su alma dichas perras. Su frustración tiene que salir por algún lado. Es entonces cuando aparecen las dificultades y ésa es una de las razones por las que tengo tantos clientes.

Mientras las perras vivan con los humanos su mundo estará cabeza abajo en este y en innumerables sentidos. Es responsabilidad nuestra —si queremos perras felices— tratar de recordar quiénes son en su interior, quiénes tienen que ser según las intenciones de la Madre Naturaleza al crearlas. Cuando una perra tiene un problema, no podemos solucionarlo si conectamos con la perra por su nombre. Hemos de ver a la perra primero como un animal y luego como una perra, antes de empezar a tratar con cualquier dificultad que presente.

El mito de la "raza problemática"

Cuando voy a ver a un cliente por primera vez, a veces no sé con qué problema tendré que enfrentarme. A menudo ni siquiera sé de qué raza es la perra. Me gusta llegar sin ideas preconcebidas y fiarme de mi instinto y observación, porque lo que el dueño me cuenta suele distar mucho del origen del auténtico problema. Lo primero que hago es sentarme con el dueño y escuchar su versión de la historia. No recuerdo la cantidad de veces que alguien que ha leído demasiados libros sobre razas caninas me dice: "Bueno, como es dálmata, es nerviosa por naturaleza", o "Es una mezcla de collie y pitbull, y el problema radica en su parte de pitbull". O "Las tejoneras siempre son una raza problemática".

He de explicar a esos clientes que están cometiendo un error fundamental al culpar a la raza por los problemas de comportamiento de su perra. Pasa lo mismo cuando la gente generaliza sobre las razas y etnias humanas: que todos los latinos son perezosos, que todos los irlandeses son borrachines o que todos los italianos son mafiosos. A la hora de tratar de comprender y corregir la conducta de una perra, la raza siempre es el tercer elemento en importancia, por detrás de animal y perra. En mi opinión no existe una "raza problemática". Sin embargo, abundan los "dueños problemáticos".

La raza es algo creado por los humanos. Los genetistas y los biólogos creen que los primeros humanos que convivían con las perras seleccionaron lobos con el cuerpo y los dientes más pequeños: quizá porque esos animales nos harían menos daño y sería más fácil controlarlos[9]. Entonces, hace cientos, tal vez miles de años empezamos a emparejar perras para crear descendientes que sobresalieran en determinadas tareas. Criamos sabuesos para intensificar sus capacidades olfativas. Criamos pitbull para luchar contra los toros. Criamos perras pastoras no sólo para cuidar de las ovejas sino también para que se parecieran a ellas. De este modo, hoy en día tenemos pastoras alemanas, tenemos bóxer, tenemos chihuahuas, tenemos lhasa, tenemos dóberman. Tenemos para elegir entre cientos y cientos de distintas razas[10]. Si va a seleccionar una perra, está claro que es importante tener en cuenta la raza, y más adelante profundizaremos en este tema. Pero es vital recordar que cada raza sigue siendo en primer lugar un animal/una perra. La raza no es más que la indumentaria que viste ese can en particular, y a veces un conjunto de necesidades especiales que pudiera tener. No podremos comprender o controlar el comportamiento de nuestra perra si la consideramos simplemente como una "víctima" de una raza.

Todas las perras comparten las mismas capacidades innatas, pero determinadas razas fueron seleccionadas para acentuar dichas características. Tenemos tendencia a confundir esas habilidades condicionadas con la personalidad de la perra. Una habilidad condicionada es la capacidad de seguir unas huellas. Por cómo han sido criadas, naturalmente a los sabuesos se les dará mejor. Podrán mantenerse en el terreno durante periodos de tiempo más largos. ¡No les preocupa si pueden tomarse un descanso para comer o no, mientras persiguen ese olor! ¿Acaso todas las perras pueden seguir unas huellas, pueden todas las perras encontrar cosas con su nariz? Absolutamente. Todas reconocen el mundo por los olores y todas usan su nariz igual que nosotros usamos los ojos, pero a algunas de ellas se les da mejor que a otras olisquear un objetivo.

No estoy diciendo que la raza no afecte el grado de sensibilidad que una perra desarrolle ante determinadas condiciones y entornos. De hecho, las necesidades especiales que pueda tener una perra por pertenecer a una raza en concreto es una de las cosas más importantes que un propietario novato debería tener en cuenta al seleccionar una raza de perra como compañera. Por ejemplo, en la naturaleza todas las perras viajan, pero las husky siberianas fueron criadas para viajar durante periodos de tiempo más largos. Como raza, las husky siberianas pueden viajar durante días sin parar: ése es su "trabajo" natural. Sin embargo, esta capacidad innata hace que a una husky siberiana le resulte más difícil vivir en la ciudad porque sus genes le están diciendo que recorra distancias más largas y dé paseos más largos para quemar la energía sobrante. Si no hace suficiente ejercicio se frustrará más fácilmente que, por ejemplo, una dachshund. Pero cuando una husky siberiana se frustra, desarrolla los mismos síntomas y efectos colaterales que una dachshund frustrada. O una pitbull frustrada. O una galgo frustrada. Nerviosismo, miedo, agresividad, tensión, conducta territorial: todas estas dificultades y enfermedades surgen cuando el animal y la perra que hay en él se frustran. No importa de qué raza sea. Por eso es un error obsesionarse con la raza cuando nos estamos enfrentando a un comportamiento problemático.

Una vez más volvemos a la *energía* como origen del comportamiento. Todos los animales, como individuos, nacen con un determinado nivel de energía. Hay cuatro niveles de energía, independientemente de la raza: bajo, medio, alto y muy alto. Esto es cierto para todas las especies, entre ellas la humana. Piense en la gente que conoce. Independientemente de su raza, independientemente de su edad o sus ingresos, ¿no conoce a alguien que tenga una energía muy baja por naturaleza? ¿Que sea un "experto en sillón-ball"? ¿Y qué me dice de esa gente que parece que nunca deja de correr a todas horas y todos los días? ¿O esa gente que va al gimnasio durante dos horas al día, toda la semana? Yo tengo dos hijos maravillosos. El mayor, Andre, tiene una energía media, como mi esposa: siempre está pensativo, pero se concentra como un láser cuando está realizando un trabajo. Por otro lado, mi hijo pequeño, Calvin, se parece más a mí: tiene una energía muy alta. Es como una bola de fuego, por naturaleza, y a veces nada puede frenarlo. No hay niveles de energía mejores o peores que otros, pero a la hora de escoger una perra es una buena idea intentar que su nivel de energía y el de usted sean similares, y viceversa. A mis clientes les digo que jamás deberían elegir una perra a sabiendas de que el nivel de energía de ésta es mayor que el de ellos. Si usted es una persona relajada, no le recomiendo que elija una perra que no pare de saltar como loca en su jaula del refugio. En mi opinión, escoger un nivel de energía compatible entre perra y propietario es mucho más importante que escoger una raza: especialmente si busca una perra mestiza o rescata a una perra de un refugio.

Una perra por otro nombre

Ahora nos queda el tema favorito de todo el mundo: los nombres. Éste es Billy, éste es Max, éste es Rex, ésta es Lisa. El nombre es algo que nosotros —los seres humanos— creamos. Somos la única especie que pone nombres a sus miembros. Una perra no mira una revista y reconoce a Will Smith, Halle Berry, Robert De Niro, toda esa gente maravillosa. No ve a los humanos de ese modo. Pero nosotros tendemos a ver a las perras así.

El nombre va ligado a la personalidad. También somos la única especie que identifica a sus miembros por su personalidad. Se puede ser un encantador presentador de las noticias o un taimado político. Se puede ser el profesor que es paciente y dulce o el profesor que es severo y estricto. Son personalidades. Aunque las perras no se reconocen entre ellas de este modo, tendemos a proyectar en ellas nuestro concepto humano de personalidad.

Usted me preguntará: "¿Qué? ¡Mi perra, Skipper, tiene una personalidad muy definida!". En este campo tengo muchas discusiones, y advierto cierto resentimiento por su parte, con dueños de perras que creen que la suya es la mejor de todas, la más singular y original que haya habido jamás. Estoy de acuerdo en que cada animal, al igual que cada copo de nieve, es único. Pero le desafío a que acepte una nueva forma de pensar: que la personalidad de su perra puede ser algo que usted haya proyectado en ella. Puede que esté confundiendo una condición natural, una habilidad o un comportamiento con los que a nosotros los humanos nos parece "personalidad". Puede que incluso esté llamando "rasgo de la personalidad" a la neurosis o cualquier problema: lo cual no tiene por qué ser necesariamente bueno para su perra.

Permítame poner un ejemplo. Digamos que un hombre tiene dos terriers. Una llamada Dama y el otro Colón. Su dueño le puso Colón porque le encanta explorar. Dama es tranquila y tímida, y nunca explora, por lo que es más "como una dama". Tiene sentido, ¿no? ¿Un pequeño terrier que tira de la correa porque le encanta explorar? ¿Y otra terrier que se queda en un rincón y actúa como una damisela? Según el propietario, puso los nombres según las "personalidades". Pero la verdad es que a *todas* las perras les encanta explorar. La exploración forma parte de su naturaleza, y cuando veo una perra a la que parece no gustarle investigar nuevas cosas —es insegura, asustadiza— inmediatamente sé que tiene un problema. Lo que ese dueño está haciendo es acentuar elementos del comportamiento de sus perras y etiquetar esos elementos como su personalidad. En el mundo animal existe la dominación y existe la sumisión (que pronto veremos más detalladamente). Está claro que Dama es la más sumisa de la pareja, y probablemente tenga un nivel de energía más bajo. Pero si trabajamos su autoestima, espero que al final se vuelva tan curiosa como Colón.

Por supuesto en el mundo natural una perra reconoce a otra como individuo, pero del mismo modo que nosotros. Sus madres no les ponen nombres. Una madre verá a sus cachorras como energía fuerte, energía media o energía baja: ésas son sus crías. Sus crías son energía. Sus crías son un olor muy distinto y reconocible. Más tarde, cuando crezcan, los demás miembros de la manada también las identificarán por su olor y energía, y su "personalidad" y "nombre" corresponderán al lugar que ocupen en la jerarquía del grupo. Es un concepto que nos resulta difícil de asimilar, pero recuerde el punto principal de este capítulo: una perra ve el mundo de una forma totalmente diferente a la nuestra —ni mejor ni peor— y los propietarios han de aprender a apreciar la singular psicología que surge de esa visión del mundo tan diferente.

La mayor parte del tiempo, la personalidad y nombre de nuestra mascota existen porque creemos en ello. Nuestro deseo hace que ocurra y asociarnos con ella de ese modo hace que nos sintamos mejor. Es algo muy bonito y terapéutico para nosotros, los humanos: esto es, cuando no interfiere con el hecho de que la perra siga siendo una perra. Pero, si una perra tiene dificultades, no podemos empezar a solucionarlas tratando con "Colón". Hay que empezar con el animal, luego con la perra, luego con la raza y luego seguir avanzando hasta llegar al nombre grabado en su plato de la comida.

No analice esto

Desgraciadamente para nosotros, los humanos, una perra no puede tumbarse en un diván y ser analizada. No puede hablar y contarnos qué quiere o necesita en un momento dado. Pero, en realidad, nos lo están contando todo el tiempo con la energía y el lenguaje corporal. Y si entendemos su psicología, al atender sus instintos realmente podemos satisfacer sus necesidades más profundas.

A menudo me encuentro con clientes que han adoptado una perra con dificultades de un refugio, y se han pasado meses preguntándose qué suceso tan terrible pudo pasarle de cachorra para haberle causado sus problemas actuales. Suelen decir, hablando de una perra problemática: "Seguro que la pateó una mujer con zapatos de tacón alto, porque ahora le dan miedo las mujeres con zapatos de tacón alto". O "El basurero la asustaba y ahora se vuelve loca cada vez que pasa el camión". Puede que todas esas cosas sean ciertas. Pero estos dueños están hablando de los miedos y fobias de sus perras como si fueran miedos y fobias humanas. Como si una perra se sentara y se pasara el día obsesionada con una infancia traumática, o se pasara el tiempo libre preocupada por los basureros y los zapatos de tacón alto. Pues no. Las perras no piensan como nosotros. Dicho de una manera simplista, reaccionan. Esos miedos y fobias son respuestas condicionadas. Y toda respuesta condicionada en una perra puede dejar de serlo si entendemos las bases de la psicología canina.

Permítame ponerle un ejemplo de un caso de la primera temporada de *Dog Whisperer*. Kane es un hermoso y dulce gran danés de tres años que, mientras corría y jugaba sobre un suelo de linóleo, se resbaló y chocó violentamente contra un cristal. Su dueña, Marina, oyó el golpe y corrió hacia él, exclamando: "Dios mío, Kane, ¿estás bien? Pobrecito..." y cosas así, con un montón de energía nerviosa y emocional. Aunque Marina lo hizo con buena intención y estaba realmente preocupada por el bienestar de Kane, lo que estaba haciendo era reforzar la angustia natural de Kane en aquel momento. En un entorno natural, si Kane hubiera estado con una perra equilibrada de su manada y hubiera sucedido el mismo tipo de accidente, la otra perra tal vez lo hubiera olisqueado y examinado para asegurarse de que todo estaba bien. Entonces Kane se habría levantado, se habría sacudido y habría seguido con sus cosas. Habría seguido adelante y tal vez sería más consciente de los peligros de correr sobre superficies resbaladizas. Pero por la reacción de su dueña, Kane asoció ese accidente sin importancia a un trauma importante. Y nació una fobia.

Desde ese día a Kane le aterraban los suelos brillantes. Durante un año se negó a entrar en la cocina y no había forma de llevarlo al colegio donde Marina daba clase, y al que antes iba todos los días. Ni siquiera iba al veterinario; Marina siempre tenía que llevar un trozo de alfombra y desenrollarlo para que Kane entrara en la sala de espera del veterinario. Mediante apapachos y palabras de cariño Marina trató de que Kane caminara sobre linóleo, pero sin éxito. Lo intentó con chucherías y afecto. Cuanto más rogaba y suplicaba, cuantas más caricias, arrullos y comodidad le daba, más testarudo —y asustadizo— se volvía Kane. Además Kane pesaba 70 kilos, así que, si se negaba a ir a algún lugar, no había empujón ni tirón que pudiera obligarlo a ir.

El modo en que Marina trató la fobia de Kane tal vez habría sido apropiado si éste hubiera sido un niño pequeño. Un psicólogo cuyo paciente ha sufrido un accidente aéreo no insiste en que el paciente se vuelva a subir a un avión en la primera sesión. Del mismo modo, cuando nuestros niños humanos tienen un accidente, necesitan cierta tranquilidad y compasión por nuestra parte. Pero la mayoría de los padres sabe que hasta los niños reaccionan a menudo de forma proporcional a la reacción de *sus padres* ante sus "bua bua". Por eso tratamos de tranquilizar a nuestros hijos sin hacer una montaña de sus contratiempos. Pero, a diferencia de los niños humanos, las perras no sueñan ni se obsesionan con experiencias pasadas como nosotros. Viven el momento. Kane no se pasaba el día preocupado por suelos brillantes y reaccionó de forma natural cuando sucedió el accidente original, tratando de protegerse. Pero, al intensificar la traumática experiencia con su energía abiertamente nerviosa y emocional, su dueña alimentó ese miedo dándole afecto cada vez que se acercaba a un suelo brillante. De hecho para Kane ahora los suelos brillantes eran todo un problema. Cuando impedimos a un animal superar su miedo, ese miedo puede convertirse en una fobia. Lo que Kane necesitaba era un líder de la manada firme y tranquilo que lo condicionara de nuevo y le mostrara que un suelo brillante no era nada de qué preocuparse. Fue entonces cuando aparecí yo.

En primer lugar me llevé a Kane a dar un largo paseo para estrechar lazos con él y reforzar mi papel dominante. En cuanto estuve seguro de que me veía como su líder ya estaba preparado para manejar su fobia. Como Kane es un perro tan grande —¡pesa más que yo!— tuve que hacer un amago de echar a correr con él para que llegara al vestíbulo donde había ocurrido el accidente original. Me hicieron falta dos intentos, pero en el segundo echó a correr a mi lado y llegó al suelo sin enterarse de lo que estaba pasando ni de cómo había llegado allí. Una vez en el suelo reaccionó como si lo hubieran condicionado: le entró el pánico. Se revolvió, babeó: se podía ver el terror en sus ojos. Esta vez era yo quien marcaba la diferencia. No hice más que sujetarlo firmemente. Me mostré tranquilo, fuerte, sin que su reacción me afectara. No lo tranquilicé ni hablé con dulzura, como siempre había hecho Marina: ese comportamiento sólo había reforzado sus respuestas negativas. Por el contrario, me senté con él mientras revivía todas esas antiguas emociones: y observé cómo el miedo desaparecía literalmente. En menos de diez minutos estaba lo suficientemente relajado para que yo empezara a hablar con él: en el mismo suelo brillante. Se tambaleaba junto a mí, al principio tembloroso e inseguro, pero después de unas cuantas pasadas empezó a recuperar su confianza. Una vez más me mostré tranquilo y firme. No lo traté como a un bebé. Le ofrecí la orientación de un líder de grupo fuerte y le comuniqué con mi energía que aquella era una actividad normal, nada de lo que tuviera que asustarse. En menos de veinte minutos, Kane correteaba confiado por el mismo suelo que le había dado tanto miedo durante más de un año.

La prueba definitiva fue cuando Marino y su hijo, Emmet, tuvieron que relevarme. Marina me comentó lo difícil que le resultaba proyectar una energía firme y tranquila cuando estaba tan preocupada por cómo se sentía Kane. Para un humano es algo natural sentir compasión por otro animal que sufre, pero las perras no necesitan nuestra compasión. Necesitan nuestro liderazgo. Somos su punto de referencia y su fuente de energía. Reflejan la energía psicológica que les transmitimos. Fue todo un reto para Marina aprender a ser líder de Kane mientras se le partía el corazón por él y creía que su papel tendría que ser el de su "mamá". Sin embargo, he de reconocer que trabajó duramente para cambiar: y además les enseñó a su marido y a su hijo a ser mejores líderes del grupo.

Entre los conductistas de animales y los psicólogos de humanos la técnica que empleé con Kane a veces es conocida como "inmersión": la exposición prolongada de un paciente a estímulos provocadores de miedo de una intensidad relativamente alta. Para algunos defensores de los animales esta técnica es muy polémica. Creo que, al trabajar con animales, la gente tiene que seguir su propia conciencia. En mi opinión el método de trabajo que empleé con Kane no sólo era humano, además fue eficaz al instante. Desde ese día, Kane ya no ha tenido más problemas con los suelos brillantes, ni otras fobias. Es un perro maravillosamente equilibrado, tranquilo y pacífico.

Lo bonito de las perras es que, a diferencia de los humanos con dificultades psicológicas, éstas avanzan directamente y no miran atrás. Los humanos contamos con la bendición y la maldición de la imaginación, que nos permiten elevarnos a las cimas de la ciencia, el arte, la literatura y la filosofía, pero que también pueden llevarnos a todo tipo de rincones oscuros y terribles de nuestra mente. Como las perras viven el presente, no se aferran al pasado como nosotros. A diferencia de los Woody Allen que hay en el mundo las perras no necesitan años de terapia o largas sesiones en un diván, luchando por entender qué les sucedió cuando eran cachorras. En ese sentido son criaturas de causa y efecto. Una vez que han sido condicionadas a reaccionar de una forma nueva, no sólo están dispuestas a cambiar, sino que además pueden hacerlo. Mientras les mostremos un liderazgo fuerte y coherente podrán avanzar y superar prácticamente toda fobia que hayan adquirido.

NOTAS

[1] Hauser, M. D., *Wild Minds: What Animals Really Think,* Nueva York, Henry Holt and Co., 2002.

[2] Varendi, H.; Porter, R. H., y Winberg, J., "Does the Newborn Baby Find the Nipple by Smell?", en *The Lancet* 8, nº 344 (8298) (octubre de 1994): 989-90.

[3] Varendi, H.; Porter, R. H., y Winberg, J., "Attractiveness of Amniotic Fluid Odor: Evidence of Prenatal Olfactory Learning", en *Acta Paediatrica* 85, nº 10 (1996): 1223-27.

[4] Scott, J. P., y Fuller, J. L., *Genetics and the Social Behavior of the Dog,* Chicago, University of Chicago Press, 1965.

[5] Fogle, B., *The Dog's Mind: Understanding Your Dog's Behavior,* Nueva York, Macmillan, 1990.

[6] McConnell, P. B., *The Other End of the Leash: Why We Do What We Do Around Dogs,* Nueva York, Ballantine Books, 2002.

[7] Morell, V., "The Origin of Dogs: Running with the Wolves", en *Science* 276, 5319 (13 de junio de 1997): 1647-1648.

[8] Mech, D. L., *The Wolf: The Ecology and Behavior of an Endangered Species,* Nueva York, Natural History Press, 1970.

[9] Scott, J. P., y Fuller, J. L., *Genetics and the Social Behavior of the Dog,* Chicago, University of Chicago Press, 1965.

[10] Mott, M., "Breed-specific Bans Spark Constitutional Dogfight", en *National Geographic News,* 17 de junio de 2004, http://news.nationalgeographic.com/news/2004/06/0617_040617_dogbans.html.

4
El poder de la manada

Hay un aspecto de la psicología de su perro que sólo toqué por encima en el último capítulo, pero es un concepto muy importante a la hora de entender la relación entre usted y sus perros. Es el concepto de *grupo*. La *mentalidad de grupo* de su perro es una de las mayores fuerzas naturales que intervienen en la formación de su comportamiento.

La manada es la fuerza vital para un perro. El instinto grupal es su instinto primario. Su estatus en el grupo es su yo, su identidad. El grupo es tan importante para un perro porque si algo amenaza la armonía del grupo, también amenaza la armonía de cada perro como individuo. Si algo amenaza la supervivencia del grupo, también amenaza la propia supervivencia de cada uno de sus perros. La necesidad de mantener al grupo estable y en buen funcionamiento es una poderosa fuerza de motivación para cada perro: incluso para ese caniche mimado que nunca ha conocido a otro perro o salido de los confines de su jardín. ¿Por qué? Está profundamente arraigada en su cerebro. La evolución y la Madre Naturaleza se encargaron de ello.

Es vital que entienda que su perro ve todas estas relaciones con otros perros, con usted, incluso con otros animales en su hogar en un contexto de "grupo". Aunque me pasé el capítulo anterior subrayando las cuantiosas diferencias que existen en el modo en que los perros y los humanos ven el mundo, los humanos —en realidad, todos los primates— también son animales de grupo. De hecho una manada de perros en realidad no es tan diferente del equivalente humano de un grupo. A nuestros grupos los llamamos familias. Clubes. Equipos de futbol. Iglesias. Corporaciones. Gobiernos. Claro, pensamos que nuestros grupos sociales son infinitamente más complicados que las manadas de perros, ¿pero realmente son tan diferentes? Si lo analizamos, la base es la misma: cada uno de los "grupos" que he mencionado tiene una jerarquía, de lo contrario no funciona. Hay un padre o una madre, una directora, una defensa, una ministra, una consejera delegada, una presidenta. Luego hay diversos niveles de estatus para la gente que se encuentra en puestos inferiores. También es así como funciona una manada de canes.

El concepto de grupo y de líder de grupo está directamente relacionado con el modo en que un perro se relaciona con nosotros cuando lo traemos a nuestro hogar.

El grupo natural

Si estudia una manada de lobos en su entorno salvaje, observará un ritmo natural en sus días y sus noches. En primer lugar, los animales del grupo caminan, a veces hasta diez horas al día, para encontrar comida y agua[1]. Entonces comen. Si matan un ciervo, el líder de la manada se lleva la porción más grande, pero todos colaboran para compartir el resto. Comen hasta que desaparece todo el ciervo: no sólo porque en su entorno salvaje no tienen papel de aluminio, sino porque no saben cuándo volverán a tener otro ciervo. Puede que lo que coman hoy tenga que mantenerlos durante mucho tiempo. De ahí es de donde viene la expresión "tragar como un lobo", y lo verá en el comportamiento de su perro muchas veces. Un lobo no tiene por qué comer sólo cuando tiene hambre; come cuando dispone de comida. Su cuerpo está diseñado para conservar. Es la raíz del a menudo aparentemente insaciable apetito de su perro.

Hasta que no han terminado su trabajo diario, los lobos y perros silvestres no juegan. Es entonces cuando llegan las celebraciones. Y en su entorno natural normalmente se van a dormir exhaustos. Cuando contemplaba cómo dormían los perros de la granja de mi abuelo, nunca vi a uno que tuviera pesadillas, como algunos perros domésticos en Estados Unidos. Podían movérseles las orejas o los ojos, pero no había quejido alguno, ni gemidos ni gimoteos. Estaban tan agotados por el trabajo y los juegos del día que dormían plácidamente cada noche.

Cada grupo tiene sus rituales. Entre ellos se incluyen viajar, trabajar para conseguir comida y agua, comer, jugar, descansar y aparearse. Lo más importante, el grupo siempre tiene un líder. El resto de los animales son seguidores. Dentro de la manada los animales ocupan su propio lugar según su estatus, normalmente determinado por el nivel de energía innato de cada animal. El líder determina —y aplica— las reglas y los límites que dictan cómo vivirá cada miembro.

Ya he explicado que el primer líder de la manada de un cachorro es su madre. Desde su nacimiento, un cachorro aprende a ser un miembro cooperador en una sociedad orientada hacia el grupo. Al cabo de unos tres o cuatro meses, cuando ya han sido destetados, pasan a formar parte de la estructura del grupo y siguen las indicaciones del líder de la manada, no de su madre. En una manada de lobos y perros silvestres el líder suele ser un macho, porque la hormona de la testosterona —presente en el cachorro macho ya desde que es muy pequeño— parece ser una señal de conductas dominantes[2]. Podemos ver a un cachorro macho montar tanto machos como hembras antes de alcanzar la madurez sexual: y no, eso no significa que sea bisexual. Significa que está mostrando los comportamientos dominante y sumiso que desempeñarán un papel tan importante en su vida como perro adulto.

Aunque las hormonas contribuyen a crear un líder de grupo, la energía desempeña un papel aún mayor. Cuando los humanos viven en un hogar con más de un perro, el perro dominante puede ser macho o hembra. El género no importa, sólo el nivel innato de energía y quién establece la dominación. En muchas manadas existe una "pareja alpha", una pareja de un macho y una hembra que parecen llevar el mando a medias.

En la naturaleza un líder de grupo nace, no se hace. No va a clases para convertirse en líder; no llena una solicitud ni acude a entrevistas personales. Un líder se desarrolla pronto y muestra su calidad de dominante desde joven. Es esa vital energía de la que hablábamos antes lo que distingue al líder de la manada del seguidor. Un líder de grupo nace con una energía alta o muy alta. La energía además tiene que ser dominante, así como firme y tranquila. Un perro con una energía media o media-baja no es un líder natural del grupo. La mayoría de los perros —como la mayoría de los humanos— nacen para ser seguidores, no líderes. Ser líder de un grupo no es sólo cuestión de dominación, también es cuestión de responsabilidad. Pensemos en nuestra propia especie y en el porcentaje de personas a las que les gustaría tener el poder y las prebendas de la presidenta, o el dinero y las posesiones de un Bill Gates. Luego diga a esas personas que a cambio tendrán que trabajar las 24 horas del día todos los días de la semana, no verán casi nunca a sus familias y no tendrán apenas fines de semana libres. Después dígales que miles de personas dependerán económicamente de ellas y que serán las responsables de la seguridad nacional de cientos de millones de personas. ¿Cuántas personas escogerían ese papel de líder después de conocer esa realidad tan desalentadora? Creo que la mayoría de la gente escogería una vida más cómoda pero más sencilla por encima de un inmenso poder y riqueza: si realmente ha comprendido el trabajo y sacrificio que acarrea el liderazgo.

Del mismo modo en el mundo de un perro el líder de la manada es responsable de la supervivencia de todos los miembros del grupo. El líder los guía en busca de comida y agua. Decide cuándo cazar; decide quién come, cuánto y cuándo; decide cuándo descansar, cuándo dormir y cuándo jugar. El líder establece todos los reglamentos y las estructuras que rigen la vida de los demás miembros de la manada. Un líder ha de tener una confianza plena en sí mismo y saber qué está haciendo. Y exactamente igual que en el mundo humano, la mayoría de los perros nacen para seguir más que para hacer todo el trabajo necesario para mantenerse en el puesto de líder de la manada. La vida es más sencilla y menos estresante para ellos cuando viven dentro de las reglas, límites y fronteras que el líder de la manada ha establecido para ellos.

Para un perro nacido con una disposición y energía dominantes, sí, resulta más difícil y puede llevarle más tiempo aceptar a un humano como su líder. Animales así no nacieron para ser seguidores, pero su instinto de pertenecer a una manada que funciona bien es más fuerte que su instinto de ser el único líder. Es importante recordar que un perro muy dominante y con una energía alta sólo debería estar con un humano que cuenta con la energía, habilidad y conocimientos para ser el líder de un perro dominante y de casta. La persona que escoge un perro dominante, de casta también tiene que comprometerse seriamente con el liderazgo: y es necesario que asuma ese compromiso con seriedad.

Como decíamos antes, los líderes de grupo proyectan una energía firme y tranquila. Aunque usted no haya observado nunca una manada de perros o de lobos, no debería tardar mucho en descubrir cuál es el líder. Tendrá una postura dominante: cabeza alerta, el pecho elevado, las orejas levantadas, el rabo enhiesto; a veces casi se pavonea. Los líderes de grupo son perros con mucha confianza en sí mismos y es algo que les surge naturalmente. No lo fingen y no podrían si lo intentaran. Por otro lado, sus seguidores proyectan la energía que llamamos "sumisa y tranquila". Caminan con la cabeza gacha o en línea con su cuerpo, y permanecen detrás del líder cuando viajan, con las orejas relajadas o bajadas, meneando el rabo pero siempre hacia abajo. Si el líder de la manada los desafía, podrían retroceder, inclinarse o incluso tumbarse y rodar mostrando la panza. Con ello básicamente están diciendo: "Eres el jefe y no lo pongo en duda. Lo que tú digas se hará".

No hay lugar para la debilidad

En la naturaleza, si un líder de grupo muestra debilidad, será atacado y sustituido por otro miembro más fuerte del grupo. Esto se da en todas las especies animales que viven en sistemas sociales jerarquizados. Sólo los fuertes pueden mandar. De hecho, no se tolera una debilidad extrema en ningún miembro del grupo. Si hay un perro extraordinariamente débil o tímido, los demás lo atacarán. Ninguna especie animal permite la debilidad: menos nosotros. Ésta es una de las diferencias más interesantes entre el ser humano moderno y el resto del reino animal. ¡No sólo aceptamos la debilidad en algunos miembros de nuestro grupo, sino que realmente rescatamos a nuestros hermanos y hermanas "débiles"! Rehabilitamos a las personas que van en silla de ruedas; atendemos a los enfermos; arriesgamos nuestras vidas para salvar a un "miembro del grupo" que, de todos modos, quizás no sobreviva. Aunque hay documentos que demuestran que en muchas otras especies (sobre todo los demás primates superiores)[3] se da lo que algunos investigadores llaman "comportamiento altruista", comparados con la práctica mayoría de animales, los seres humanos llevamos este tipo de misericordia a extremos extraordinarios.

Los humanos no sólo rescatamos a nuestros semejantes; también salvamos a otros animales. Somos la única especie que rescata gaviotas, cocodrilos, hienas y ballenas. Jamás verá a una cebra rescatando a un elefante herido. Piense en los amantes de animales que conoce: amantes de los perros, de los leones, de los caballos. Parece como si cada animal contara con su propio "club de fans" entre los humanos: un grupo de personas con tal compasión por determinada especie que están dispuestos a rescatar hasta el espécimen más lastimoso. Muchos de los perros de mi Centro de Psicología Canina me llegaron en un estado tan lamentable que aquélla era su última oportunidad y yo los rescaté del precipicio. Tengo un perro con tres patas, un perro sin orejas, un perro con un ojo y un perro que siempre tendrá incapacidad mental por ser el resultado de la endogamia. Es porque soy humano y siento compasión por estos perros por lo que haré lo que sea para darles otra oportunidad de disfrutar una vida plena y feliz. Pero en su hábitat natural los perros no sienten compasión por los frágiles y los débiles. Los atacan y ejecutan. No hay nada de crueldad intencionada en ello: recuerde que también somos la única especie con un sistema de moralidad, del bien y del mal. Simplemente se trata de que un animal débil pone en peligro al resto del grupo y la naturaleza ha arraigado profundamente en los animales el instinto de que los miembros más fuertes se críen juntos para que la siguiente generación tenga más oportunidades de sobrevivir para procrear de nuevo. La naturaleza protege a sus semejantes.

Nuestra tendencia a rescatar a los demás surge de nuestra energía emocional. Nuestra compasión y naturaleza amable son maravillosas, y son parte del milagro de ser humanos. Pero para otros animales la energía emocional puede ser percibida como debilidad. El amor es una energía suave, por lo que, al menos cuando se trata de la supervivencia del grupo, el amor es una especie de debilidad en sí mismo. Un animal no sigue a una energía suave o débil. No sigue a una energía compasiva. Al mar-

El encantador de perros

gen de San Francisco de Asís y sus pájaros los animales no siguen a un líder espiritual. No siguen a un líder amable. Ni seguirán a una energía demasiado nerviosa. Somos una especie orientada al grupo, pero, como decía, también somos la única especie del planeta que seguiría a un líder inestable. Los animales —ya sean caballos, perros, gatos u ovejas— sólo seguirán a un líder estable. El equilibrio de dicho líder queda reflejado en la coherencia de su energía firme y tranquila. Por ello, cuando proyectamos una energía nerviosa, amable, emocional o incluso demasiado agresiva sobre los animales de nuestro entorno —especialmente si es la *única* energía que estamos proyectando— es muy probable que nos vean como seguidores, no como líderes.

¿Dirigir o seguir?

Para los perros sólo hay dos posturas en una relación: líder y seguidor. Dominante y sumiso. Es blanco o negro. No hay medias tintas en su mundo. Cuando un perro vive con un humano, para que el humano pueda controlar el comportamiento del perro, aquél ha de comprometerse a adoptar el papel de líder de la manada, el ciento por cien del tiempo. Es así de simple.

Sin embargo, no parece tan simple para muchos de mis clientes. Cientos de ellos no dejan de llamarme: están desesperados porque el comportamiento problemático de sus perros controla totalmente sus vidas. Tal vez a algunos de ellos les cueste mucho asimilar el paradigma dominante-sumiso porque, en el mundo humano, esas palabras a veces conllevan un trasfondo. Cuando oímos el término *dominante,* quizá pensemos en alguien que maltrata a su esposa, en un borracho en una pelea de bar, un matón de patio de colegio extorsionando al enclenque de su clase para que le dé el dinero del almuerzo, o incluso en un hombre o una mujer enmascarados en un club sadomasoquista vestidos de cuero y con látigos. La palabra evoca en nuestro cerebro imágenes de crueldad. Es importante recordar que, en el reino animal, no existe la palabra *crueldad.* Y la dominación no es un juicio moral o una experiencia emocional. Simplemente es un estado del ser, un comportamiento que es tan natural en la naturaleza como aparearse, comer o jugar.

Sumiso, en el sentido en el que nos referimos aquí, tampoco es un juicio ético. No designa a un animal o humano que sea endeble o abiertamente manejable. Sumiso no significa vulnerable o inútil. Es sencillamente la energía y la mentalidad del seguidor. Entre todas las especies grupales tiene que haber cierto grado de dominación y sumisión para que funcione cualquier jerarquía. Piense en una oficina llena de trabajadoras. ¿Qué pasaría si todas entraran y salieran cuando les apeteciera, se tomaran cuatro horas para comer y discutieran todo el día entre ellas y con la jefa? Sería un caos, ¿verdad? Pero usted no considera "débil" a una empleada que llega a tiempo a trabajar, se lleva bien con sus compañeras y completa sus tareas sin crear conflictos, ¿verdad? No. Considera que es alguien que coopera, una buena jugadora de equipo. Pero, para que llegue a haber un "equipo", esa empleada ha de aceptar un grado de sumisión en su mente. Ha de entender implícitamente que la jefa toma las decisiones, y su trabajo consiste en seguirlas.

A riesgo de que me consideren políticamente incorrecto yo aún utilizo los términos *dominante* y *sumiso*. Para mí describen acertadamente la estructura social natural de los perros. Para un perro no hay juicios implícitos en la cuestión de quién es dominante o sumiso en un grupo, ya sea una manada de perros o un grupo consistente en un perro y un humano. Un perro no se toma como algo personal que usted le quite el puesto de líder. Según mi experiencia la mayoría de los perros se sienten aliviados al saber que sus dueñas son quienes están al mando. Ahora que los hemos integrado en nuestro mundo humano hay que tomar montones de complicadas decisiones diarias, y la naturaleza no ha equipado a los perros para tomarlas. Un perro no puede parar un taxi, o empujar un carrito de compras, o sacar dinero de un cajero automático: ¡por lo menos no sin un entrenamiento muy especializado! Un perro puede percibir esto y he visto a miles de perros relajarse visiblemente por primera vez en su vida en cuanto sus dueñas adoptan por fin una posición de auténtico liderazgo. Pero grábese mis palabras: cuando un perro percibe que su dueña no está preparada para el reto del liderazgo de grupo, se lanzará a tratar de llenar ese vacío.

Está en su naturaleza hacerlo, tratar de mantener funcional el grupo. Tal como lo ve su perro, alguien tiene que dirigir el espectáculo. Y cuando un perro asume ese papel, a menudo tiene resultados desastrosos tanto para el perro como para el humano.

 ## La "Paradoja de la Agente Poderosa"

Como decía antes, muchos de mis clientes son gente superpoderosa que está acostumbrada a mover los hilos en todos los demás campos de su vida. ¡Para los humanos que están a su lado, proyectan una energía tan fuerte que puede resultar casi aterradora! He visto a algunos de ellos dar y gritar órdenes a su equipo, y he observado cómo esos trabajadores se encogían por el sonido de la voz de su jefe. ¡Eso sí que es proyectar energía sumisa! Entonces el personal saldrá corriendo, pisándose unos a otros para satisfacer las exigencias de su jefe: y no hay duda sobre quién está al mando. Pero aquí surge una de las ironías de mi trabajo, a la que llamo la "paradoja de la agente poderosa". En cuanto estas personas influyentes llegan a casa, desde el momento en que abren la puerta de la calle, la única energía que proyectan sobre su perro es la energía emocional. "¡Oh! ¡Hola, Pookey, cosita mía! ¡Dale un besito a mamá! Mírate, perro malo: es el segundo sofá que te comes este mes".

No quiero reírme de estos clientes porque siento verdadera empatía por ellos. Tratar de ser toda una triunfadora en el mundo humano es una experiencia increíblemente estresante. Sé que es muy agradable volver a casa, donde nos espera un adorable animal, y soltarnos el pelo, estar con una criatura que no parece juzgarnos y ante el cual no tenemos que demostrar a cada minuto lo geniales que somos. Para esos clientes es una terapia deliciosa abrazar a su suave y peludo perro. Es como un largo, caliente y relajante baño. Y, en cierto sentido, es cierto: su perro no los está juzgando, al menos no según los criterios por los que se suele juzgar a estas personas. A un perro no le preocupa si su dueña tiene cien millones de dólares o una casa en la playa o un Ferrari. No le preocupa si el último disco de su dueña fue disco de platino o un fracaso, o si ganó el premio de la Academia este año o han cancelado su serie de televisión. Ni siquiera se da cuenta de si su dueña pesa diez kilos más o se acaba de hacer cirugía plástica. Sin embargo, lo que *sí* juzga un perro es quién es la líder y quién la seguidora en la relación. Y cuando estas agentes poderosas llegan a casa y dejan que su perro salte sobre ellas, cuando se pasan toda la tarde dándole chucherías al perro, persiguiéndolo por la casa y satisfaciendo todos sus caprichos, entonces está claro que su perro ha emitido un veredicto: ese mismo humano al que consideran todo un triunfador en el mundo humano se ha convertido, a los ojos de su perro, en un seguidor.

 Oprah y Sophie

Oprah Winfrey —mi personal modelo a imitar en cuanto a mi comportamiento profesional— constituye un perfecto caso a estudiar del fenómeno que acabo de describir. En el mundo humano no sólo siempre está al mando, sino que también es alucinantemente tranquila y ecuánime. En mis seminarios siempre la pongo como clásico ejemplo de energía firme y tranquila en acción, porque realmente es la mejor en eso. Oprah no necesita demostrar que es importante; simplemente emana de su ser. También es un modelo en cuanto a emular a los animales en su capacidad para vivir el momento. Oprah ha contado públicamente la historia de su pasado, y está claro que no fue un pasado fácil. También ha tenido que superar el obstáculo de ser una mujer afroamericana, lo cual fue una formidable barricada durante los años en que empezaba su carrera. Pero, a diferencia de la mayoría de los humanos, Oprah ha cultivado la capacidad de seguir avanzando. Su pasado nunca la ha frenado. En mi opinión es un brillante ejemplo de potencial humano. Y, por encima de todo, sigue siendo una persona realmente amable y generosa.

Desde que llegué a Estados Unidos mi sueño fue salir en el programa de Oprah. Para mí era la auténtica definición del "triunfo" en este país. Y cuando por fin salí en el programa, el encuentro superó incluso mis expectativas más descabelladas. Oprah se mostró encantadora, perspicaz, inquisidora e ingeniosa, e incluso se acercó a mi esposa, Ilusión, que estaba sentada entre el público, para incluirla en la experiencia. Todo ese día fue como un sueño para mí. Sin embargo, el motivo por el que participé en el programa era la pesadilla íntima de Oprah, su debilidad oculta. Oprah —mi modelo de firmeza y tranquilidad a imitar— ¡estaba dejando que su perra, Sophie, la avasallara!

Cuando me reuní por primera vez con Oprah en su finca de diecisiete hectáreas, junto al océano a las afueras de Santa Bárbara, en 2005, ella tenía dos perros: Sophie y Solomon, los dos cocker spaniels. Solomon era el sumiso de la pareja y era muy viejo y débil. Sin embargo, Sophie —que entonces tenía 10 años— tenía un problema que se estaba convirtiendo en algo peligroso. Cuando Oprah la paseaba, si se les acercaba otro perro Sophie enseñaba los dientes, adoptaba una pose defensiva y a veces incluso atacaba al otro perro. También presentaba serias dificultades de ansiedad cada vez que se separaba de su dueña, y aullaba durante horas mientras Oprah y su pareja, Steadman, la dejaban sola. A diferencia de algunos de mis clientes Oprah era un auténtico hacha como para estar convencida de que Sophie tenía toda la culpa del problema. Sabía que había cosas que podría hacer de otra manera para ayudar a Sophie a cambiar su comportamiento. Con todo, no estoy seguro de que estuviera totalmente preparada para lo que yo tenía que decirle.

Durante la consulta —la parte de mi visita en la que me siento y me limito a escuchar la versión humana de la historia— pude ver, simplemente por las palabras que Oprah empleaba para describir a Sophie, que Sophie no era sólo su perra, era su bebé. "¡Es mi hija! —me dijo Oprah— La amo como si la hubiera parido yo misma". Decir que Oprah había "humanizado" a Sophie será quedarse corto.

Mientras hablábamos, me enteré de que Sophie había sido una niña muy insegura desde el primer momento. Tanto Oprah como Steadman describían cómo se escondía bajo la mesa y la poca autoestima que tenía cuando la trajeron a casa. ¿Y qué hizo Oprah? Lo que casi todos los dueños. Empleó la psicología humana y se dedicó a mimar a Sophie, con caricias y palabras de consuelo. Siempre que Sophie se mostraba nerviosa o asustadiza Oprah se acercaba y la tranquilizaba con afecto y energía emocional. Sin saberlo Oprah estaba haciendo exactamente lo mismo que había hecho Marina con Kane después del resbalón de éste sobre el suelo de linóleo. Al aplicar la psicología humana a un perro afligido, ambas mujeres estaban *alimentando* sin querer el comportamiento inseguro de sus perros.

No me cansaré de subrayar que un perro capta toda señal de energía que le enviemos. Interpreta nuestras emociones a cada momento del día. ¡Oprah, que superó un pasado doloroso aferrándose a la vida del "ahora", jamás vivió el momento por lo que respecta a Sophie! Desde el mismo momento en que se le ocurría sacar de paseo a Sophie ya estaba anticipando la posibilidad de que Sophie pudiera atacar a otro perro. Estaba reviviendo en su cabeza enfrentamientos pasados e imaginándose otros nuevos. Todo ese catastrofismo hacía que Oprah se pusiera tensa y emocional: energías que Sophie interpretaba de forma natural como debilidad. Ello condicionó la dinámica entre las dos desde el momento en que Oprah tomaba la correa: incluso *antes* del paseo.

Oprah solía comenzar el paseo dejando que Sophie fuera la primera en salir por la puerta: un error clásico que cometen casi todos las dueñas de perros. Es importante establecer la posición de liderazgo en el umbral de la puerta. El primero en salir será el líder. A continuación Oprah agravaba el error dejando que Sophie *la* guiara en el paseo. En un grupo el líder siempre se coloca al frente a menos que específicamente le dé "permiso" a otro perro para que camine al frente. Como Sophie iba por delante de la correa, básicamente las dos iban hacia donde Sophie quería. Por su constante terror a que Sophie se metiera en un altercado, Oprah se mostraba insegura y ansiosa. Mientras, Sophie iba abriendo el paso. ¡Una alumna de tercero habría adivinado quién era la líder y quién la seguidora de entre esas dos!

Tuve que recordarle a Oprah que ella, la dueña de la perra, era la única en esa relación que se preocupaba por lo que pudiera ocurrir en el paseo, por lo que había sucedido en el pasado. Sophie no pensaba en esas cosas. Sophie vivía el momento, disfrutando del césped, disfrutando de los árboles, disfrutando del limpio aire marino. No estaba pensando: "Me pregunto si hoy tendré que atacar a alguno de esos asquerosos perros". Tampoco había sido premeditado ninguno de sus enfrentamientos previos. Sophie no se pasaba las noches despierta, fantaseando: "¡Odio de verdad a esa vulgar, Shana, y pienso morderla en cuanto pueda!". Como todos los perros, al atacar a otros perros sólo había reaccionado a un estímulo que estaba ocurriendo en ese momento.

¿Y qué pasaba cuando Sophie se encontraba con otro perro y empezaba a mostrar signos de agresividad? O bien Oprah la recogía rápidamente y la rescataba de la situación, o se volvía muy emocional, rogándole que parara y pidiendo disculpas a la dueña del otro perro. No actuaba como una líder de grupo, limitándose a corregir el comportamiento de Sophie. Cuando una líder de grupo corrige a uno de los perros de la manada, éste deja de comportarse desagradablemente. Un perro sumiso y tranquilo siempre atiende las instrucciones de la líder de su grupo.

¿Qué llevaba a Sophie a esas reacciones agresivas? Sophie era lo que yo describo como insegura dominante: no era una perra agresiva por naturaleza, pero cuando veía otro perro que le ocasionaba una reacción de miedo, respondía mostrando sus dientes y amenazando. Recuerde que un animal sólo tiene cuatro respuestas posibles ante cualquier amenaza: luchar, huir, evitarla o mostrarse sumiso. La reacción de Oprah ante la postura agresiva de Sophie sencillamente intensificaba la situación. Oprah se tensaba y le entraba el miedo, mandando así señales de alarma a Sophie, indicándole que su dueña había perdido el control. Tras el incidente, Oprah solía arrullar a Sophie, la mimaba, trataba de tranquilizarla diciéndole que todo estaba bien. Una vez más una plausible psicología para un niño humano asustado, pero ¡en absoluto psicología canina! Es algo natural que los seres humanos nos acerquemos y tranquilicemos a otros animales afligidos de la mejor forma que sabemos: con amabilidad y aliviándolos. Sin embargo, si en ese momento un perro le diera afecto a Sophie sería como decir: "Muy bien, muéstrale a ese perro malo quién nos amenaza". Al mostrar afecto a un cerebro que ha desarrollado un comportamiento inestable, ese cerebro no avanza. En el caso de Sophie, aumentó su ansiedad hasta el punto de que, al sentirse acorralada, atacaba, fuera de sí.

Tuve que comunicarle a Oprah que tendría que cambiar su acercamiento a Sophie si quería que su perra fuera la mascota equilibrada y estable que debía ser.

Como es tan inteligente, Oprah captó inmediatamente la base de este concepto, pero aun así no resultó fácil romper esa barrera tan personal, el hecho de que pensara en Sophie como en "su niñita". Recuerdo que, en un momento dado, le dije: "No te estás mostrando como una líder". Oprah se quedó muda un segundo. Se volvió y miró a Steadman. Luego me dijo muy lentamente: "¿Me estás diciendo que no soy una líder?". Exacto. Le estaba diciendo a la misma mujer que, según la revista *Forbes,* vale más de mil millones de dólares y que actualmente encabeza la lista de famosos más poderosos y que es la novena mujer más poderosa del mundo[4], que no estaba siendo una líder para su cocker spaniel de diez kilos.

Al igual que todos los humanos que quieren a sus mascotas, Oprah sólo quería lo mejor para sus perros. Pero su concepto de lo que era "mejor" surgía de una perspectiva humana. Sólo quería amar a sus perros y darles la vida más maravillosa que pudiera. Pero los perros de Oprah no habían leído la lista de *Forbes* ni examinado la cuenta bancaria de Oprah. No les preocupaba si su hogar estaba amueblado por los mejores decoradores del mundo o por el Ejército de Salvación. Los perros de Oprah la querrían igual aunque mañana quedara en bancarrota (aunque, como Oprah comentó de forma seca, seguro que ambos perros notarían la diferencia si de repente se vieran obligados a viajar en la bodega de un avión comercial en lugar del confort de su avión privado). Sobre todo lo que sus perros querían en su vida era sentirse seguros en sus puestos en el "grupo" de la familia de Oprah. Y estaba claro que Sophie no se sentía segura.

Oprah necesitaba aprender a convertirse en líder de grupo. Ya lo era en el mundo humano. Ahora tenía que ensayar la clase de liderazgo que entendería un perro.

 Reglas, fronteras y límites

En la naturaleza un líder de grupo establece las reglas y se ciñe a ellas. Un grupo no podría sobrevivir sin reglas, independientemente de la especie. En muchos hogares humanos las reglas, las fronteras y los límites para los perros no están claros, en caso de que existan. Al igual que los niños, los perros necesitan reglas, fronteras y límites para llegar a ser socializados adecuadamente. Por ejemplo, en el hogar de Oprah Sophie no tenía muchas reglas, y las que existían no siempre eran acatadas. A veces, por ejemplo, cuando Sophie gimoteaba después de que Oprah la dejara sola, Oprah se ablandaba, volvía y se llevaba a Sophie consigo. Otras veces volvía y le decía a Sophie que "parara": pero, normalmente, el comportamiento ya había sobrepasado el nivel de lo correcto. Tanto los psicólogos humanos como los de animales llaman a esto "refuerzo intermitente", y si usted tiene hijos, probablemente sabrá que este tipo de disciplina jamás funciona. Si un día permite que su hijo tome una galleta del tarro y lo castiga por ello al día siguiente, el niño siempre volverá a intentarlo, por si acaso consigue salirse con la suya. Ocurre lo mismo con un perro. El refuerzo intermitente de reglas es una forma infalible de criar un perro desequilibrado e inestable.

A pesar del hecho de que Sophie llevaba diez años viviendo en un estado de desequilibrio, sin reglas, fronteras o límites marcados, le insistí a Oprah que casi nunca es demasiado tarde para rehabilitar a un perro. Incluso un humano puede darle la vuelta a su vida a los 50, 60 o 70 años, ¡y nosotros tenemos muchas más dificultades que los perros! Oprah estaba deseosa de ponerse a trabajar en el problema, pero quedó anonadada cuando llegué a su casa con otros cinco perros: Coco, nuestro chihuahua; Lida y Rex, nuestra pareja de galgos italianos; un lhasa llamado Luigi, que pertenece a Will Smith y Jada Pinkett Smith; y el perro que más nerviosa ponía a Oprah: Daddy, el corpulento pitbull de aspecto aterrador que pasa algún tiempo en mi manada cuando su dueño, el artista de hip-hop Redman, está de gira. La verdad es que Daddy tiene la mejor energía de todos los perros. La primera vez que lo vi tenía cuatro meses, cuando Redman lo trajo a mi recién inaugurado centro. Entre los artistas de rap se ha puesto de moda tener perros grandes, de aspecto duro, como señal de estatus social. Redman era diferente: era un dueño de perro responsable. Dijo: "Quiero un perro que pueda llevar conmigo a cualquier lugar del mundo. No quiero una demanda judicial". Ese día empecé a trabajar con Daddy, y no ha pasado un solo día en que no se haya sentido pleno como perro. Todo el mundo que lo conoce se enamora de él aunque su apariencia sea imponente. Daddy ha ayudado a cientos de perros a alcanzar el equilibrio, simplemente compartiendo su energía sumisa y tranquila. Y es un pitbull: lo que viene a demostrar que, cuando se trata de comportamiento canino, la energía y el equilibrio pueden superar y superan la influencia de la raza. Todos los perros que llevé conmigo a casa de Oprah eran perros muy equilibrados. Estaban allí para ofrecerle a Sophie "terapia de grupo".

La reacción de Sophie ante los otros perros fue bastante predecible. Nada más de verlos se quedó en el umbral, congelada. ¡Entre luchar, huir, evitarlo y mostrarse sumisa estaba eligiendo evitarlo! La coloqué entre los perros y le di un ligero correctivo con la correa cada vez que se mostraba asustadiza o ansiosa. En todo momento mi energía fue firme y tranquila. Al principio la verdad es que tuve que pedirle a Oprah que se mantuviera al margen de la situación; estaba tan aterrada que estaba contagiando a Sophie con su energía. Después de unos diez minutos Sophie pudo relajarse. Al cabo de una media hora se estaba contagiando de la energía sumisa y tranquila de la manada y realmente parecía disfrutar. Seguía mostrándose cautelosa, pero su lenguaje corporal se estaba tranquilizando y relajando. Ahí radica el poder de la manada: unos perros equilibrados ayudando a darle la vuelta a un perro inestable en cuestión de minutos. Pero la energía que yo le estaba enviando a Sophie mediante la correa también resultó vital. Yo era su líder de grupo y la estaba instruyendo para que se llevara bien con el resto de la manada. Nada de "peros" al respecto. Y Sophie captó el mensaje.

Oprah y Steadman alucinaron al ver que Sophie se relacionaba tranquilamente con otros perros. El hecho de que aquello llegara a ser posible les parecía escalofriante. Les puse la "tarea" de convertir en algo habitual que Sophie pudiera estar con otros perros mientras ellos practicaban un liderazgo firme y tranquilo. Al igual que una dieta, el liderazgo firme y tranquilo no funciona a menos que lo practiquemos a diario. Sólo mediante una "terapia" regular como aquélla podría Sophie cambiar para siempre.

Normalmente un perro aceptará a un humano como su líder de grupo si ese humano proyecta la energía firme y tranquila correcta, establece reglas, fronteras y límites sólidos, y actúa responsablemente en la causa de la supervivencia del grupo. Esto no significa que no podamos seguir siendo únicamente líderes de grupo *humanos*. Igual que para vivir con nosotros un perro no debería tener que abandonar aquello que lo hace único, nosotros no deberíamos tener que abandonar aquello que hace tan especial al ser humano. Por ejemplo, somos los únicos líderes de grupo que van a querer a los perros según la definición que hacemos los humanos del amor. Su líder de grupo canino no les va a comprar juguetes chillones ni les organizará una fiesta de cumpleaños. Su líder de grupo canino no les premiará directamente su buen comportamiento. No se volverá para decirles: "Eh, chicos, gracias por seguirme durante quince kilómetros". ¡Se espera que hagan eso! Una madre no le dirá a su cachorro: "¿Saben, cachorros? Hoy se han portado tan bien, ¡que nos vamos a la playa!". En su mundo natural, la recompensa está en el proceso. (Éste es un concepto que a los humanos les vendría muy bien recordar a veces). Para un perro ya hay recompensa simplemente al encajar en la manada y ayudar a asegurar su supervivencia. Automáticamente la cooperación da como resultado las recompensas primarias de la comida, el agua, el juego y el sueño. Recompensar a nuestros perros con chucherías y las cosas que aman es una forma de estrechar nuestros lazos con ellos y reforzar su buen comportamiento. Pero si no proyectamos una fuerte energía de liderazgo antes de dar las recompensas, jamás tendremos un "grupo" auténticamente funcional.

Líderes de grupo sin hogar

Si bien el nexo entre humano y perro es algo único en ambas partes de la ecuación, no podemos limitarnos a desempeñar el papel de mejor amiga o de amante de los perros. Lo sepamos o no, cuando desempeñamos ese papel automáticamente estamos satisfaciendo en primer lugar nuestras propias necesidades, no las de nuestro perro. Somos nosotros los que necesitamos constante afecto y aceptación incondicional.

¿Qué perros cree usted que se encuentran entre los más felices y emocionalmente estables de Estados Unidos? Es una observación mía y puede que le resulte bastante difícil de creer, pero creo que los perros que viven con la gente sin hogar a menudo tienen las vidas más plenas y equilibradas. Vaya algún día al centro de Los Ángeles, o al parque que domina el embarcadero de Santa Mónica, y fíjese en las personas sin hogar que tienen perros. Estos perros no tienen exactamente el mismo aspecto que los campeones del American Kennel Club, pero casi siempre se portan bien y no son agresivos. Observe cómo una persona sin hogar camina con su perro y verá un buen ejemplo de lenguaje corporal entre líder de grupo y seguidor de grupo. Normalmente, la persona sin hogar carece de correa, pero el perro camina al lado del humano o justo detrás de él. El perro realiza la migración con su líder de grupo, del modo en que la naturaleza le ha enseñado.

Usted se preguntará: "¿Gente sin hogar? ¿Cómo es posible que sus perros sean más felices? ¡No pueden permitirse alimentarlos con la carísima comida orgánica para perros! ¡No pueden llevarlos al salón de belleza dos veces al mes, ni siquiera al veterinario!". Muy cierto, pero recuerde que un perro no ve diferencia alguna entre comida para perros orgánica o normal; no piensa en salones de belleza; y en la naturaleza no hay veterinarios. Muchas veces la gente sin hogar ni siquiera tiene un objetivo en su vida: al menos, no del mismo modo que algunas triunfadoras de la clase A. Parece que algunas se contentan con ir de un sitio a otro, recogiendo latas y buscando comida y un lugar cálido donde dormir. Este estilo de vida podría parecer inaceptable para muchos humanos. Pero para un perro ésta es la rutina natural ideal creada por la naturaleza para él. Tiene la cantidad adecuada de ejercicio primario que necesita. Y es libre para viajar. En la naturaleza todo animal tiene "territorios" —algunos extensos, otros reducidos— que le encanta atravesar una y otra vez. La exploración es un rasgo animal natural, y genéticamente equivale a la supervivencia[5] porque cuanto más explore un animal más probabilidades tendrá de encontrar comida y agua, y más información tendrá del mundo[6]. En Los Ángeles he observado que los perros que viven con personas sin hogar realmente llegan a conocer su ciudad mucho mejor que un perro que viva en Bel Air. El perro que vive en Bel

Air tiene un jardín gigantesco. Pero, para él, no deja de ser una perrera inmensa. El perro sin hogar vaga durante kilómetros y luego se va a la cama agotado. El perro de Bel Air ve su casa, el interior del coche y el salón de belleza: y luego se va a la cama con energía, encerrado y frustrado.

En un perro no se crea el equilibrio dándole cosas materiales. Se crea permitiéndole expresar plenamente los componentes físicos y psicológicos de su ser. Al vivir con una persona sin hogar, un perro emigra en busca de comida. Normalmente funciona para la comida, y sin necesidad de correa se crea entre la persona y el perro una clara relación de líder y seguidor.

Mucha gente que me llama para que los ayude tienen problemas para pasear a sus perros por todas las distracciones que hacen que el perro tire de la correa o eche a correr o ladrar: niños, coches, otros perros. Piensan que es un problema del perro. Pero fíjense en el perro de una persona sin hogar. Él y la persona sin hogar pasean por las concurridas calles cruzándose con gatos, viandantes, personas con perritos chillones atados a correas extensibles: a pesar de todo, el perro no deja de avanzar. Esto es lo que sucede en la naturaleza; ¡una manada de perros o de lobos jamás se mantendría unido si sus miembros estuvieran todo el tiempo corriendo, distraídos por las ranas o las mariposas! Si el perro se distrae, la persona sin hogar actúa como el líder de la manada: sólo tiene que lanzar una mirada o un gruñido hacia el perro para recordarle las reglas y hacerle volver a la manada. Cuando el día llega a su final, la persona sin hogar recompensará al perro con comida y afecto justo antes de disponerse a dormir. Comparten una existencia muy elemental, probablemente muy parecida a las primeras relaciones entre nuestros antepasados humanos y sus perros.

¿Quién manda en su casa?

En cuanto mis clientes empiezan a captar el concepto de grupo y de líder de la manada, normalmente me preguntan: "¿Cómo puedo saber quién es el líder de la manada en mi casa?". La respuesta es muy simple: ¿quién controla la dinámica de su relación?

Hay docenas y docenas de distintos modos en que su perro le dirá, alto y claro, quién es el dominante de los dos. Si salta sobre usted cuando vuelve a casa del trabajo por la tarde, no sólo está feliz de verla. Es el líder de la manada. Si usted abre la puerta para dar un paseo y él sale delante de usted, no es sólo porque le encanten sus paseos. Es el líder de la manada. Si le ladra y entonces usted le da la comida, no es "una monada". Es el líder de la manada. Si usted está durmiendo y la despierta con sus patas a las cinco de la mañana para decirle: "Sácame, tengo que hacer pipí", le está demostrando, antes incluso de que salga el sol, quién manda en la casa. Siempre que la obligue a usted a hacer algo, él será el líder de la manada. Así de simple.

Casi siempre un perro es el líder de la manada del mundo humano porque el humano suele decir: "¿No es adorable? Está intentando decirme algo". Ahí está otra vez el viejo síndrome de *Lassie:* "¿Qué ocurre, Lassie? ¿El abuelo se ha vuelto a caer al pozo?". Sí, humano, en este caso su perro está tratando de decirle algo: está tratando de recordarle que él es el líder y usted su seguidor.

Así pues, cuando se dé cuenta de quién es realmente, usted será el líder de la manada. Cuando salga de casa delante de su perro, será el líder de la manada. Cuando sea usted quien tome las decisiones en casa, entonces será el líder de la manada. Y no estoy hablando de 80 por ciento de las veces. Estoy hablando de cien por cien del tiempo. Si sólo ofrece 80 por ciento del liderazgo, su perro la seguirá sólo al 80 por ciento. Y el restante 20 por ciento del tiempo será él quien dirija el espectáculo. Si da a su perro la oportunidad de mandar sobre usted, la aprovechará.

Pepper y los peligros del liderazgo parcial

¿Qué pasa cuando sólo le ofrecemos un liderazgo parcial a nuestro perro? He presenciado muchas situaciones en las que el humano proyectaba la energía y conducta de liderazgo correctas en prácticamente todas las situaciones. Es una fórmula genial para un perro desequilibrado, porque para él resulta aún más confuso no saber cuándo ha de mandar y cuándo obedecer, que el hecho de tener que ejercer de líder de un humano.

Tomemos otro ejemplo de la primera temporada de *Dog Whisperer*. Un fotógrafo, Christopher, había adoptado una adorable mestiza de terrier y wheaton, de ocho años, llamada Pepper, y entre los dos había crecido una estrecha relación. Cada día Chris caminaba desde su casa hasta el estudio que compartía con otro fotógrafo, y había entrenado a Pepper para que fuera caminando con él. Pepper era una perra tan buena en sus paseos, que Chris ya ni siquiera necesitaba usar una correa para el "traslado". Verlos juntos era presenciar el mismo lenguaje corporal apropiado entre líder y seguidor que había visto en las personas sin hogar y sus perros. Podía haber tráfico, podían pasarles rozando niños en patineta, podía haber bocinazos de claxon; Pepper no dejaba de trotar junto a Chris con la cabeza gacha y moviendo la cola. Una sola palabra de él bastaba para corregirla si se distraía. Estaba claro que a Pepper le encantaban esos momentos de paseo conjunto; siempre llegaba al estudio fresca y relajada.

Sin embargo, una vez en el estudio asomaba la cabeza otra faceta de Pepper.

El estudio donde Chris y su socio Scott trabajaban era también el sitio donde fotografiaban a sus clientes. Esto significaba que, varias veces al día, nuevas personas entraban y salían de allí. A Pepper parecía no gustarle que la gente fuera al estudio. Corría hacia la puerta, ladraba, gruñía y mordisqueaba los talones del recién llegado, "guiándolo" hasta el centro de la sala.

Mientras Chris y Scott preparaban los focos y el material, normalmente invitaban a los clientes a que se sentaran en una zona de espera. Desgraciadamente Pepper había decidido que el enorme sofá de vinilo de la zona de espera era "su" sofá. Los clientes que se sentaban allí eran recibidos con temibles gruñidos y ladridos, e incluso eran amenazados con mordiscos.

Estaba claro que ésa no era la clase de comportamiento que se pudiera tolerar. No era inofensivo: en cierta ocasión Pepper había desgarrado el dobladillo del pantalón de una persona, y si seguía amenazando a los clientes de Chris y Scott, podría resultar muy perjudicial para el negocio. Chris temía tener que deshacerse de ella: para muchos perros cuyos dueños no pueden encontrarles un nuevo hogar (¿y cuánta gente aceptaría un perro sabiendo que tiene problemas?) esto significa volver al refugio. Desgraciadamente 56 por ciento de los perros que van a un refugio —sobre todo perros que han sido devueltos muchas veces— acaban siendo víctimas de la eutanasia, simplemente porque no pueden encontrar a un humano que se lleve bien con ellos[7].

Chris me llamó como última solución. Estaba pensando seriamente regalar a Pepper. Al hablar con él y con Scott, me quedó claro que ninguno de los dos le estaba ofreciendo a Pepper liderazgo alguno en el estudio. Desde el momento en que entraba el lugar era suyo: ni reglas, ni fronteras, ni límites. Chris cruzaba el umbral e inmediatamente empezaba a concentrarse en su trabajo, y Pepper tenía que arreglárselas sola. Ya que ni Chris ni Scott actuaban como el "líder" en el entorno del estudio —al menos, no en términos caninos— Pepper asumía que todo dependía de ella. Era la reina, y protegía de forma neurótica su territorio de la única manera que sabía.

Fue durante nuestra conversación cuando descubrí que Chris había triunfado plenamente a la hora de pasear a Pepper en la calle: incluso sin correa. Resulta mucho más difícil conseguir que un perro nos obedezca al aire libre, con tanta distracción, que en el interior de una casa. Tengo muchos más casos de perros que obedecen en casa, pero que se portan mal en los paseos, que al revés, por lo que este caso me pareció intrigante. Pedí a Chris que me mostrara cómo iba caminando al trabajo con Pepper, y vi un animal totalmente diferente. ¡También vi a un Chris totalmente diferente! Estaba centrado, controlándolo todo, y atento a Pepper, y parecían estar entre ellos en una armonía emocional. ¿Por qué la situación cambiaba radicalmente en el estudio?

Básicamente, cuando Chris se dirigía al trabajo, cambiaba de mentalidad. Toda esa gran disciplina que había inculcado a Pepper salía por la ventana en cuanto los dos cruzaban la puerta del estudio. Chris no cumplía con sus obligaciones como líder, en parte por falta de información sobre psicología canina, pero también porque ser líder es una tarea ardua. Requiere una cierta cantidad de energía y concentración serlo todo el tiempo, y a menudo Chris estaba tan ocupado y estresado en su trabajo que no podía perder tiempo estableciendo las reglas adecuadas para Pepper. En cuanto dejaban el trabajo redirigía su energía para volver a ser su líder y todo iba bien. Pero ahora, como la situación se había descontrolado tanto, tenía que volver al tablero si quería que ella lo volviera a respetar dentro de las paredes del estudio.

Ensayamos diversas situaciones en las que alguien llegaba a la puerta, y observé cómo Chris permitía que Pepper se volviera loca cada vez que sonaba el timbre. Le mostré cómo hacer que se sentara en silencio, en un estado de sumisión, antes incluso de abrir la puerta. Se puede saber si un perro está en una postura sumisa por la posición de sus orejas y por su mirada, pero también hay que estar en armonía con él para percibir una energía sumisa. Chris había enseñado a Pepper a responder a órdenes, y observé cómo le decía una y otra vez (de forma no muy convincente) que "se acostara". Su cuerpo se recostaba, pero estaba claro que su mente seguía activa y agitada. Sus orejas seguían moviéndose ligeramente y tenía la mirada fija sobre la puerta. Cuando abrieron y entró el visitante, volvió a enloquecer.

Le mostré a Chris que era menos importante que Pepper estuviera echada cuando se abriera la puerta, que el hecho de que su mente estuviera en un estado de sumisión y relajamiento. También le enseñé a darle una orden que fuera en serio. Básicamente Chris se estaba mostrando como un blando, y no podía engañar a Pepper en ese respecto. Recuerde que la energía no miente. Aún no se había entregado al esfuerzo que requeriría el hecho de dividir su concentración en el estudio entre ser el líder de Pepper y ser fotógrafo de tiempo completo. Parecía abrumarle tener que hacer ambas cosas a la vez. Realmente Chris quería conservar a Pepper, y lo ayudé a comprender que solucionar esa situación desesperada era únicamente responsabilidad suya.

Cuando por fin lo vi hablar en serio al dar una orden a Pepper, no utilizó palabra alguna. Hizo lo que yo hago. Sencillamente emitió un sonido: "shhhh". Lo importante no era el tipo específico de sonido: ¡de hecho escogí ese sonido porque era el sonido que mi madre solía emplear para mantenernos a raya a mis hermanos y hermanas y a mí! Lo importante era la energía que había detrás de ese sonido. La clave, le dije a

Chris, consistía en corregir a Pepper *antes* de que su mente quedara atrapada en un estado de nerviosismo y agresividad. Eso significaría que la tendría que corregir —con ese "shhhh"— una y otra vez, hasta que quedara condicionada a permanecer tranquila y sumisa en todo momento mientras estuviera en el estudio con él.

El caso de "Pepper de póster" muestra un resultado extremo del hecho de dar a nuestro perro sólo un liderazgo parcial. Con un perro de baja energía, despreocupado por naturaleza, las consecuencias podrían no ser tan graves, pero en el caso de Chris y Pepper había mucho en juego. Chris se arriesgaba a una querella judicial, a perder clientes y en definitiva a perder su negocio si no podía controlar a Pepper; y Pepper se arriesgaba a perder su hogar, su dueño y muy posiblemente su vida (si Chris no lograba encontrarle un hogar para siempre). Por suerte, en cuanto comprendió la gravedad del problema, Chris se tomó en serio su responsabilidad y afrontó el problema. Una perra como Pepper no tiene por qué llevar una vida tan desequilibrada. Todo cuanto necesitaba para ser feliz y estable estaba dentro de ella. Sin embargo, sí necesitaba que Chris, como líder de su grupo, le ayudara a sacarlo a la superficie.

 Mandar supone un trabajo de tiempo completo

Un perro necesita liderazgo, desde el día de su nacimiento hasta el día en que muere. Instintivamente necesita saber cuál es su lugar respecto de nosotros. Normalmente, las dueñas han dispuesto un lugar a sus perros en su corazón, pero no en su "manada". Es entonces cuando el perro toma el mando. Se aprovecha de un humano que lo adora pero que no le ofrece liderazgo. Un perro no razona. No piensa: "Vaya, es genial que esta persona me adore. Me hace sentir tan bien, que jamás volveré a atacar a otro perro". A un perro no se le puede decir lo que se le diría a un niño: "Si no te portas bien, mañana no vas al parque de perros". Un perro no puede establecer esa conexión. Toda muestra de liderazgo que le ofrezca a un perro ha de darse en el momento en el que hay que corregir su comportamiento.

En su hogar cualquiera puede ser líder de la manada. De hecho es vital que todos los humanos de la casa sean los líderes del grupo del perro: desde el niño más pequeño hasta el adulto de más edad. Hombres o mujeres. Todo el mundo ha de ceñirse al programa. Voy a muchos hogares en los que el perro respeta a una persona, pero no hace el menor caso al resto de la familia. Esto puede ser otra receta para el desastre. En mi familia yo soy el líder de la manada para los perros, pero también lo son mi esposa y mis dos hijos. Andre y Calvin pueden andar entre mi manada de perros en el Centro de Psicología Canina sin que los perros pestañeen. Los niños aprendieron liderazgo de grupo observándome, pero todo niño puede aprender a ejercer el liderazgo con un animal.

El liderazgo de grupo no depende del tamaño ni del peso ni del género ni de la edad. Incluso empapada, Jada Pinkett Smith puede pesar unos cincuenta kilos, pero podía llevar a la vez a cuatro rottweiler mejor que su marido. A Will Smith se le daban bien los perros, y éstos lo respetaban, pero Jada realmente dedicó el tiempo y la energía necesarios para convertirse en una líder de grupo fuerte. Me ha acompañado a la playa y a las montañas, donde llevo a la manada a dar paseos sin correa.

Llevar de paseo a un perro —como lo demuestran los perros que viven con las personas sin hogar— es la mejor forma de establecer el liderazgo del grupo. Es una actividad primaria que crea y fortalece los lazos entre la líder de la manada y el seguidor. En un capítulo posterior entraré en más detalles acerca de cómo perfeccionar el paseo, pero por sencillo que parezca es una de las claves para crear la estabilidad en el cerebro de su perro.

En perros que han sido entrenados para una tarea específica la líder de la manada ni siquiera necesita ir al frente. En los equipos de trineos arrastrados por husky siberianos, aunque la líder humana del grupo va en la parte trasera del trineo, es ella quien dirige el trineo. Los perros que viven con personas discapacitadas —personas que van en silla de ruedas, invidentes, personas con necesidades especiales— a menudo han de asumir la dirección física en algunas situaciones. Pero la persona a la que están ayudando es siempre la que lleva el mando. Es precioso observar a un perro de ayuda que vive con una persona discapacitada. A menudo parecen tener entre ellos una especie de conexión sobrenatural: un sexto sentido. Existe tal armonía entre ellos que a menudo el perro puede percibir qué necesita esa persona antes de recibir una orden. Ésa es la clase de unión que los perros de una manada tienen entre ellos. Su comunicación no es verbal y surge de la seguridad que tienen dentro de la estructura del grupo.

Con una energía firme y tranquila, un liderazgo de grupo y una disciplina adecuados usted también podrá disfrutar de esta profunda conexión con su perro. Para lograrla, sin embargo, es importante ser consciente de las cosas que podría estar haciendo sin querer y que están contribuyendo a los problemas de su perro.

NOTAS

[1] "Wolves in Denali Park and Reserve" Denali National Park Service/Dept. of the Interior, http://www.nps.gov/akso/ParkWise/Students/ReferenceLibrary/DENA/WolvesinDenali.htm.

[2] Fogle, B., *The Dog's Mind: Understanding Your Dog's Behavior,* Nueva York, Macmillan, 1990.

[3] Pennisi, E., "How Did Cooperative Behavior Evolve?", en *Science* 309, 5731 (1 de julio de 2005): 93.

[4] MacDonald, E., y Schoenberger, C. R., "Special Report: The World's Most Powerful Women", en *Forbes,* 28 de julio de 2005.

[5] Butler, R., y Harlow, F., "Persistence of Visual Exploration in Monkeys", en *Journal of Comparative and Psychological Psychology* 46 (1954): 258.

[6] Shillito, E. E., "Exploratory Behavior in the Short-tailed Vole *Microtus arestis"*, en *Behavior* 21 (1963): 145-54.

[7] Fuente: American Humane Association.

5
Dificultades
Cómo echamos a perder a nuestras perras

La mayoría de perras nacen equilibradas. Si después viven como en la naturaleza, en grupos estables, sus días transcurren en paz y felicidad. Si alguna perra de la manada se vuelve inestable, los demás miembros la obligan a abandonar el grupo. Parece duro, pero es el modo que tiene la naturaleza de asegurarse la supervivencia de la manada y la continuidad para las futuras generaciones.

Cuando los humanos adoptamos perras y las hacemos participar en nuestra vida y nuestros hogares, lo más normal es que prime en nosotros su bienestar. Intentamos darles lo que creemos que necesitan. El problema es que damos por hecho cosas que no se basan en lo que los canes necesitan, sino en lo que necesitamos nosotros, los humanos. Humanizando a las perras las dañamos psicológicamente.

Cuando humanizamos a las perras, creamos lo que yo llamo *dificultades,* que son muy parecidas a las que los psiquiatras tienen que solventar cuando tratan los problemas de sus pacientes. Esas "dificultades" son adaptaciones negativas en el enfrentamiento con el mundo. En los seres humanos son muy variadas: pueden ir desde el simple miedo a las arañas hasta los complejos desórdenes obsesivo-compulsivos, pasando por el fetichismo de los pies. Para las perras, esas dificultades son mucho más simples, pero, al igual que en los humanos, las causa un desequilibrio.

En este capítulo quiero tratar las dificultades caninas más habituales que puedo ayudarle a corregir. Espero que aprenda no sólo a tratarlas una vez se han formado, sino lo que es más importante: a prevenirlas y evitar su formación.

Agresividad

Las agresiones son la razón más habitual por la que acuden a mí para que intervenga en un caso. A veces me consideran la "última oportunidad" de una perra antes de que la regalen e incluso la sacrifiquen. Pero las agresiones no son la dificultad, sino la *consecuencia* de una dificultad.

La agresión no es normal en una perra. Ni siquiera los lobos que viven en estado salvaje suelen ser agresivos hacia los de su misma especie, o hacia los humanos[1], a menos que haya una razón clara, como, por ejemplo, una amenaza o hambre prolongada. La agresión llega a producirse cuando las dificultades no son tratadas, cuando la frustración no encuentra vía de escape. Desgraciadamente, la agresividad siempre se acentúa si no se ataja. La triste verdad es que, cuando me llaman para tratar a una perra agresiva, suelo encontrarme con un animal al que habría sido fácil evitarle ese problema. Podría haberse detenido esa escalada antes de que llegara a la situación problemática. Los propietarios de perras suelen buscar ayuda sólo cuando su perra muerde a alguien y de pronto se encuentran con una denuncia en las manos, a lo cual suelen decir cosas como: "en casa es un encanto con los niños", o "sólo se pone así cuando oye el timbre". Sería deseable que cualquier persona propietaria de una perra se tomara más en serio los síntomas tempranos de un comportamiento agresivo, y que buscara ayuda profesional antes de que sus vecinos acabaran llevándolo ante los tribunales… o peor aún: antes de que alguien resultara herido.

Agresión dominante

Mientras que la agresión no es el estado natural de una perra, la dominancia sí lo es en algunas. Su perra puede ser un animal dominante y de gran energía. ¿Quiere eso decir que es probable que se muestre agresiva o peligrosa? No. Lo que sí significa es que usted estará obligado a interpretar para ella el papel de líder de la manada sereno y le dé confianza. Un líder lo es durante todo el día, todos los días de la semana. No importa lo cansado que se esté; no importa si lo que quiere en ese momento es concentrarse en el partido de la tele o en la revista que está leyendo: seguirá enviándole a su perra la misma sensación de liderazgo enérgico y sereno.

No hay que olvidar que perras dominantes, líderes de la manada, hay sólo unas pocas y están separadas entre sí. Al igual que en el mundo de los humanos hay sólo unas cuantas Oprah Winfrey y unos pocos Bill Gates, hay un número limitado de líderes natos en el mundo canino. Si a estos animales no se les ofrece una cantidad suficiente de desafíos, tanto físicos como psicológicos, pueden llegar a ser, verdaderamente, animales muy peligrosos y problemáticos. A estas perras debemos proporcionarles, si queremos tenerlas con nosotros, la estimulación y los retos que necesitan.

En contra de lo que muchas personas creen, no existe lo que se denomina "razas dominantes". Pensémoslo: en una camada de perritos, uno de ellos se manifestará como el más dominante y crecerá para dirigir la manada. Los demás serán seguidores. Todos de la misma sangre. Todos de la misma camada. Hay razas enérgicas: pitbull, rottweiler, pastor alemán y mastín napolitano, pero depende del líder de la manada dirigir esa energía hacia objetivos saludables. Si su perra es un animal que pertenece a una de las razas enérgicas, deberá asegurarse de que es usted el líder de su manada.

En la vida salvaje el animal más dominante es el que llega a convertirse en líder. Como ya he dicho antes, los líderes nacen, no se hacen. Pero ¿y si le ocurre algo al líder? El número dos del grupo, puesto que corresponde muchas veces a la compañera femenina del macho líder, ocupará su lugar. En ese caso un macho que no pertenezca a la manada podría desafiarla para conseguir el liderazgo. Si ella cree que ese macho no es lo bastante fuerte, lo expulsará o lo matará. Pero si el aspirante es el más fuerte, la manada se rendirá a él inmediatamente, sin resistencia. La Madre Naturaleza "votará" por él, ya que su energía lo hace el candidato ideal. Pero una vez determinada la jerarquía los perros número dos y tres no se lo toman a pecho. Es decir, no son ambiciosos del mismo modo que lo seríamos los humanos (el modo en que un vicepresidente está esperando su turno para ser presidente o que el ejecutivo júnior aguarda la oportunidad de hacerse cargo de la empresa). Los perros están programados instintivamente para aceptar que el animal más dominante dirija el grupo. Con que otro ejemplar demuestre ser más poderoso que ellos bastará para que lo acepten sin rechistar. Del mismo modo su perra no se lo tomará como algo personal si usted establece su dominancia. Es más: si pudiera hacerlo, incluso se lo agradecería.

Si su perra es un animal dominante, usted ha de establecer su dominancia desde el primer momento, reiterarla a menudo y de un modo convincente. Interprételo como si su perra hubiera entrado a formar parte de su vida para hacer de usted una persona más fuerte, más firme, más asertiva y serena. ¿Quién no podría beneficiarse de una energía serena y firme en su vida: en el trabajo, con la familia, incluso mientras espera en el tráfico? En estos casos es mejor criar a la perra desde cachorro para que nos vea como su líder, pero se puede llegar a ser el líder de la manada ante una perra dominante en cualquier momento de su vida. Todo es cuestión de la energía que se sea capaz de proyectar. Se puede ser ciego, tener sólo una pierna, o un brazo, estar en silla de ruedas, pero, si su energía es más potente que la de un rottweiler de setenta kilos de peso, lo tendrá comiendo de su mano. Automáticamente. Yo no soy un hombre corpulento, pero en el Centro de Psicología Canina puedo manejar entre treinta y cuarenta perros a la vez. En ocasiones basta con una mirada para parar un comportamiento prohibido en una perra. No es cuestión de tamaño, sino de intensidad.

Cuando una persona es dueña de un animal de raza poderosa o posee una perra de carácter dominante, si su nivel de energía es menor que el de la perra, tendrá que trabajar consigo mismo desde un punto de vista psicológico. Pero es lo natural. Su perra no quiere ser su igual. Su mundo está formado por líderes y seguidores, y es usted, su dueño, quien debe elegir el papel que va a interpretar. Si no está dispuesto a hacerlo o no puede hacerlo, puede que ese animal no sea adecuado para usted. En un capítulo posterior hablaré de la agresión en zona roja, que es un asunto serio, ya que perros fuertes en zona roja han causado mordeduras graves e incluso la muerte. En la mayoría de casos se trata de animales dominantes cuyos propietarios no los han podido manejar. De modo que piense seriamente en la perra que convive con usted. Si no puede manejarla en toda ocasión y situación, mal asunto para usted, para la perra y para la sociedad.

Voy a proponerles el ejemplo de una clienta que permitió que una perra dominante perdiera el control hasta el punto de que su comportamiento agresivo entró en zona roja. Supongamos que esa clienta se llama Sue. Trabajé con Sue seis meses, durante los que intenté enseñarle cómo manejar a Tommy, una cruza de setter irlandés y pastor alemán. Desde el principio Sue lo había hecho todo mal con Tommy, que era un perro dominante por naturaleza. Empezó dejándolo que saltara sobre ella. Luego el animal comenzó a intentar montarla y se quedaba inmóvil hasta que terminaba la monta. Tommy empezó a estar fuera de control: se mostraba altamente territorial, sobreprotegía a su ama y se comportaba claramente como el animal dominante de la casa. Era una relación verdaderamente enfermiza. Había mordido a varios niños del vecindario y atacó al cuidador de la alberca, hasta que se alertó al servicio de control de animales. Intenté enseñarle a Sue a dominar el arte del paseo, a proyectar serenidad y firmeza, pero fue incapaz de hacerlo. Tenía problemas psicológicos propios y, por la razón que fuera, era incapaz de seguir normas y de ser disciplinada. Por fin no me quedó otro remedio que decírselo: "He hecho todo lo que pude para ayudarte, pero hemos llegado a un punto en el que lo único que se puede hacer para que Tommy pueda seguir viviendo con los humanos es buscarle otra casa".

Por supuesto Sue quedó destrozada, pero así salvó la vida de su perro. Y no sólo eso, sino que ahora Tommy trabaja para el Departamento de Policía de Los Ángeles en la búsqueda de supervivientes y está participando en una película de la DreamWorks. Por fin ha encontrado canales saludables en los que volcar toda su intensa energía. Se trataba, simplemente, de que el perro equivocado había encontrado a la persona equivocada, lo cual puede derivar en problemas serios.

Los humanos podemos exacerbar la agresividad de las perras de muchas maneras distintas, la primera de las cuales es dando rienda suelta a su instinto de dominación. Si no es usted el que marca la agenda de las cosas que hace con y para su perra, el líder de la manada será ella. Otro modo es jugando con el animal a "juegos de dominación" y permitiendo que quien gane sea ella. Aunque sea sólo en juegos de tira y afloja, si el animal se acostumbra a ganar siempre, puede interpretarlo como un signo de dominación sobre usted. Pelear con las perras, aunque sean sólo cachorros, puede sembrar la semilla de problemas de agresividad en la edad adulta. Si su perra empieza a comportarse de un modo posesivo o empieza a gruñir durante las peleas, podría estar creando un monstruo.

Agresividad inspirada por el miedo

Gran parte de las agresiones están motivadas por el miedo, especialmente si hablamos de perras pequeñas con complejo de Napoleón. Cuando trabajé con el peluquero canino de San Diego, noté que las peores perras suelen ser las más pequeñas de tamaño. En muchos casos, la agresión inspirada por el miedo suele comenzar con un gruñido o enseñando los dientes. Si su perra muestra alguno de estos síntomas cuando la lleva al peluquero o cuando intenta sacarla de debajo de la mesa, ¡ha llegado el momento de pedir ayuda! Como todas las formas de agresión, la que está inspirada por el miedo siempre va en aumento. La perra aprende que puede mantener a la gente a distancia si le enseña los dientes, y pronto ese gesto se transforma en un mordisco. Lo bueno es que los animales que muerden por temor no suelen clavar los dientes, sino sólo marcar y retirarse. Su objetivo es conseguir que usted, o el agresor, se retire y lo deje en paz. Pero cualquier tipo de agresión puede acabar convirtiéndose en algo peor. Nuestra perra deja de ser una monada cuando gruñe o ataca. No es que esa sea "su personalidad", sino que es un animal desequilibrado que necesita ayuda.

La agresividad inducida por el miedo puede deberse a malos tratos. Si una perra ha sufrido daños y descubre que puede poner fin al dolor arremetiendo contra quien la ataca, lo hará, sin duda. Sin embargo, la mayor parte de casos en los que se pide mi intervención no son resultado de crueldad empleada con las perras, sino con el amor que les dan sus dueños… en un momento equivocado. La perra de Oprah,

Sophie, es un ejemplo perfecto de ello. Cuando Sophie ataca a otro perro, Oprah la toma en brazos y la consuela, de modo que lo que en realidad está haciendo es reforzar ese comportamiento.

En este momento tengo un perro en el centro, una hembra cruza de pitbull llamada Pinky, que es un caso extremo de lo que consideramos agresividad inducida por el miedo. Cuando un humano se acerca a ella, levanta el labio superior, gruñe, mete el rabo entre las patas, se agacha y empieza a temblar. A temblar literalmente. Las patas le tiemblan de tal modo que apenas puede sostenerse de pie. El miedo la paraliza. El dueño de Pinky sentía lástima por ella, hasta tal punto que intentaba constantemente calmarla, mostrarle su afecto, lo que alimentaba la inestabilidad de su comportamiento y su mente. Cuando te enfrentas a un caso extremo como el de Pinky, te das cuenta de lo que puede debilitar a una perra la agresividad producida por el miedo.

Dar afecto… ¡pero en el momento adecuado!

Este momento es tan bueno como cualquier otro para detenerme y recordarles, una vez más, que una de las formas más habituales de echar a perder a nuestras perras y provocarles dificultades es el cariño. Les mostramos nuestro afecto, pero cuando no debemos. Les damos afecto cuando están en un punto de máxima inestabilidad. Éste suele ser el consejo que más trabajo les cuesta seguir a mis clientes. "¿Contener el afecto? Pero ¡si eso no es natural!". No me malinterpreten. El amor es algo hermoso, uno de los mejores regalos que podemos compartir con nuestras perras. Pero no es lo que ellas necesitan primordialmente, y menos aún si tienen dificultades. Si eres una persona inestable, no puedes sentir plenamente el amor. El amor no ayuda a una perra inestable. Las perras agresivas no se curan gracias al amor de sus dueños, del mismo modo que un marido que abusa de su esposa no sanará si su víctima, simplemente, lo quiere más. ¡Es obvio que los padres que aparecían en el programa *Supernanny* querían a sus hijos! Pero el amor era lo único que estaban dando a sus hijos: no ejercicio, ni estímulos psicológicos, ni reglas. ¿Se sienten bien esos niños? Pues no. Por eso sus padres llamaban a la niñera. Las perras inestables tampoco la pasan bien, aunque sus amos las colmen de cariño. Por eso me llaman a mí.

El amor no mejora la inestabilidad. El amor es una recompensa a la estabilidad, nos lleva a un nivel superior de comunicación. Al igual que en el mundo de los humanos, en el mundo de las perras el amor significa algo sólo si se merece. Nunca le diría a alguien que dejase de querer a su perra, o que la quisiera menos, ni tampoco que le racionase el amor. Dé a su perra tanto amor como tenga en su interior, y un poco más aún, pero, por favor, déselo en el momento adecuado. Ofrézcale amor a su perra para ayudarla, y no para satisfacer sus propias necesidades. Dar cariño en el momento adecuado y sólo en ese momento es el modo de demostrar el amor que siente por su perra. Los actos son más valiosos que las palabras.

La agresividad nacida del miedo no aparece de buenas a primeras, sino que se alimenta como un primoroso jardín por un dueño bienintencionado e inconsciente. Otro ejemplo de un perro agresivo por miedo es Josh, a quien los guionistas de mi programa televisivo apodaron *El Gremlin* porque tiene un pelo tan largo que le tapa hasta los ojos. Josh era un perro de refugio a quien nadie quería adoptar. Le enseñaba los dientes a cualquiera que se acercara a su jaula. Todo el mundo sentía pena por Josh… absolutamente todo el mundo. "Sentir lástima" por un animal que vemos en un refugio es algo que le pasa casi a cualquiera. La compasión es un rasgo sólo humano. Pero cuando cincuenta personas pasan por un refugio y todos ellos envían al animal en cuestión esa energía compasiva, ese "¡oh, pobre perro!", esa energía termina siendo en esencia ese animal. Termina siendo su definición.

Ronette, enfermera de profesión, sintió tanta lástima por Josh que lo adoptó en cuanto lo vio. Y siguió sintiendo lástima por él todos los días. Cuando le gruñó a su hija por acercarse a su plato de comida, Ronette lo cogió en brazos y lo consoló, como si su hija fuera la culpable. Cuando atacó reiteradamente a los peluqueros hasta tal punto que le prohibieron volver, se pasó horas consolando al viejo gruñón que no permitía que le acercaran las tijeras a los ojos.

El encantador de perros

Lo crean o no, han sido muy pocos los perros que me han mordido a lo largo de mi carrera. Y Josh fue uno de ellos. Me mordió mientras le estaba cortando el pelo… pero yo seguí como si no hubiera ocurrido nada. Tuvo que aprender que un humano no iba a retroceder ante él por muy agresivo que se pusiera. Siendo un perro de tamaño pequeño, gruñía más que marcaba y marcaba más que mordía. Acabó rindiéndose y hoy Josh puede ir al peluquero sin que corra la sangre.

Suelo poner a Pinky y a Josh como ejemplos porque quiero recalcar que "sentir lástima" por un perro no es hacerle un favor, sino disminuir sus posibilidades de transformarse en un animal equilibrado en el futuro. Imagínese que alguien sintiera lástima constantemente por usted. ¿Qué opinión acabaría teniendo de sí mismo? Los perros necesitan antes liderazgo que amor. Que el amor sea la recompensa al equilibrio. Así es como se mantiene la armonía.

¿Cómo enfrentarse a la agresividad provocada por el miedo? No cediendo. Hay dos opciones: esperar a que sea la perra la que acuda a ti, o entrar en su recinto y acercarte tú. Si decide entrar por ella, tiene que ir por todo. No puede permitir que le gane la partida. Debe mantenerse siempre tranquilo y firme, y no puede enfadarse con ella. No olvide que todo ello lo hace por el bien del animal. La paciencia es la clave. Saber esperar. El hombre es el único animal que parece no comprender la paciencia. Los lobos esperan a su presa. Los cocodrilos también. Y los tigres. Pero particularmente en Estados Unidos estamos acostumbrados a conducir rápido, a usar servicios exprés y a navegar a alta velocidad por Internet. Pero con una perra que padece agresividad por miedo no se puede tener prisa. Puede que tenga que acercarse a ella cincuenta, cien veces antes de que la noción le entre en la cabeza. Tengo un par de perros en el centro a los que sé que tendré que reprender una y otra vez hasta que por fin comprendan que sólo la sumisión tranquila les será recompensada.

Pinky, pitbull agresiva y temerosa, sólo consigue relajarse cuando le pongo la correa. Encarna la naturaleza de un seguidor: quiere que le digan qué hacer. Si camino con ella sólo un par de pasos, comienza a mostrar todos los síntomas físicos de sumisión. Sólo así se relaja. Si espero demasiado para decirle lo que quiero que haga, su lenguaje corporal cambia de nuevo: mete la cola entre las patas y vuelve el temblor. El afecto no puede ayudar a esta perra. Es más, el afecto contribuyó a agravar el problema. ¿Cuándo entonces le doy afecto? En cuanto la veo relajarse cuando echamos a andar con la correa. Seguiré haciéndolo así hasta que esté rehabilitada.

Una perra puede volverse agresiva como resultado del miedo, del afán de dominación, posesión, territorialidad, y algunas otras razones, y esa agresividad puede alcanzar distintos grados. En el siguiente capítulo hablaremos de lo que yo llamo "zona roja". Los casos en zona roja, es decir, casos de agresividad extrema y crónica, deben ser tratados inmediatamente por un profesional. Nunca intente manejar a una perra de estas características usted solo. Pero también sólo usted puede valorar su nivel de confianza. Si su perro es sólo agresivo, como Josh, pero no se cree capaz de manejar la situación, decántese por la seguridad y acuda a un entrenador profesional de perros o a un especialista en comportamiento canino por el bien tanto de su perro como el de usted.

Energía hiperactiva

¿Salta su perra sobre usted cuando llega a casa? ¿Cree que sólo se debe a que su perra se alegra de verlo y que tiene "espíritu"? ¿Considera el comportamiento de su perra como consecuencia de su "personalidad"? No se trata ni de lo uno ni de lo otro. La energía hiperactiva o la sobreexcitación no son naturales en una perra. No es un comportamiento saludable.

En su estado natural las perras se excitan y juegan unas con otras, pero esa excitación tiene un momento y un lugar concretos. Tras una cacería, o después de haber comido, comparten una especie de celebración que nosotros interpretamos como afecto. Pueden jugar rudo las unas con las otras, y mostrarse excitadas-sumisas o excitadas-dominantes. Pero no mantienen ese comportamiento durante mucho tiempo, y no se ve en ellas esa especie de "jadeo" hiperactivo que muestra una perra doméstica sobreexcitada. Estamos hablando de un tipo diferente de excitación, una especie de excitación delirante. Algunas perras en Estados Unidos parecen estar sobreexcitadas constantemente, y eso no es bueno para ellas.

He notado que mis clientes interpretan las palabras "felicidad" y "excitación" como si se trataran de la misma cosa. "Es que se alegra de verme". Pues ambas cosas no son sinónimas. Una perra feliz está alerta. Tiene las orejas levantadas, la cabeza alta y mueve la cola. Un caso claro de energía contenida. Las perras energéticamente hiperactivas figuran entre los casos más difíciles de rehabilitar. La energía hiperactiva enmascarada conlleva otras dificultades, como la fijación y la obsesión.

Cuando sus perras los reciben saltando sobre ellos, muchos de mis clientes los saludan con grandes muestras de afecto. En primer lugar, he de decir que si su perra salta sobre usted, está realizando un acto de dominancia. No se lo permita. Las perras son animales curiosos por naturaleza, y es obvio que van a sentir interés por quien llega a la casa. Pero necesitan tener modales para recibir a las visitas. Una perra no recibe a otra saltando sobre ella, sino que lo hace olfateándose. Si esa clase de etiqueta es buena en el mundo de las perras, debe serlo también para su casa.

Lleve a la perra con correa cuando lleguen las visitas a casa y mientras le esté enseñando cómo recibirlas educadamente. Una vez que crea que ha hecho progresos visibles, pídales a sus invitados que lo ayuden. Pídales que ignoren los saltos y la excitación de la perra (es decir, que no le hablen, no la toquen y no la miren) hasta que se haya calmado. Cuando se ignora a una perra, a veces se calma en cuestión de segundos.

Los animales hiperactivos necesitan ejercicio en grandes cantidades. Y lo necesitan antes de que su dueño les demuestre afecto. Cuando vuelva a casa, déle un largo paseo. Luego ofrézcale comida. Le habrá proporcionado un reto físico y psicológico, seguido por una recompensa en forma de comida. Luego, cuando esté tranquilo, demuéstrele cariño. No anime al animal a saltar sobre el primero que abra la puerta, aunque le parezca divertido y le haga sentirse querido. Siento desilusionarlo, pero tanta excitación no se debe a que su perra "se alegra de verlo". Es porque tiene en su interior demasiada energía contenida y necesita liberarla de algún modo.

Ansiedad/ ansiedad por la separación

La ansiedad puede contribuir a generar energía hiperactiva. En la naturaleza no se observan muchos casos de ansiedad. De miedo, sí, pero de ansiedad, no. Sólo cuando llevamos a los animales a una casa o los enjaulamos es cuando surge la ansiedad, y es ella la que provoca el gimoteo, el aullido, la ansiedad por la separación que Sophie, la perra de Oprah, experimentaba cada vez que salía su dueña. Es normal que una perra se preocupe al verse separada de su dueño. Es instintivo en ellas preocuparse o ponerse tristes si se rompe la manada, aunque esa manada consista sólo en el dueño y la perra, pero no es natural para ella pasarse todo el día sola, encerrada en un departamento, sin tener nada que hacer. Su perra no sabe leer, ni puede hacer crucigramas, ni ver mi programa en la televisión. No tiene en qué emplear su energía cuando está sola. No es de extrañar por tanto que un gran número de perras en nuestro país experimenten la ansiedad de la separación y que terminen con una acumulación tremenda de energía hiperactiva cuando sus propietarios vuelven a casa.

Por cierto, cuando vuelve a casa y descubre que su perra ha devorado sus zapatos favoritos, no es porque esté "enfadada con usted" por haberla dejado sola, ni porque "supiera" que le encantaban precisamente esos zapatos. ¡Vuelve a humanizar a la perra! La razón por la que el animal ha mordido los zapatos es por la cantidad de energía contenida que tiene. Primero le llamó la atención su olor: es un olor que le resulta familiar y que por lo tanto le excita, una excitación y una ansiedad que ha de liberar de algún modo: es decir, sacándola con los pobres zapatos.

Con el tiempo he descubierto que los propietarios no suelen reconocer los síntomas de la ansiedad en sus animales. Creen que la ansiedad por la separación empieza cuando salen de su casa, pero en realidad empieza con la energía que su perra va generando desde que se despierta. El dueño se despierta, se lava los dientes, se toma un café y prepara el desayuno… y durante todo este tiempo el animal está en un segundo plano, yendo de habitación en habitación, detrás de usted. Y usted piensa: "Mira, cuánto le gusta estar conmigo. Tiene que asegurarse de que estoy bien". Eso es una ficción que los humanos nos creamos para sentirnos bien. Lo que la perra está mostrando no es lo mucho que nos quiere, sino lo ansiosa que se siente. Si se marcha de casa sin haberle dado la oportunidad de liberar esa energía, es evidente que el animal tendrá dificultades con la separación.

A mis clientes les digo que lleven a sus perras a dar un buen paseo por la mañana, a correr, incluso a patinar. Además, también es bueno para la salud de los humanos. Si es imposible para usted, ponga a la perra a caminar sobre una banda para correr. Cánsela. Luego ofrézcale comida. De este modo, para cuando usted se vaya, el animal estará cansado y saciado, dispuesto para descansar. Su estado mental será de calma sumisa, y para él será mucho más comprensible que tenga que estar quieto el resto del día. Así tampoco tendrá una perra hiperactiva que lo reciba echándosele encima al abrir la puerta. Otro consejo es que no le dé importancia al momento de salir y entrar. Si excita al animal a la hora de marcharse o de llegar, sólo conseguirá alimentar su ansiedad.

Obsesiones/ fijaciones

Otra posible consecuencia de la energía no liberada puede ser que la perra se obsesione con algo, cualquier cosa, desde una pelota de tenis hasta el gato, pero no es algo natural ni bueno para el animal.

Una fijación es energía desperdiciada. Una perra necesita canalizar su energía de algún modo para sentirse equilibrada y serena. Un animal que viva con una persona sin hogar pasa el día caminando y de ese modo gasta su energía. Una perra que viva con un minusválido tiene el reto psicológico y físico de cuidar de la seguridad de su dueño, que es otro modo de quemar energía. Los propietarios que corren o caminan con sus perras de modo regular ayudan a esos animales a canalizar su energía.

Muchas personas creen que si le abren la puerta del jardín de su casa la perra trabajará lo suficiente persiguiendo a una ardilla por todo el jardín, una ardilla que, en 99 por ciento de las ocasiones, nunca logrará cazar, de modo que la perra se pasará el día entero al pie del árbol mirando a la ardilla, fijándose en un animal al que le importa un bledo la perra. (¿Alguna vez han visto a una ardilla con problemas de ansiedad?). La única que se está volviendo loca es la perra. Toda su energía está concentrada en la ardilla. Ése es el modo de crearle una fijación.

Otro modo es dejando que la perra se siente sin más a contemplar al gato, al pájaro o a cualquier otro animal que haya en la casa. Como la perra ni muerde, ni ladra, ni gruñe, su dueño piensa que todo está bien, pero estar así no es natural en una perra. Los ojos del animal están fijos en un punto, las pupilas dilatadas, y a veces incluso babea. El lenguaje corporal habla de tensión. Si el propietario le da una orden estando en esa actitud, la perra no obedecerá. Ni siquiera moverá las orejas en señal de reconocimiento de la voz de su amo. Cuando se lleva a una perra al parque y el animal corre constantemente de aquí para allá, persiguiendo a los perros más pequeños, no se trata de un juego, sino de una fijación. Aunque no llegue a morder, las fijaciones son peligrosas porque pueden terminar en zona roja.

Otra clase de fijación es cuando una perra se obsesiona, o si queda fija en un juguete o una actividad. ¿Alguna vez se ha encontrado con una perra que se vuelve literalmente loca con una pelota de tenis, que no deja de pedirle que se la lance una y otra vez, hasta que le desespera de tal modo que le dan ganas de arrancarse los pelos de la cabeza? Muchas veces los dueños de una perra piensan que pueden sustituir llevar a su perra a dar un largo paseo por salir a jugar con ella a lanzarle cosas y que el animal se las traiga. Pues bien: eso no funciona. Sí, es ejercicio, pero no la clase de actividad primaria que proporciona estar con el líder de la manada. Me gusta compararlo con los parques de diversión en los que los niños juegan en albercas de pelotas, toboganes, camas elásticas, etc. Ese tipo de actividad frente a llevarlos a clases de piano. Las albercas con pelotas los tendrán subiéndose por las paredes. Eso es excitación. Las lecciones de piano les proporcionarán un desafío psicológico. Eso es sumisión serena. Jugar a lanzar cosas a nuestra perra es excitación; un paseo es sumisión serena. Si el dueño no sale a pasear con su perra y se limita a lanzarle cosas, el animal tendrá que buscar ese rato de juegos porque es su único modo de deshacerse de la energía que le sobra. Hará ejercicio, pero su mente permanecerá ansiosa y excitada. Jugará hasta caer rendida, lo que ocurrirá mucho después de que su dueño se agote y, al mismo tiempo, se acelerará de un modo que nunca le habría ocurrido en estado salvaje. Cuando los lobos o los perros salvajes cazan, están muy organizados. Muy serenos. No se obsesionan con lo que están cazando. Se concentran, eso sí, pero no se obsesionan. La concentración es un estado natural. La obsesión, no.

El problema es que a los dueños de las perras esas fijaciones les parecen "graciosas" o "divertidas". "¡Cómo le gusta jugar al Frisbee!". "Le encanta jugar con esa pelota". Eso no es saludable. Una fijación canina es igual que una adicción en un humano y puede resultar igual de peligrosa. Imagínese a un adicto al juego en Las Vegas: sentado toda la noche ante una máquina metiendo monedas por una ranura y tirando del brazo mecánico durante horas sin fin. Eso es una fijación. Fumar, beber, cualquier cosa que no se pueda controlar y en la que no haya límites, es una fijación. Una situación en la que usted ya no tiene el control. En el caso que nos ocupa, es la pelota la que controla a la perra. O el gato. O la ardilla. Algunas perras se fijan de tal modo con un objeto que morderán o atacarán a otra perra o persona que intente quitárselo. Es decir: que si no se tiene cuidado, irá de cabeza a la zona roja.

En el Centro de Psicología Canina, si vamos a jugar con una pelota, me aseguro de que antes todo el mundo esté tranquilo. Si voy a darles la comida, todos deben estar tranquilos. Si voy a darles afecto, primero, todos deben estar tranquilos. Nunca les doy algo si antes no están sumisas. Así es como consigo que una perra recupere la normalidad, porque sabe que no conseguirá nada si no lo está. Así es como consigo que cincuenta perras jueguen con una pelota pequeña sin que nadie resulte herido. Del mismo modo, nunca jugamos ni comemos sin haber hecho antes algún ejercicio vigoroso: caminar, correr o patinar. Dar antes rienda suelta a la energía es vital.

Las perras con fijaciones pueden agotar nuestra paciencia. Mucha gente intenta razonar verbalmente con la perra cuando está obsesionada con su juguete favorito o con una pelota de tenis. Del razonamiento se pasa a las órdenes del tipo "No, déjalo. Suéltalo. ¡Suéltalo!". Eso sólo sirve para crear más excitación e inestabilidad en el animal porque, cuando se llega a ese punto, el humano ya está frustrado y enojado porque la perra no ha escuchado ni una palabra de lo que le ha dicho en los diez minutos precedentes. Entonces el dueño toma la decisión de agarrar a la perra físicamente y quitarle el objeto en cuestión, de modo que lo que está haciendo es proyectar una cantidad tal de energía frustrada e inestable que la fijación del animal empeora.

Desenfadando a Jordan

El caso más físicamente agotador que tuve en la primera temporada de mi programa televisivo fue el de Jordan, un bulldog con múltiples obsesiones. El dueño de Jordan, Bill, buscaba un bulldog tranquilo y de poca energía, y así parecía ser Jordan cuando lo escogió en su camada, pero al crecer el animal se convirtió en un can hiperactivo, dominante y obsesivo. Tenía fijación por cualquier cosa que pudiera quedar a su alcance: una patineta, un balón de baloncesto, la manguera… Tomaba el objeto con la boca y no había manera de que lo soltara. Bill y su familia habían intentado hacer precisamente lo peor que se puede hacer con un animal que tiene un objeto en la boca: tirar de él. Al intentar quitarle la patineta o el balón, estaban activando su instinto de presa, lo que lo hacía volverse aún más loco. La energía de Bill tampoco ayudaba mucho al caso. La paciencia es una virtud cuando hay que tratar con una mente obsesiva. Por su puesto también lo es la energía asertiva y serena. Exteriormente Bill parecía un muchacho tranquilo y acomodadizo, pero en el fondo era un ser siempre tenso y propenso a la frustración. ¿Recuerdan cuando les dije que la energía no se destruye? Bill no consiguió engañar a Jordan. Su energía frustrada y pasivo-agresiva se reflejaba en las obsesiones de Jordan.

Cuando se está rehabilitando a una perra, suele ser más fácil corregir un estado mental dominante y agresivo que otro hiperactivo-obsesivo. Jordan no fue una excepción. Empecé con la patineta. Ya que los bulldog suelen acalorarse y cansarse fácilmente me imaginé que no necesitaría esforzarme mucho para agotar la energía de Jordan, pero me demostró que me equivocaba y mucho. El bulldog era un can pequeño, pero firme. Con cada objeto, en lugar de arrebatárselo, lo desafiaba a alejarse de él y luego me lo quedaba yo. Cada vez que hacía ademán de avanzar, yo le respondía con un tirón de la correa. Con ello consigo enviar un mensaje al cerebro que le haga comprender que lo que quiero es sumisión. Me acercaba a él en lugar de alejarme, y seguía proyectándole la misma energía asertiva y serena hasta que por fin conseguía entenderlo, pero después de haber vivido tanto tiempo en ese estado obsesivo no le resultaba nada fácil. Al final de cada sesión yo terminaba sudando como loco.

Trabajar con Bill, el dueño de Jordan, era la siguiente tarea. Tenía que hacerle comprender cuál era su parte en la ecuación. Necesitaba ser más paciente y mostrarse más sereno y más firme. Tengo la convicción, corroborada por la experiencia, de que los animales llegan a nuestra vida por algún motivo: para enseñarnos lecciones importantes y hacer de nosotros mejores personas. Jordan desde luego estaba tocando todos los puntos flacos de Bill. Quizá si Bill hubiera tenido un perro menos energético y más apacible, nunca se habría enfrentado al reto de cambiar. Bill adoraba a Jordan, y estaba muy motivado para transformarse en una persona más equilibrada y que de ese modo Jordan se transformase en un perro más equilibrado.

Un can obsesivo necesita encontrar una salida para toda su energía contenida, y ese cauce es el paseo. También necesita un dueño que esté ahí y que sepa apartarlo de ese estado cuando el animal empiece a obsesionarse con algo. No se puede esperar a que llegue a fijarse con algo, y reconocerá sin dificultad cuando empieza su perro a entrar en esa situación. Su lenguaje corporal cambiará. Lo notará tenso, con las pupilas dilatadas. Cuando esto ocurra, tendrá que devolverlo inmediatamente a un estado tranquilo y sereno con la corrección adecuada. Aconsejé a Bill que primero le diera un largo paseo a su perro y que después le pusiera delante el objeto en cuestión y no le permitiera ir a por él. Si el perro ha estado sumido en esa situación durante mucho tiempo, tendrá que repetir el ejercicio una y otra vez, y otra... quizá durante un mes si la fijación está verdaderamente enquistada. Como dicen en Alcohólicos Anónimos: día a día. Si uno hace cosas negativas de manera continua en su vida (fumar, beber, comer en exceso), hay que emplear la misma coherencia cuando se pretende reemplazar esas cosas con actividades positivas. Rehabilitar a un perro obsesivo puede parecer muy trabajoso, y verdaderamente puede serlo, pero debemos hacer el esfuerzo necesario para recuperar el equilibrio. Se lo debemos a nuestros perros.

Fobias

¿Se acuerdan de Kane, el gran danés que tenía miedo de los suelos brillantes? Su ejemplo ilustra perfectamente lo que es una fobia. Una perra puede desarrollar una fobia casi por cualquier cosa, desde un par de botas en particular, pasando por otro animal, hasta un tipo determinado de persona. Las fobias son, simplemente, temores que la perra no ha podido superar. Si la mente de una perra no es capaz de hacer borrón y cuenta nueva tras haber sufrido un incidente aterrador para ella, ese miedo puede transformarse en una fobia. En el mundo salvaje un animal aprende del miedo. Un lobo aprende a evitar las trampas. Un gato aprende a no jugar con serpientes. Pero los animales no conceden gran importancia a las cosas que los asustan. No les hacen perder el sueño. Experimentan la emoción, aprenden de ella y siguen adelante con su vida. Los humanos les creamos las fobias con nuestras reacciones ante sus miedos. Los bloqueamos. Marina, la dueña de Kane, hizo mucho alboroto cuando su perro se escurrió por primera vez en un suelo brillante, y después cometió el error de confortarlo cada vez que el animal estaba cerca del objeto de su fobia.

Aun en el caso de que desconozcamos la causa de la fobia de una perra, ¿adivina qué puede provocar o intensificar su fobia? Lo ha adivinado: una vez más, darle afecto en el momento equivocado. Cuando un niño tiene miedo, lo consolamos y le damos amor y cariño. Eso es psicología humana. Cuando una perra tiene miedo, la consolamos y le damos amor y cariño. Eso es psicología humana, y no canina. ¡Una perra no le mostraría cariño a otra perra que tiene miedo! La respuesta correcta a la fobia de una perra es mostrarle nuestro liderazgo. En primer lugar hay que vaciar a la perra de su energía, puesto que una fobia es el trastorno contrario a la obsesión y hay que aplicar los mismos principios. Si una perra está cansada y relajada, es mucho menos propensa a la fobia, y mucho más receptiva a un líder de la manada que la ayude a superar sus miedos.

Baja autoestima

La autoestima no es una dificultad, pero forma parte de muchos de los problemas que padecían las perras a las que he tenido que tratar. Lo que quiero decir al hablar de la autoestima de una perra no es lo que el animal pueda pensar sobre su aspecto o si es popular en su entorno o no lo es. Para mí la autoestima en una perra está relacionada con la energía, la dominación y la sumisión. Las perras con baja autoestima son sumisas, débiles tanto corporal como psicológicamente y pueden padecer miedos, pánico o fobias. Normalmente suelen mostrar ansiedad o comportamientos agresivos inducidos por el miedo (como en el caso de Josh o Pinky) o pueden resultar ser simplemente tímidas irrecuperables.

Los canes con baja autoestima pueden desarrollar obsesiones, pero de un modo distinto que un perro dominante y energético como Jordan. Tomemos el ejemplo de Brooks, un entlebucher o perro boyero. De cachorro, Brooks era un perro muy tímido y, como consecuencia de la mordedura de un perro vecino, se volvió todavía más temeroso. Se acobardaba e intentaba esconderse cuando alguien pretendía acariciarlo. Al tener baja su autoestima, se siente como si todo el mundo fuera a atacarlo y siente miedo. Un día alguien jugó con él a perseguir la luz de un apuntador láser, uno de esos aparatos que envían un punto de luz al otro lado de la habitación. El juego le encantó, porque era su única oportunidad de perseguir algo. ¡Algo huía de él para variar! Experimentó lo que era dominar algo y sentirse bien consigo mismo, y pudo dar rienda suelta a toda la energía que tenía almacenada en sus inseguridades persiguiendo la luz. A partir de aquel momento Brooks empezó a obsesionarse con la luz. Se distraía constantemente con rayos de sol, reflejos, patrones de luz y sombra. Sus dueños, Lorain y Chuck, ni siquiera podían sacarlo de paseo sin que el animal saliera disparado tras el primer reflejo que se le apareciera. En la mente de Brooks la luz se convirtió en el único modo de liberar energía. En su inseguridad la luz era algo que podía intentar controlar, una obsesión creada directamente por su falta de ejercicio físico y su baja autoestima.

A diferencia del dominante y energético Jordan, Brooks era un débil mental, un can sumiso, de modo que apartarlo de su obsesión me costó menos de cinco minutos. Sólo tuve que tirar de su correa unas cuantas veces para que lo comprendiera. Por supuesto, sus dueños iban a tener que seguir corrigiéndolo cada vez que empezara su fijación, pero no tardé mucho en conseguir que su obsesión quedara reducida a un recuerdo distante.

Hay perras cuya autoestima está literalmente por los suelos, como en el caso de Pinky. Están atrapadas por su inseguridad. En lugar de pelear o escapar, se paralizan, se esconden, tiemblan… simplemente no son capaces de hacer lo que necesitan hacer. No mejoran solas. Necesitan nuestra ayuda.

Los canes con baja autoestima necesitan desesperadamente encontrar un líder. Quieren que se les diga lo que deben hacer. A veces sólo en ese momento consiguen relajarse, como en el caso de Pinky. Esa clase de perra responde bien a la imposición de reglas y límites. El poder de la manada las ayudará a mejorar rápidamente. Estar con más perras es una terapia muy efectiva en el caso de animales con baja autoestima, pero el tiempo que permanezcan en la manada debe ser seguido muy de cerca al principio por el instinto natural de la perra de atacar a las débiles. Poco a poco mejoran, pero necesitan la guía firme de su líder humano de la manada.

Una última observación sobre la autoestima. La autoestima de una perra doméstica no debe ser tampoco muy alta. En la naturaleza sólo el líder de la manada puede pasearse con la cola en alto y sacando el pecho, proyectando su energía dominante sobre los demás. ¡Y si es usted el líder de la manada ante su perra, el único que tendrá derecho a sacar el pecho en la casa será usted! Cuando llego a una casa en la que los humanos andan como de puntitas junto a la perra, cuando el animal es un toro y todo el mundo intenta evitarlo, entonces sé que el animal en cuestión debería sentirse algo menos orgulloso de sí mismo. El líder de la manada debería bajarle un poco los humos. Eso en ningún caso quiere decir que se deba maltratar físicamente al animal o humillarlo de modo alguno. Y no olvide que a él nunca le importará que usted sea su líder. Puede que al principio se resista algo, principalmente con el fin de ver hasta dónde puede llegar, pero no se lo tomará a mal una vez que le haya demostrado que su energía es más fuerte que la de él.

 Prevención

Todas las dificultades que he presentado aquí pueden evitarse si usted no olvida que su perra es eso, una perra, no un ser humano, y si le concede la importancia debida a trabajar para llenar la vida de su perra como ella llena la suya. En el capítulo 7 describiré el sencillo método que sigo yo para crear una perra feliz y equilibrada, pero antes quiero tratar los casos más graves en los que se solicita mi ayuda: casos de agresividad en "zona roja".

Notas

[1] Sye, K., "Wolves: Violent? Yes. Threat? No", en *Juneau Empire,* 2, noviembre de 2000, http://juneauempire.com/smart_search/

6
Perros en zona roja
Agresividad peligrosa

Imagínese lo siguiente: vuelve usted a casa, a su departamento, tras haber hecho las compras. El elevador se detiene en su piso y las puertas se abren silenciosas. Lo primero y lo último que ve son dos dogos canarios de casi sesenta kilos que se sueltan de la correa de su ama y se abalanzan contra usted.

Así terminó, en enero de 2001, la vida de Diane Whipple, una joven de 33 años entrenadora de lacrosse que vivía en San Francisco. Los dueños de los perros fueron condenados por asesinato involuntario y pasaron cuatro años en la cárcel. Puede que ésta sea la muerte más famosa por ataque de perro en Estados Unidos, pero no es la única ni mucho menos. En promedio, dieciocho personas mueren al año por ataques de perros[1]. Gastamos más de ciento sesenta y cinco millones de dólares en tratar al casi millón de mordeduras graves que ocurren cada año[2]. Las mordeduras de perros son responsables de 44 por ciento de los traumatismos faciales que se atienden en los hospitales de Estados Unidos[3]. Y trágicamente, 60 por ciento de las víctimas de mordeduras en la cara son niños[4]. La mayoría de los perros responsables de las mordeduras engrosarán las estadísticas: son parte de los dos millones setecientos mil animales que son sacrificados en los refugios cada año[5].

No olvide que los animales no premeditan esos ataques. No son "asesinos natos", y tampoco se han transformado de la noche a la mañana en asesinos. A diferencia de un asesino humano sentenciado a muerte por sus crímenes, ninguno de estos animales distingue entre el bien y el mal, y no tienen el concepto de arrebatar la vida a nadie, ya sea animal o humano. Como he dicho antes, no hay moralidad en el reino animal; sólo supervivencia. Si los perros recurren a la violencia es porque actúan movidos por el instinto de supervivencia que les empuja a luchar o huir. Las agresiones peligrosas no son la causa, sino el resultado de un problema de comportamiento del animal. Y en un número mayor de casos de lo que cabría esperar el comportamiento agresivo de un can ha sido deliberadamente exacerbado e incluso animado por los mismos humanos que supuestamente son sus cuidadores.

En la naturaleza los perros son predadores y están programados para defender físicamente sus territorios. Pero la agresión contra los humanos u otros perros nunca debería permitirse en los canes domésticos que viven con nosotros. En ningún caso. Si vamos a ser los líderes de nuestros perros, la primera norma de la manada debe ser "¡Prohibidas las agresiones violentas!".

Mi reputación como especialista en comportamiento canino proviene de la rehabilitación de las razas más imponentes de perros: pitbull, rottweiler, bóxer y pastor alemán. Me encantan los perros fuertes y musculosos aunque hay que reconocer que no son adecuados para cualquiera. Desgraciadamente cuando la dueña de un perro no puede manejar a animales tan llenos de energía y fuerza, ella misma, el animal y a veces cualquier inocente que se tope con ellos puede sufrir.

Tengo la convicción de que más de 90 por ciento de las agresiones en zona roja se pueden evitar. La mayoría de casos en que se requiere mi intervención es precisamente ése el motivo: comportamiento agresivo. Y en los más de veinte años que llevo trabajando con perros sólo he conocido dos casos en zona roja que no podían rehabilitarse para vivir con humanos. Basándome en mi propia experiencia, quizá 1 por ciento de todos los perros que han acudido a mí con problemas de agresividad tienen un desequilibrio mental o su convivencia con humanos los ha dañado de tal modo que no pueden reinsertarse con garantías en la sociedad. El resultado de estas situaciones es que estamos conduciendo a la muerte a muchos animales que no se lo merecen porque su único delito ha sido encontrarse con una cuidadora inadecuada.

Definición de la "zona roja"

La primera vez que me encontré con un animal en zona roja fue en Estados Unidos. Antes había visto perros rabiosos, perros que se peleaban los unos con los otros, pero, cuando uno de los canes establecía su dominancia consiguiendo que el otro se tirara al suelo ante él, la contienda casi siempre terminaba ahí. En la naturaleza el comportamiento amenazador suele bastar para evitar la agresión. A menos que un animal sea débil y deba ser ejecutado por la manada, mantener las agresiones al mínimo es algo que beneficia al grupo en sí. Antes de llegar a Estados Unidos nunca había visto un perro que no detuviera su comportamiento agresivo, bien fuera tirando al otro perro al suelo, persiguiendo o asustando a una persona, o una vez que le hubieran propinado un mordisco de advertencia. Pero la zona roja es una cuestión completamente distinta. Se trata de matar, ya sea a otro animal o a un ser humano. No tiene nada que ver con la dominancia ni con la territorialidad. La intención del perro es asaltar a su objetivo hasta acabar con él. Hasta arrebatarle la vida.

Un can en zona roja no te escucha ni aunque lo sujetes. No importa si ese perro ha sido tu compañero de toda la vida ni que duerma en tu misma cama. Una vez que se le enciende esa luz roja en el cerebro es como si tú dejaras de existir. El animal forcejeará contigo y preferiría morir que cesar el ataque. Puedes golpearle o gritarle, pero no te oirá. Nada le afecta. Su misión es matar y está por encima de cualquier dolor que puedas infligirle, y de hecho gritar o golpear a un perro en ese estado sólo acelerará o intensificará su estado letal. Es un perro con una fijación... pero una fijación mortal.

Que un animal alcance esa zona roja no es algo que ocurra de la noche a la mañana. Por eso resulta tan trágico que sea evitable.

Bombas de tiempo

"Nunca me hubiera imaginado que fuese capaz de hacer algo así. ¿Cómo anticiparse a semejante cosa, a algo tan grotesco? ¿Cómo puedes anticiparte al hecho de que un perro que conoces, que es amable, cariñoso y tranquilo, pueda hacer algo tan horrible, tan brutal y espantoso?"[6].

Éstas son las palabras que Marjorie Knoller pronunció en su propia defensa en el juicio por asesinato de Diane Whipple. Irónicamente, Marjorie y su compañero Robert Noel parecían ser los únicos en su barrio de San Francisco que no habían "anticipado" un comportamiento tan "grotesco" en su pareja de dogos canarios cruzados con mastín, Bane y Hera. Ambos animales estaban ya en zona roja cuando los dos abogados los adoptaron y, en palabras de un veterinario que les envió una carta de advertencia sobre sus animales, ambos eran "una bomba de tiempo" a punto de estallar.

La historia de esa absurda y evitable muerte empezó con un interno de la prisión de Folsom a quien Marjorie y Robert defendían, y a quien pertenecían los animales que, quién sabe por qué, acabaron adoptando. El interno estaba intentado poner en marcha desde la cárcel un negocio ilegal de cría de dogo canario. Razas tan poderosas como los dogos canario, el mastín napolitano y los pitbull son explotadas por su fuerza extrema y sus tendencias territoriales, y desgraciadamente se encuentran condenados a llevar una existencia de "gladiadores" en peleas ilegales de perros o como guardias de lugares en los que se trafica con drogas, laboratorios de fabricación de sustancias estupefacientes y otras actividades delictivas.

En el caso de San Francisco, los dos dogos Bane y Hera habían estado al cuidado de una mujer que tenía una granja cerca de la cárcel. Los animales atacaron y mataron varios pollos, una oveja y un gato, y la mujer decidió que no quería saber más de ellos; muerta de miedo los ató en un rincón remoto de la propiedad, lo cual sólo sirvió para aumentar su frustración y su agresividad. Por fin el recluso convenció a sus dos abogados de ciudad de que adoptasen a los perros.

Con la experiencia de matar animales indefensos en la granja Bane y Hera estaban ya en la zona roja. Nadie los corrigió después de lo que hicieron. Se limitaron a desterrarlos al rincón. Los dos perros acabaron en la ciudad a cargo de unos dueños inexpertos, encerrados en un departamento de un solo dormitorio, lo cual siguió acrecentando su frustración. Recibieron mucho afecto de sus nuevos dueños, pero el modo en que se lo devolvían, saltando sobre ellos, era sólo otra forma de dominación.

Parece ser que los sacaban a menudo a pasear, pero los perros iban siempre delante, arrastrando prácticamente a sus dueños y dominándolos durante todo el paseo. Tras la tragedia varios testigos dijeron que habían visto a Marjorie Knoller persiguiendo prácticamente a los perros, que tiraban de sus correas totalmente fuera de control.

En la ciudad no había ovejas o pollos sobre los que desatarse. Los índices bajos de energía que presentían provenían siempre de seres humanos. Cuando entraban en el elevador de su casa, lo único que tenían que hacer era gruñir para que nadie se atreviera a entrar. La gente se hacía a un lado cuando veía a aquellos dos formidables animales en la calle, una relación causa efecto que hacía crecer su sentido de la dominación. Para ellos un humano que proyectaba temor no era distinto a un pollo o una oveja que les temiera. El miedo es siempre miedo. Es debilidad. Energía débil. Nadie había puesto fin a su comportamiento agresivo y dominante cuando atacaron a los animales en la granja, y seguían sin hacerlo. Los perros no tenían ni idea de por qué la mujer de la granja los había apartado; sólo sabían que un comportamiento dominante y agresivo era el modo de sobrevivir y de conseguir lo que querían. ¿Por qué iban a cambiar?

Ojalá se pudiera dar marcha atrás al reloj y que esta historia no llegara al mismo final. Empezaría preparando a estos perros desde el primer día para hacerles comprender que la agresión no es aceptable. Punto. Hacer algo así con una raza tan fuerte de perro requiere grandes cantidades de trabajo y energía. Lo ideal sería que esta clase de animal realizase entre cuatro y ocho horas de ejercicio y actividades primarias al día. Deberían haber sido socializados desde que eran cachorros para aceptar a otros animales y a otros perros como miembros del clan, y por supuesto a los humanos (y muy especialmente a los niños) como líderes de la manada. Nunca se les debería haber animado a participar en juegos de tira y afloja o de pelea. A medida que el perro se hace mayor, siempre va a terminar ganando en esa clase de juegos, lo que va a hacer crecer la percepción que el animal tiene de su propia dominancia. Sus amos nunca deberían haber usado el dolor como forma de castigo. Estos animales hubieran necesitado un humano excepcionalmente fuerte, firme y sereno como líder de su manada.

Para aquellos que aducen que la culpa recae sobre la raza del perro, es cierto que los dogos, los mastines napolitanos, los pitbull y los rottweiler fueron criados en sus inicios para ser los "gladiadores" caninos, pero son animales y perros antes que razas. Esa misma energía intensa puede ser dirigida y canalizada hacia otras actividades. Los humanos también eran gladiadores en el pasado, pero en la actualidad esa energía se ha canalizado en el baloncesto, el béisbol, el futbol y el jockey. Los dogos canarios se criaron originalmente para ser perros guardias, pero en España también se les dieron labores de pastoreo. Y un perro pastor no mata al ganado al que defiende. Los dogos y sus parientes han demostrado ser magníficos perros de exposición. Su energía física y psicológica se ha volcado en un espléndido comportamiento en las exhibiciones.

La raza no tiene por qué determinar necesariamente el comportamiento de un perro, pero los canes de gran energía tienen necesidades especiales y necesitan también de personas especiales, dedicadas y responsables. Desgraciadamente esos dos abogados no estaban preparados para hacerse cargo de unos animales así. Llevaron a los perros a recibir clases de obediencia, pero, como usted ya sabe a estas alturas, aprender a responder a órdenes no sirve para eliminar el miedo, la ansiedad el nerviosismo, la dominancia o la agresividad de un perro.

Los dueños dijeron que "adoraban" a sus animales, pero, como ya hemos visto, el afecto no es lo que nuestros perros necesitan de nosotros por encima de todo. También necesitan reglas y límites, y, según declaró un testigo en el juicio, daba la impresión de que los dueños de los perros eran negligentes o, siendo generosos, poco firmes con las reglas. Un vecino al que uno de los perros mordió dijo que el único comentario que hizo Robert Noel después del incidente fue: "Mmm... qué interesante". Otros testigos declararon haber visto a los dos perros atacar a otros perros un par de días antes del asesinato. Una mujer que se dedicaba de modo profesional a pasear los perros de otras personas testificó que cuando le sugirió a Noel que les pusiera bozal a sus perros él la mandó al cuerno y la insultó.

Diane Whipple, la víctima inocente, también había recibido un mordisco de uno de los perros, y desde aquel día les tenía un pánico atroz, hasta tal punto que cambiaba de camino con tal de no acercarse a ellos en el edificio. Los propietarios de los perros no sólo no se disculparon tras el incidente, sino que tampoco buscaron ayuda profesional que garantizara que no fuesen un peligro en el futuro. Puesto que no hicieron nada de nada, garantizaron con su pasividad que la siguiente ocasión en que los animales se encontraron con la temerosa Diane Whipple, ella volvió a convertirse en su objetivo.

El ataque que sufrió aquella mujer fue digno de una película de terror. Duró entre cinco y diez minutos, y el forense declaró que sólo las suelas de los zapatos y la parte superior de la cabeza estaban intactas. Murió en el hospital apenas transcurrida una hora del ataque. Dos muertes innecesarias siguieron a la tragedia: la de Bane y Hera. Bane, el macho, recibió la eutanasia el mismo día del ataque. Yo ofrecí mis servicios para rehabilitar a Hera. Aquellos perros no eran asesinos natos, sino que los humanos les habían enseñado a serlo. Pero a pesar de que estoy convencido de que Hera habría podido tener la posibilidad de rehabilitarse la opinión pública ya había sellado su suerte. Aunque hubiese sido capaz de cambiar su comportamiento, nadie habría vuelto a confiar en ella.

Creando un monstruo

Antes he dicho que los líderes de la manada nacen, no se hacen. Los perros en zona roja son el caso opuesto: se hacen, no nacen así. Los humanos transformamos a los perros en monstruos de zona roja. Empezamos ya hace miles de años con la cría de razas destinadas a pelear, buscando determinadas características en ellas y cruzándolos después con ejemplares similares. Los pitbull y los bullterrier se criaron en la era victoriana para la práctica inhumana de las peleas de perros y los encierros. Se les elegía por su capacidad de morder la pata de un toro con fuerza y sin que la presión de las mandíbulas se rebajase en ningún momento. Los rottweiler son los descendientes de los perros romanos de pastoreo. Viajaron con el ejército romano cuando éste se extendió por toda Europa, guardando a sus ingentes rebaños de ganado de los ataques de lobos y otras alimañas[7]. Durante la invasión de Bretaña en el año 55 a.C. Julio César describió cómo los ancestros de los mastines peleaban al lado de sus amos. Aquellos perros mostraban tanto valor que se los llevaron a Roma y allí los enfrentaron a otros perros, a toros, leones, tigres e incluso gladiadores humanos en el Circo Máximo[8]. Aquellos antiguos mastines eran los ancestros de Bane y Hera, los dogos canarios que mataron a Diane Whipple.

Criábamos aquellos perros para ser guerreros, pero bajo su armadura son sólo perros, unos con armas más poderosas que otros. No empiezan su vida como seres agresivos y peligrosos; podemos socializarlos desde cachorros para que se lleven bien con niños, humanos e incluso gatos y otros animales. Aunque combatir lo llevan en la sangre, necesitan que se les guíe para que aflore ese instinto. Actualmente, en Estados Unidos las peleas de perros son ilegales, pero son mucho más habituales de lo que cabría esperar. Las criadoras de pitbull creen que el único modo de preservar la "pureza" de la línea americana de pitbull terrier es demostrar su coraje, es decir, su capacidad para luchar hasta la muerte. Por ello organizan eventos en los que lanzan a sus perros a un ring y eliminan a los que consiguen sobrevivir pero no están al nivel que ellas esperan. Los animales que pierden bien son asesinados por sus propietarias o abandonados en la calle. A veces tienen suerte y los recoge alguna organización de rescate. Normalmente son los servicios de control animal quienes los recogen y acaban sacrificándolos si no consiguen encontrarles una casa, normalmente por la sencilla razón de que tienen la forma de un pitbull, un presa o un rottie. Y a veces atacan y matan a otros perros… o a alguna persona.

Últimamente se ha puesto de moda entre los "machos" y los miembros de pandillas llevar perros corpulentos y duros a su lado, que esgrimen como si fuera artillería de cuatro patas. Las peleas ilegales de perros han llegado a convertirse en una actividad popular entre las bandas. En ellas se apuestan fuertes sumas a qué perro quedará vivo al final del combate. Sin embargo, no hay que pensar que las peleas de perros son sólo cosa de bandas y delincuentes. Según el *New York Daily News* en Estados Unidos existe una trama subterránea que organiza peleas de perros en las que miles de dólares cambian de manos.

"Somos como una sociedad secreta en el último deporte no sistematizado que queda", presume la persona cuyas palabras recoge el artículo. "Tenemos aficionados de todas las clases sociales: celebridades, gente de Wall Street y gente común y corriente también"[9]. No importa de dónde provengan esos animales; lo verdaderamente estremecedor es que a quienes les gusta semejante deporte sangriento llevan a veces a sus hijos, lo que crea un círculo vicioso de brutalidad. Están insensibilizando a la nueva generación ante la crueldad hacia los animales, y hacia la violencia en general.

Las criadores de pitbull, dogo canario, mastín napolitano y otros perros para peleas transforman a esos inocentes perros en asesinos abusando de ellos. Cuando son jóvenes, no se les permite ser cachorros; tienen que ser guerreros constantemente. Empiezan golpeándolos en la cabeza a una edad temprana, dándoles comida con salsa picante, haciéndolos rabiar, dejando que los ataquen perros de más edad… todo porque creen que así se harán duros. Los golpean y los pinchan hasta que consiguen que enseñen los dientes, y en ese punto dejan de hacerlo. De ese modo aprenden a enseñar los dientes como acto de supervivencia. Compran pollos y dejan que el perro los persiga, alabando su comportamiento. Después atan al pollo para que el perro pueda aprender a matar, y el animal no tiene elección posible. Cuando dejan de serles útiles, se desprenden de ellos como si fueran basura, a veces abandonándolos en algún descampado o simplemente en la cuneta de cualquier carretera. Ésa es la razón de que puedan verse tantos perros de razas fuertes, pitbull, cruces de pitbull, bóxer, rottweiler, mastines y pastores alemanes en los refugios. Muchas veces se considera imposible encontrarles casa y terminan durmiéndolos. Mi Centro de Psicología Canina es el hogar de muchos perros que fueron considerados causas perdidas antes de que llegasen a mis manos para ser rehabilitados. Algunos de estas "causas perdidas" ahora están viviendo felices con familias o son grandes trabajadores para la policía o para organizaciones de búsqueda y rescate.

Para quienes se dedican a criar pitbull y otras razas destinadas a actividades ilegales todo se reduce a cuestión de imagen. Creen que pasearse con un perro musculoso lleno de cicatrices, con las orejas destrozadas y una cadena al cuello les confiere el aspecto de chicos duros y ganan automáticamente el estatus de tipos malos. Por suerte para sus perros, o al menos para aquellos que sobreviven y llegan a tener la oportunidad de ser rehabilitados, esos "tipos duros" suelen ser malos entrenadores y peores dueños. Primero, al empezar a maltratarlos a una edad temprana, el animal queda más traumatizado por la pelea que deseoso de mantenerla. Se vuelve temeroso, ansioso y tenso, de modo que pelea sólo por temor o por la innata respuesta de luchar o huir.

La ineficacia de sus dueños es la razón de que la rehabilitación de esos animales suela ser un éxito. En primer lugar, intento imbuir calma en ellos. El animal reconoce inmediatamente que esta situación es mucho mejor que la anterior por la que estaban pasando. A diferencia de los humanos, que tenemos la capacidad (o la maldición) de mantenerlos para siempre sometidos a abusos, los animales siempre tienden al equilibrio. Automáticamente su cerebro dice "por fin puedo descansar". Es un alivio para ellos salir por fin del estado de tensión constante. Siguen siendo pitbull, en efecto, pero ante todo son perros, y los perros no tienen razones naturales para matarse entre sí, de modo que, cuando bloqueo esos genes, la verdadera naturaleza del perro puede florecer. El cerebro deja de enviar señales de pitbull, que quedan reemplazadas por las de perro.

 ## Razas y agresiones

Aunque no existe una raza determinada para los animales para zona roja, es cierto que, estadísticamente, los pitbull son responsables de la mayoría de mordeduras ocurridas en Estados Unidos; en concreto de 41 de las 144 víctimas mortales que ha habido desde el año 2000, según la National Canine Research Foundation (Fundación Nacional de Investigación Canina). Los rottweiler ocupan el segundo lugar, con veintitrés ataques. Estas cifras son el motivo de que se hayan prohibido los pitbull en doscientas ciudades en todo el territorio nacional, incluidas Miami, Cincinnati y Pawtucket, Rhode Island[10]. En algunos estados las propietarias de una vivienda no pueden asegurarla o tienen que pagar grandes primas si son dueñas de determinadas razas. Por ejemplo, la aseguradora Allstate no cubre viviendas en las que haya pitbull, akita, bóxer, chow chow, doberman, rottweiler, dogo canario o híbridos de lobo[11]. Aunque el hecho de tener que pagar primas más altas pueda ser un modo de estimular la responsabilidad de los dueños de un perro, opino que la prohibición de determinadas razas no es la solución al problema. [Resulta interesante que la American Kennel Club (Organización Americana de Criadores) ni siquiera reconozca al pitbull como una raza en sí misma]. Marcar a una determinada raza con la etiqueta de proscrita es un parche fácil y rápido, pero no la solución para evitar mordeduras y ataques.

Lo cierto es que cualquier raza de perro puede llegar a constituir un caso en zona roja. Son la energía del can y el tamaño de la víctima los que determinan la extensión del daño. Otras razas también han atacado a personas. Por ejemplo, en el año 2000, un pequeño ejemplar cruza de pomeranian mató a una niña de seis semanas en el sur de California. En 2005 un husky siberiano, raza que suele considerarse menos agresiva, atacó a una niña de siete años en Rhode Island, con resultado fatal[12]. El responsable de tales hechos suele ser el dueño, y no la raza, y mucho menos el animal en sí. Del mismo modo, casi todos los perros pueden llegar a ser compañeros obedientes y buenos aunque provengan de una raza considerada "agresiva". No hay que olvidar que la agresión no es el estado natural del perro, sino el resultado de un desequilibrio. Todo se centra en los lazos y la relación que unan al perro con el líder de su grupo y la capacidad de éste de mostrarse sereno y firme.

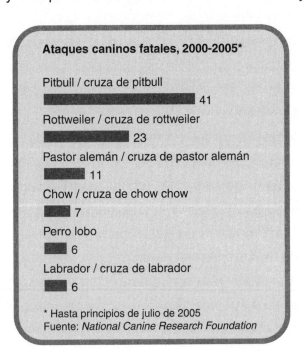

Ataques caninos fatales, 2000-2005*

Pitbull / cruza de pitbull
41

Rottweiler / cruza de rottweiler
23

Pastor alemán / cruza de pastor alemán
11

Chow / cruza de chow chow
7

Perro lobo
6

Labrador / cruza de labrador
6

* Hasta principios de julio de 2005
Fuente: *National Canine Research Foundation*

Emily en zona roja

Uno de los episodios más impresionantes del programa *Dog Whisperer* trataba el caso de una pitbull de seis años llamada Emily, que se hallaba en zona roja. Este caso ilustraba, entre otras muchas cosas, que cuando creamos un estereotipo de una raza esperando siempre lo peor de ella, el resultado suele ser que creamos lo que más tememos.

Nadie podría imaginarse un cachorro más bonito que Emily. Desde su nacimiento resultó ser una cachorra pequeña para su raza, con una capa blanca lechosa moteada en marrón. Cuando Jessica, una adolescente, comprobó que una de esas manchas tenía la forma exacta de un corazón, supo que Emily era especial. Son características tan encantadoras como ésta lo que nos hacen encariñarnos con un animal y animarnos a llevárnoslo a casa a veces sin comprender de verdad hasta dónde llega nuestra responsabilidad para con el animal.

Jessica se enamoró de Emily a primera vista y, actuando por impulso, se la llevó a casa. Vivía con su padre, Dave, quien siempre había permitido que su hija se saliera con la suya mientras crecía. No quería que la niña tuviese un perro y, cuando supo que el can que había elegido era un pitbull, se opuso todavía más. Siempre había oído que los pitbull eran animales peligrosos e incontrolables, pero Emily, de cachorra, era el animal más encantador que jamás había visto, así que, como solía ocurrir, cedió a los deseos de su hija.

Resultó que, como Dave nunca le había impuesto a su hija ni reglas ni límites, Jessica tampoco se los impuso a Emily. Al mismo tiempo Dave veía crecer a Emily con cierto temor. "Algún día llegará a ser un animal peligroso", se decía consciente o inconscientemente y, aunque quería mucho a la perra, no podía quitarse ese pensamiento de la cabeza. Como he intentado ilustrar en este libro, las ideas que tenemos sobre un determinado animal se transforman en energía… energía que ese animal recoge. Nuestras impresiones acaban transformándolos en lo que son. No es que se trate de un truco de prestidigitador, sino que la energía se comunica de mil formas distintas: en el modo en que acariciamos a un perro, el modo en que nos ocupamos de él, los olores y las emociones que les transmitimos. Durante su etapa de cachorro Emily vivió con un dueño que se estaba preparando para tenerle miedo. Andaba como de puntitas junto a ella sin poder dejar de pensar que cuando fuera mayor sería un enorme y malvado pitbull, y mientras tanto permitiendo que corriera desenfrenada por toda la casa, que les ladrase ferozmente a otros perros cuando iban de paseo y que los dominase a él y a su hija en cualquier actividad y en todos los sentidos.

Emily creció también en una casa en la que nunca tenía contacto con otros miembros de su especie. Eso les ocurre a muchos perros. A algunos canes dulces, despreocupados y de media o baja energía no les afecta. Pueden tener cinco años la primera vez que van a un parque de perros y actuar como si llevaran conociéndose de toda la vida. Pero muchos perros no son animales despreocupados. Muchos de ellos, especialmente los que han pasado por un refugio, son como Emily. Se muestran muy sensibles, irritables y extremadamente receptivos a la energía de sus dueños. La primera vez que llevaron a Emily a dar un paseo se mostró agresiva con todos los perros que se le acercaron. Y Jessica y Dave siempre la consolaron haciéndole cariños cada vez que el animal mostraba ese comportamiento agresivo, por lo que Emily dedujo que su papel era el de proteger a la familia.

Cuando yo conocí a Emily, tenía seis años y era un animal dulce con sus compañeros humanos siempre que no le pidieran algo. Sin embargo, con los demás perros estaba tan en zona roja como sea posible estarlo. Tan sólo con oler a otro perro cerca de ella cuando salía de paseo se volvía loca. Ladraba, daba tirones de la correa e intentaba atacar. Tan fuerte tiraba que había estado a punto de ahogarse, pero el dolor no le afectaba… síntoma claro de perro en zona roja, que son capaces de hacerse daño a sí mismos en su frenesí por matar. Dave tenía miedo de que Emily no sólo hiriera a otro perro, sino a cualquier persona que se interpusiera entre ella y ese perro. Preocupados por el temperamento de Emily, dejaron de sacarla de paseo. Durante años la dejaron corretear por su modesto jardín, donde su frustración y su agresividad siguieron creciendo. Dave y Jessica habían creado el monstruo que tanto temían: un pitbull muy peligroso.

La agresividad de Emily era tan grave que me la traje al Centro de Psicología Canina durante seis semanas, en las que estuvo sometida a una intensiva terapia en lo que llamo Campamento Base. No cabía duda de que estaba en contacto con la parte de sí misma que era pitbull, así que necesitaba que estuviera con la manada para que pudiera volver a entrar en contacto con la parte más profunda de su mente en la que seguía siendo animal y perro.

Estar con animales de su misma especie tiene un profundo valor terapéutico para los perros. Aunque no tienen ningún problema en aceptarnos como miembros de la manada, estamos condenados a hablarles para siempre en una lengua extranjera. Los perros se hablan por instinto. Para conseguir el equilibrio, necesitan estar con otros perros que posean una energía equilibrada. Emily necesitaba estar con otros perros para volver a aprender a ser un perro.

Cuando llegó por primera vez al Centro y vio a mi manada de cuarenta perros que la miraban desde el otro lado de la valla, su pose de chica dura se evaporó como por encanto. ¿Qué haría? ¿Pelear, huir, evitar o someterse? La agresiva Emily estaba paralizada. Su nivel de estrés era tan alto que vomitó tres veces antes de pasar al otro lado de la valla. La hice pasar entre todos ellos y permitió que la olisquearan por primera vez. Estaba aterrorizada. Pero, cuando la dejé sola en una zona aislada y vallada, se relajó. Tardó tan poco en mostrarse serena y sumisa que supe que se marcharía del Centro siendo una chica totalmente nueva.

Durante las seis semanas que pasó con nosotros trabajé con ella a diario. En un principio la mantuve aislada, dejando que observara a la manada y los viera interactuar los unos con los otros. Los perros aprenden mucho observando a otros perros y calibrando su energía. Después, tras una intensa sesión de carrera o patinaje para agotar su energía, empecé a meterla con la manada durante una hora al día, después dos, luego tres y así en adelante. Durante las primeras semanas siempre la supervisaba cuando estaba en el grupo por si era necesario intervenir en caso de pelea. Al principio instigó una pequeña riña, tras la cual la hice tumbarse y le pedí que se sometiera al otro perro. Después de eso empezó a acostumbrarse a la rutina. Cada vez que iba a trabajar con ella primero hacíamos ejercicio, ya que una mente cansada está más dispuesta a someterse. Emily era una perra con una gran cantidad de energía y llevaba a la espalda años de energía contenida que exacerbaba su agresividad, de modo que con ella hicimos sesiones extra de carrera y patinaje. Habían transcurrido dos semanas cuando comenzó a relajarse estando con el resto de la manada.

A mitad del programa de Emily invité a Dave y a Jessica a venir a visitarla. Quería observar el efecto de su presencia en sus progresos. Por su forma de andar al pasar entre la manada me di cuenta de que estaban tensos. Acto seguido, como yo me temía, mientras Dave la estaba paseando, Emily atacó de pronto a Oliver, uno de los dos springer spaniel de la manada. Corté la pelea en cuestión de segundos, pero el resultado me había confirmado lo que yo me temía desde un principio: la energía dubitativa de Dave, el modo que tenía de tratar a Emily, como manteniendo las distancia, y la enorme ansiedad que experimentaba Jessica por la agresividad de su perra volvieron a poner al animal en el estado dominante que siempre había experimentado estando con ellos. Emily iba a necesitar más trabajo y paciencia de mi parte, además de otra gran cantidad de trabajo que había que realizar con sus dueños. Tenía que hacerles comprender lo mucho que estaban contribuyendo a la inestabilidad de Emily. Fue duro para ellos oírlo porque de verdad querían al animal, y su reacción inicial fue sentirse culpables por lo ocurrido. Por el bien de su perra les pedí que se olvidaran del pasado e intentaran vivir el presente, ¡el único lugar en el que vivía Emily! Sus deberes fueron preparase para la posición de liderazgo serena y firme que iban a tener que adoptar en cuanto se llevaran a casa a Emily.

Antes de que la perra llegase al Centro realmente existía el peligro de que atacara y matara a otro perro. Estaba en un estado constante de tensión. Y cuando se la devolví a Dave y Jessica seis semanas más tarde, casi no reconocían a la relajada y tranquila pitbull que caminaba a mi lado. Lo más duro para ellos fue no recibirla con un efusivo abrazo para darle la bienvenida a casa. Intenté hacerles ver cómo, conteniendo sus emociones, estaban dándole la oportunidad de ser más tranquila. Emily no se preguntaba: "¿por qué no se volverán locos al ver que estoy en casa?". Recuerden que los perros presienten cuando estamos contentos y, sobre todo, cuando lo estamos con ellos. La clase de energía emocional y excitada que Jessica y Dave solían compartir con la perra debía ser atemperada porque sólo servía para crearle más excitación, y la excitación en un perro de gran energía crea un exceso que hay que liberar. Una vez que se acostumbró a estar en casa y se mostró serena y sumisa Dave y Jessica pudieron darle todo el afecto que guardaban para ella. La tarea diaria que les propuse fue pasar a diario con Emily por delante de la casa de su viejo enemigo: el doberman vecino. Necesitarían paciencia y una estricta rutina. Tendrían que acostumbrarse a corregir a la perra correctamente si volvía a mostrarse agresiva.

He de decir que no sólo le va bien a Emily en su casa, sino que vuelve al Centro cuando sus dueños salen de la ciudad. Me alegra el corazón volver a verla y presenciar la bienvenida que le dedica todo el mundo, como si fuera un miembro más de la manada.

 Animales que han llegado demasiado lejos

Aunque algunos entrenadores y etólogos no están de acuerdo conmigo, creo que hay muy pocos perros que no puedan ser rehabilitados, aunque hayan llegado a la zona roja. En mi opinión los perros de mi manada son la prueba viviente de que, si las necesidades de un can se satisfacen diariamente, su instinto natural se inclina hacia el equilibrio. Aun así, de los miles de perros con los que he trabajado, hubo dos casos en los que no pude permitir honradamente que volvieran a integrarse en sociedad. Nunca olvidaré a esos dos animales ni dejaré de desear haber podido hacer algo más por ellos. Trabajando con esos animales aprendí que existe la posibilidad de que un perro llegue demasiado lejos y sea imposible ayudarlo. También me mostró el daño terrible e imperdonable que un ser humano puede causar a un animal que confía ciegamente en nosotros.

El primer perro era Cedar, una hembra de dos años pura sangre pitbull. Cedar no era un perro de pelea, pero la persona que la crio la maltrató horriblemente.

Recibió enormes palizas y crueldades físicas, y era obvio que su agresividad había sido alimentada y alentada. También había sido entrenada o condicionada para atacar a los humanos. No intentaba morder las piernas o los brazos, sino el cuello. Sus ataques pretendían ser mortales. Esto no es natural en un pitbull, una raza que no fue creada para atacar al hombre. A gatos, cabras, otros perros... sí, pero en su naturaleza está huir de un humano o atacar sólo cuando se siente acorralado o el enemigo es muy numeroso. Resultaba evidente que un humano había reconducido la agresividad de Cedar y le había enseñado a atacar a las personas, hasta un punto en el que Cedar ya no quería saber nada de ningún ser humano. Sus anteriores propietarios la consideraban un arma, no un ser vivo. Hasta que, por la razón que fuera, decidieron abandonarla.

Un buen hombre de una organización de rescate la encontró vagando por las calles. Cedar se encariñó con él. Aun los perros agresivos hacia los humanos necesitan formar una manada y crean lazos con una sola persona. Sin embargo, si alguien que no sea esa persona se acerca al perro, cuidado. Enseguida quedó claro que Cedar consideraba al resto de humanos el enemigo. Atacaba a cualquiera que se acercase a ella. El hombre que la rescató pretendía hacerle un bien, pero hizo lo que todo el mundo hace en ocasiones semejantes: alimentó su agresividad con cariño y compasión. Pensaba: "A mí me quiere. A mí no me hace nada". Desgraciadamente la perra atacaba a todos los demás. El refugio me contactó y me preguntó si podría rehabilitar a Cedar.

En cuanto me acerqué a su caja de transporte me di cuenta de que miraba fijamente mi cuello sin dejar de gruñir. Conseguí ponerle la correa y trabajé con ella durante horas y a diario, una y otra vez, hasta que los dos quedábamos exhaustos. Tras poco más de dos semanas conseguí que se mostrara serena y sumisa conmigo, pero con nadie más. Si uno de mis ayudantes se le acercaba, Cedar cambiaba a la posición de ataque inmediatamente, lanzándose directamente al cuello. En ese momento el refugio quiso saber si hacíamos progresos y no me quedó otro remedio que decirles que Cedar no podría volver a integrarse en la sociedad con garantías. Estaba demasiado dañada y era un verdadero peligro. Cedar sigue viva, pero está confinada con el único hombre en el que confía. Ningún otro humano puede estar en la misma habitación que ella. Fue mi primer "fracaso". En toda una vida viviendo y trabajando con perros, nunca había visto un caso así. Cedar me hizo comprender hasta qué punto se puede destrozar a un perro.

El segundo can al que no pude rehabilitar era una cruza de chow chow con golden retriever de cinco años al que llamaré Brutus. Había sido rescatado por una mujer y se mostraba posesivo con ella hasta un punto enfermizo. Tras atacar e intentar matar a su esposo la mujer acudió a mí. Brutus permaneció conmigo mucho tiempo y durante una época pareció que iba mejorando. Pero de vez en cuando, si lo regañaba, esperaba a que me diera la vuelta e intentaba atacarme. A diferencia de Cedar, que atacaba directamente a la yugular, Brutus atacaba más bajo, pero lo hacía con todas sus fuerzas. No soltaba ni se rendía ni era predecible. Cuando la mujer que lo rescató vino al centro, le dije que, aunque estaba más tranquilo que cuando llegó, no me parecía completamente rehabilitado. No podía predecir sus reacciones y después de todo el tiempo que había pasado con él seguía sin sentirme satisfecho de sus progresos. A pesar de mis advertencias su dueña quiso llevárselo, y una semana más tarde, cuando la llamé para preguntarle qué tal iba, me contó encantada todos los progresos que había hecho. Un mes después poco más o menos atacó a otro hombre.

Brutus tendrá que vivir toda su vida bajo estrecha supervisión en un refugio. Y como Cedar, ha quedado condenado a esa clase de vida por los humanos que lo maltrataron.

Ojalá llegue el día en que pueda ver con mis propios ojos santuarios creados para los perros que no pueden conseguir rehabilitarse y que no pueden convivir con humanos. En mis sueños imagino campos de golf transformados en santuarios, con profesionales que cuidan de estos perros y que los estudian. Estos animales pueden enseñarnos mucho. Pueden enseñarnos qué clase de abusos crean los perros asesinos, lo perjudicial que es para ellos vivir desequilibrados, y pueden ayudarnos a diferenciar entre perros inestables que no pueden recuperarse y aquellos que tienen la capacidad de recuperar su equilibrio. Podemos empezar a aprender qué signos hay que reconocer en un perro que no puede rehabilitarse. En mi opinión no se debería dormirlos. Son animales que mueren por lo que los humanos les hacemos y creo que deberíamos ser lo suficientemente creativos para poder encontrar el modo en el que puedan vivir el resto de su vida tan cómodamente como sea posible.

Un perro no es un arma

En el mundo en que vivimos todos estamos preocupados por la delincuencia y el modo en que puede afectar a nuestras familias. Durante miles de años los humanos han venido utilizando a los perros como guardas y armas, tanto contra otros animales como contra otros humanos. En la actualidad parece que a lo que más le tememos es a nuestros semejantes. Los perros, y particularmente las razas más poderosas, pueden ser guardianes efectivos para una familia. Sin duda sirven como medida disuasoria. Las estadísticas demuestran que 75 por ciento de las propietarias de perros pretenden que sus animales actúen como protectores de sus hogares[13]. Pero, cuando insistimos en que un perro debe ser nuestro compañero leal y adorable *y, además,* un arma protectora, quizá estemos pidiéndole demasiado.

Algunos de los animales en zona roja que he descrito estaban encadenados y confinados en pequeñas áreas como "perros guardianes" y, aunque no sufrieran ninguna otra clase de abuso, la frustración que fue creciendo en su interior era potencialmente letal para cualquier intruso, incluyendo al cartero, un pariente o un inocente chiquillo que pasara cerca. Si su perro ataca a alguien, pueden interponer contra usted una denuncia en la que pierda hasta la camisa y, como ocurrió en el caso de Diane Whipple, puede incluso acabar siendo condenado a una pena de cárcel. Por otro lado está el perro: la mayoría de canes que atacan a personas terminan recibiendo la eutanasia. Tanto la policía como la agencia de control animal no quieren arriesgar algo tan importante como la seguridad pública (o la opinión pública). Si está usted utilizando a su perro como arma de defensa personal, es lo que podría ocurrirle.

Aunque la mayor parte de mi trabajo se centra ahora en la rehabilitación de perros, me he dedicado, y sigo haciéndolo, al entrenamiento de perros guardias, perros policía y perros de ataque. El entrenamiento de estos animales es todo un arte y sólo debe hacerlo un profesional. Si usted quiere que una raza poderosa de perro sirva como protección para su casa, debe hacerlo del modo adecuado, es decir, aprendiendo usted también a ser un líder sereno y firme para su perro. Sin embargo, lo primero que debe hacer es calibrar cuidadosamente todos los pros y los contras de que su perro lleve una doble vida: guardián y amigo.

Una responsabilidad

Como propietarias de un perro, tenemos una responsabilidad tanto hacia nuestro perro como hacia nuestros congéneres en cuanto al comportamiento de nuestro animal. Si poseemos un perro que no ha sido debidamente socializado o rehabilitado, y que resulta peligroso para nuestros vecinos o sus perros, estamos cometiendo una imprudencia dejando que ese perro conviva en sociedad. Hay etólogos y veterinarios que creen que el refuerzo positivo y las alabanzas son apropiados para cualquier perro, en cualquier momento y en cualquier situación. En mi opinión, si el comportamiento de un perro puede ser condicionado utilizando premios y refuerzos positivos, es que se trata de una situación ideal. Siempre es más fácil para los humanos plantearse el entrenamiento y el comportamiento de un perro con un enfoque positivo y compasivo, y nunca, bajo ningún concepto, está justificado castigar a un perro físicamente por rabia. Los perros, como todos los animales, deben ser tratados siempre con humanidad, pero también debemos recordar que la agresividad de los canes en zona roja sigue creciendo hasta que llegan a matar o mutilar a otros perros o, en el peor de los casos, a un ser humano. Un perro en zona roja está peligrosamente desequilibrado, y ni el amor ni las alabanzas ni las galletas conseguirán evitar que sea potencialmente peligroso.

Si su perro pertenece a una raza de animales poderosos, no puede hacer nada para controlar la energía de las personas que lo rodean. No puede pretender que nadie se asuste de su perro, aunque el buenote de él nunca le haya hecho daño ni a una mosca. Lo único que puede controlar es precisamente a su perro, y es responsabilidad suya hacerlo debidamente por el bien de las personas y los demás animales.

Los perros en zona roja necesitan saber que nosotras ejercemos el control. Eso no significa que tengamos que mostrarnos agresivas con ellos. Maltratar a un perro nunca resuelve su problema de agresividad; es más, si está ya en zona roja, sólo conseguiremos exacerbarla. Pero como sus cuidadoras deberemos ser fuertes y firmes, y debemos corregir enérgicamente cualquier comportamiento no deseado o peligroso. Los perros tienen que saber que somos el líder de la manada y que siempre seremos más poderosas que ellos, y esto se consigue tanto mediante nuestro estado mental como a través de la disciplina física. Dicho esto, muchos perros agresivos sólo pueden corregirse con la ayuda de expertos calificados, personas con experiencia en manejar esta clase de casos. Si tiene la más mínima duda de si es capaz o no de manejar a su perro, o si piensa que el animal podría ser un peligro para usted o para su familia, debe por su propio bien y el del perro buscar un experto cuyas técnicas y filosofía le resulten asequibles.

Finalmente, en mi opinión ningún perro en zona roja debería perder la vida hasta no haber agotado todos los medios de rehabilitación posibles o haber intentado cambiarle de ubicación. Hay muy pocos albergues en el mundo en los que el fin de los perros no sea la muerte, y los que existen están siempre saturados y escasos de fondos. Las personas que trabajan en esta clase de centros comparten mi opinión de que es una equivocación condenar a un animal a muerte cuando no es consciente moral o intelectualmente de lo que estaba haciendo. No debemos condenar a nuestros perros a muerte por haber llegado a ser el monstruo que sus propios dueños crearon… y que los perros no estaban destinados a ser.

Notas

1 Sacks, J. J., *et alii*, "Fatal Dog Attacks, 1989-1994", en *Pediatrics* 97, nº 6, 1 de junio de 1996: 891-195.

2 Pimental, D.; Lach, L.; Zuniga, R., y Morrison, D., "Environmental and Economic Costs Associated with Nonindigenous Species in the United States", Cornell University, College of Agriculture and Life Sciences, Ithaca, Nueva York, 1999, http://www.news.cornell.edu/releases/Jan99/species_costs.html.

[3] Karlson, T. A., "The Incidence of Facial Injuries from Dog Bites", *JAMA* 251, n° 24, junio de 1984: 3265-3267.

[4] Fuente: American Society of Plastic Surgeons.

[5] Fuente: American Humane Association.

[6] Derbeken, J. van, "Dog Owner Defends Story: Knoller Says Her Memory of Attack fades in and out", en *San Francisco Chronicle,* 13 de marzo de 2002, A21.

[7] American Kennel Club, *The Complete Dog Book,* Nueva York, Wiley Publishing, 1998.

[8] Ibid.

[9] González, J., "News & Views: This Web Site's the Pits", en *New York Daily News,* 4 de diciembre de 2003, http://www.nydailynews.com/news/story/142548p-126284c.html.

[10] Mott, M., "Breed-Specific Bans Spark Constitutional Dogfight", en *National Geographic News,* 17 de junio de 2004, http://news.nationalgeographic.com/news/2004//06/0617_040617_dogbans.html.

[11] Kearsley, K.,"Washington Bill Asks Insurers to Consider Dog's Deeds, not Their Breeds", *AP Online,* 18 de marzo de 2005.

[12] Gedan, B. N., "Even Mild-mannered Dogs Can Be Lethal to Children", en *The Providence Journal,* 15 de julio de 2005: B17.

[13] Fogle, B., *The Dog's Mind: Understanding Your Dog's Behavior*, Nueva York, Macmillan, 1990.

7
La fórmula satisfactoria de César para conseguir una perra equilibrada y saludable

Este libro no es un manual de uso. Como ya dije en la introducción, no estoy aquí para enseñarle cómo conseguir que su perra reconozca órdenes orales o señales hechas con la mano; no he escrito este libro para enseñarles cómo conseguir que su perra camine pegada a sus talones o que haga trucos. Existen en el mercado montones de guías y libros sobre el adiestramiento de perras, y muchos especialistas calificados que pueden hacerlo. Pero a pesar de que mi misión principal es ayudarlo a comprender la psicología de su perra, también puedo ofrecerle algunos consejos prácticos que se pueden aplicar a todos los canes, independientemente de su raza, edad, tamaño, temperamento o si es un animal dominante o sumiso. A continuación describo mi fórmula en tres pasos para que usted pueda llenar satisfactoriamente la vida de su perra. Nunca olvide que no se trata de un parche mediante el que arreglar a un animal conflictivo. Las perras no son máquinas; no se les puede enviar al taller para que las reparen y listo. Si pretende que la fórmula que le propongo funcione, tendrá que ponerla en práctica todos los días de la vida de su perra.

La fórmula es muy simple: para que su perra sea un animal equilibrado, ha de proporcionarle tres cosas:

— Ejercicio
— Disciplina
— Afecto

… ¡y en ese orden!

¿Por qué es importante el orden? Pues porque es el orden natural de las necesidades innatas del animal. El problema en Estados Unidos es que la mayoría de las perras reciben de sus dueños sólo una parte de la fórmula: afecto, afecto y afecto. Hay quien lo hace mejor y da a sus perros afecto y ejercicio. Otros practican las tres partes, pero anteponiendo el afecto. Como he dicho ya muchas veces en este libro, con esa receta se consigue un perro desequilibrado. Sí, nuestros perros ansían recibir afecto, pero aún más ejercicio y disciplina. Sobre todo ejercicio, como verán a continuación.

Ejercicio

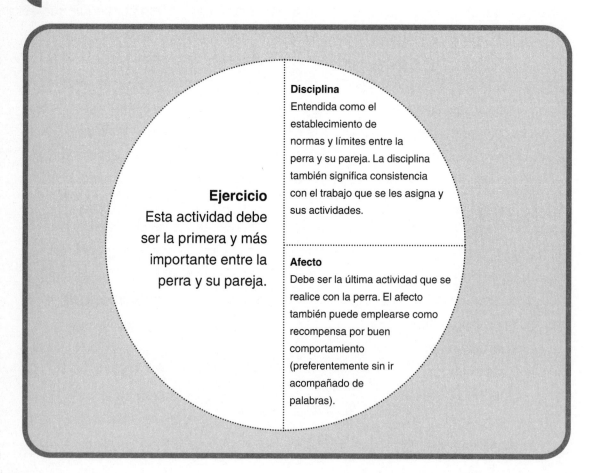

Ejercicio
Esta actividad debe ser la primera y más importante entre la perra y su pareja.

Disciplina
Entendida como el establecimiento de normas y límites entre la perra y su pareja. La disciplina también significa consistencia con el trabajo que se les asigna y sus actividades.

Afecto
Debe ser la última actividad que se realice con la perra. El afecto también puede emplearse como recompensa por buen comportamiento (preferentemente sin ir acompañado de palabras).

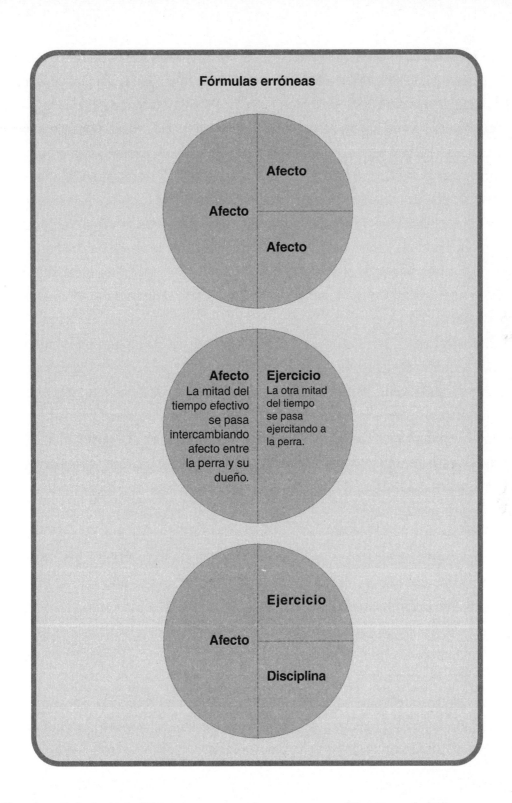

Fórmulas erróneas

Afecto

Afecto

Afecto

Afecto
La mitad del tiempo efectivo se pasa intercambiando afecto entre la perra y su dueño.

Ejercicio
La otra mitad del tiempo se pasa ejercitando a la perra.

Ejercicio

Afecto

Disciplina

El ejercicio es la primera parte de la fórmula de la felicidad para su perra, y es la única que nunca debe faltar. Irónicamente es la primer cosa que la mayoría de propietarios de perras en Estados Unidos no hacen nunca. Quizá sea porque los estadounidenses tienen problemas a la hora de hacer ejercicio incluso ellos mismos y no se dan cuenta de que todos los animales, incluidos los humanos, tenemos una necesidad innata de estar activos. Salir y movernos parece haber pasado a un segundo plano en nuestra sociedad actual. Nuestra vida moderna está tan ocupada que parece verdaderamente imposible tener que añadir además la tarea de pasear con nuestras perras, pero, si está usted decidido a asumir la responsabilidad de vivir con una de ellas, éste será el contrato que deberá firmar: tendrá que caminar con su perra. Todos los días. De ser posible dos veces al día. Y un mínimo de treinta minutos cada sesión.

Caminar con la perra es una actividad primaria que responde a lo que su animal lleva grabado genéticamente en el cerebro y que es migrar con la manada. Las perras no sólo disfrutan del paseo porque así pueden hacer sus necesidades y tomar aire, aunque sorprendentemente ésta es la percepción de muchos de los dueños. Para algunos salir a pasear con su perra significa sacarla al jardín, esperar a que haga sus necesidades y volver a meterla en casa. Esto es una verdadera tortura para una perra. Cada célula de su cuerpo le pide a gritos un paseo. En estado salvaje las perras pasan hasta doce horas en movimiento buscando comida. Los lobos, que son los ancestros vivientes de los perros, recorren distancias de más de ciento sesenta kilómetros y cazan durante diez horas en su hábitat natural[1]. Obviamente las perras poseen distintos niveles de energía, y algunas necesitan caminar más a menudo que otras. Algunas razas tienen genes que las empujan a caminar más tiempo, o más rápido, o a llegar más lejos, pero todas las perras caminan. Todos los animales viajan. Los peces necesitan nadar, los pájaros, volar… ¡y las perras necesitan andar!

Caminar es la herramienta más efectiva que puedo ofrecerle para que conecte con todos los aspectos de la mente de su perra: animal, perro, raza y nombre. Y todo al mismo tiempo. Paseando con ella, tendrá la capacidad de establecer un verdadero vínculo como líder de su manada. El paseo es la base de su relación y es el modo en que una perra aprende a ser perra. Aprende sobre su entorno, sobre los otros animales y humanos que hay en él, sobre los peligros que son los coches y las cosas que hay que evitar, como bicis y patinetas. Puede hacer pí en los árboles y conocer su territorio.

Los animales necesitan conectar con el mundo y estar al aire libre en él. No es natural para ellos pasarse la vida dentro de casa o tras un muro. Otra parte de la "paradoja de los poderosos" de la que he hablado, es decir, la tendencia patente en la gente muy poderosa de tener perros que se sienten muy confusos, es que estas personas suelen poseer casas enormes y lujosas con inmensos jardines, y que por lo tanto piensan que dejar que su perro vague en ellos es suficiente ejercicio. ¡No piense que un jardín por espacioso que sea puede sustituir al paseo primario con su perra! Por muchos kilómetros que tenga su propiedad, para su perra sigue siendo una casita. Por otro lado, el hecho de que el animal se pase el día vagando solo por la propiedad no le proporciona la estructura que asimila cuando camina con el líder de su manada. Unos paseos estructurados y regulares son vitales, especialmente para perras con problemas de comportamiento y dificultades.

Cómo dominar el paseo

De vez en cuando, después de atender a algún cliente nuevo y trabajar con su perra, me dicen: "Le pagamos trescientos cincuenta dólares por la consulta, ¿y todo lo que va a decirnos es que tenemos que sacar a pasear al perro?". En algunos casos sí, es así de simple. Sin embargo, tiene mucha importancia lo que yo llamo la "técnica del paseo". Hay una sola forma correcta de sacar al perro a pasear y un millón de hacerlo mal. Yo diría que 90 por ciento de los estadounidenses lo hacen mal. ¿Cree que exagero? Le propongo un ejercicio: acérquese a cualquier parque de una gran ciudad, como el Central Park de Nueva York o el Griffith Park de Los Ángeles, y observe a los dueños con sus mascotas. Observe a diez, por ejemplo. Cuente en cuántas ocasiones el animal va delante, sujeto por una correa extensible o larga. Fíjese cuántos hay que arrastran prácticamente a sus dueños. Añada el número de personas que están de pie, esperando pacientemente a que su perra huela la hierba, los árboles, todo lo que tiene a su alrededor, completamente ajena a la presencia de su amo. Ninguno de estos amos domina la técnica del paseo.

Del grupo que ha estado estudiando ¿cuántos llevaban a su perra obedientemente al lado, o incluso detrás? No muchos, ¿verdad? Ahora vayámonos al otro lado de la ciudad, donde viven los que no tienen techo. ¿Se aprecia alguna diferencia en el lenguaje corporal de la perra y su amo? Irónicamente los indigentes parecen tener perfectamente controlada la técnica de pasear con su perra. No son los canes quienes los arrastran, ni quienes deciden dónde van a ir o qué van a hacer. ¿Por qué? En primer lugar porque viajan juntos montones de kilómetros al día, todos los días. Y segundo porque las perras ven a sus dueños como el líder de la manada. Los indigentes no miman constantemente a sus perras, dándoles golosinas o acariciándolos todo el día… aunque la perra presiente que a su dueño le hace feliz tenerla al lado. Los amos proporcionan liderazgo, alguien a quien seguir y que las llevará hasta la comida, el agua y un lugar en el que descansar. Sus vidas son simples pero están estructuradas. Un paseo debería ser siempre así: simple pero estructurado.

La correa

En primer lugar yo suelo recomendar correas muy simples y cortas. Las que yo utilizo no tienen más de cincuenta centímetros de cuerda de nailon. Claro que, si a uno le importa la moda, no tiene por qué irse tan a lo básico, pero le recomiendo, particularmente para perros con problemas, que abroche el collar por encima de la parte superior de la cabeza del animal, y no alrededor de su cuello. La mayoría de los collares se apoyan en la parte más fuerte del cuello de un perro, lo que permite al animal mantener el control sobre la cabeza y, a veces, si se trata de una raza fuerte, el control también sobre su dueño. Si quiere ver un ejemplo de cómo se emplea el tipo de correa que yo uso, eche un vistazo al American Kennel Club Dog Show (Concurso de Perros de la Organización Americana de Criadores). Así es como los concursantes llevan a sus perras. Verá al criador y a su perra correr por la zona de exhibición juntos, sin que el criador tenga que tirar con fuerza de la correa, sólo lo suficiente para mantener alta la cabeza del animal. Las perras que participan en esta clase de concursos se muestran siempre orgullosas, van con la cabeza bien alta, porque seguramente es así como se sienten teniendo en cuenta la relación entre energía y lenguaje corporal. No es que se sientan orgullosas de su corte de pelo o de los listones azules. A ellas no les importan esas cosas. En el mundo canino una cabeza alta es un lenguaje positivo, un signo de una sana autoestima. Sosteniendo la correa en esta posición se tiene el máximo control sobre el animal, ya que sólo podrá ir adonde quiera usted que vaya.

A mucha gente le gustan las correas extensibles porque creen que la perra necesita "libertad" durante el paseo. Habrá tiempo de compartir esa libertad más tarde, pero será la clase de libertad que usted pueda siempre controlar. A mí no me gustan esa clase de correas excepto para los perros más dulces y despreocupados. Aun así, la elección es sólo suya. En cualquier caso no permita que la excitación que a su perra le produce verle tomar la correa eche a perder toda la experiencia. Tuve una clienta de *Dog Whisperer,* Liz, cuya dálmata de nombre Lola se volvía loca, daba saltos y se subía casi a los hombros de su dueña cada vez que la veía descolgar la correa de la percha. Luego salía como una bala por la puerta y tiraba con tanta fuerza de su correa flexible que a veces conseguía arrebatársela de la mano a Liz. Ni cómo decir que ese modo no es el más conveniente de salir de casa con su perra.

Salir de casa

Lo crea o no, hay un modo correcto y otro incorrecto de salir de casa con su perra. En primer lugar nunca deje que sea ella quien controle la actividad, como era el caso de Lola. Su liderazgo debe empezar antes del paseo. No permita que su perra lleve la correa puesta hasta que no se muestre sumisa. Una vez que esté tranquila póngale la correa y acérquese a la puerta. No permita que la perra se sobreexcite otra vez mientras esperan para salir, y si es necesario asegúrese de que la perra vuelva a mostrarse sumisa. A continuación ábrala. Usted debe salir primero. Esto es importante. Saliendo primero está diciéndole a su perra: "yo soy el jefe dentro y fuera de casa".

Cuando camine con su perra, asegúrese de que el animal va a su lado o detrás de usted. Cuando va por delante o tirando de la correa, es la perra la que pasea al dueño, ella es la que dirige a la manada. Seguramente está acostumbrado a que su perra olisquee cada arbusto, cada árbol, planta o hierba que se encuentran. Eso es normal en una perra, pero, cuando se ha iniciado la "migración", el animal no debe detenerse hasta que usted se lo diga. Imagínese si una manada de lobos necesitara recorrer unos quince kilómetros y cada miembro del grupo anduviera en lo suyo, olisqueando árboles y hierba en lugar de avanzar… jamás llegarían a la comida. El paseo es, en primer lugar, el modo de establecer el vínculo entre perra y amo, y la ocasión de demostrarle su liderazgo; en segundo, un rato de ejercicio y, en tercero, el momento de que su perro pueda explorar. Debe llevar la correa con firmeza pero al mismo tiempo con el brazo relajado, como si portara un maletín. Y lo más importante: no se olvide de su energía serena y firme. ¡Piense en Oprah! ¡Piense en Cleopatra! ¡Piense en John Wayne! Piense en cualquier experiencia en la que se haya sentido fuerte y en dominio de la situación. Yérgase. Saque pecho. Haga lo que sea para sentir de verdad esa energía de la que hablamos y proyéctesela a su perra a través de la correa; ella recogerá cada señal que le envíe. Muchos de mis clientes se han sorprendido de lo que pueden conseguir mejorando esa energía y proyectándola en un paseo. No es magia, sino la naturaleza puesta a trabajar. Las perras, instintivamente, quieren seguir a un líder que les inspire serenidad y firmeza. Una vez que haya asumido usted ese papel lo seguirán sin dificultad.

Cuando haya establecido un ritmo y ya hayan caminado ininterrumpidamente durante unos minutos es el momento de permitir que su perra vaya delante de usted… pero sólo un poco. Reduzca la tensión de la correa y deje que su perra miccione, que huela la hierba o lo que quiera hacer. Recuerde que todo debe hacerlo cuando usted lo diga. Ésa es la clave. Irónicamente cuando usted le dé permiso, es probable que llame menos su atención que si pudiera hacerlo a su libre albedrío desde el principio. Cuando salgo con mi manada de cuarenta o cincuenta perras sueltas por el monte, caminamos treinta o cuarenta minutos yo delante y ellas detrás, y luego les permito adelantarme durante cinco minutos. Ésa es la clase de "libertad" que necesitan sus perras: una libertad con reglas y límites. Les permito ir a un metro o metro y medio delante de mí. Si traspasan la línea, una rápida llamada por mi parte las obligará a retroceder.

El ejercicio que más me gusta hacer con mi pandilla, el que verdaderamente agota toda su energía, es patinar. Me pongo mis patines en línea y salgo con por lo menos diez perras a la vez por las calles del sur de Los Ángeles, por supuesto todas sujetas con sus correas. A veces la gente me mira raro: no pueden creer lo que están viendo. Pero a las perras les encanta. A veces tiro yo de ellas, otras ellas de mí, pero yo voy siempre al mando. Tras una sesión de tres horas ¡todo el mundo está agotado y dispuesto a permanecer sumiso y tranquilo durante el resto del día!

Bandas para correr

Si no puede salir a caminar con su perra tanto como su animal necesita por su nivel de energía, una opción viable es el empleo de una banda para correr. Ésta no debe convertirse en la única forma en que camine su perra, porque no olvide que necesita salir con usted, pero es un modo estupendo de liberar el estrés de una perra que tiene mucha energía que quemar y se convierte en un desafío físico y psicológico para ella. Las perras son como los hombres en el mundo humano: ¡sólo podemos concentrarnos en una cosa al mismo tiempo! Y cuando una perra se sube a la banda, va a tener que concentrarse. Tendrá que meterse en "la zona".

Muchos de mis clientes se muestran escépticos con esta técnica. Piensan que la perra puede hacerse daño, sobre todo si está atada. Por supuesto es necesario supervisar la actividad al principio, pero cualquier perra puede aprender. Además, no es algo nuevo que yo haya inventado. En el año 1576 el doctor Johannes Caius de la Universidad de Cambridge describió una raza de perra mestiza a la que él llamaba "turnspit" (mecanismo que da vueltas al asador)[2]. Estas perras estaban entrenadas para caminar en una banda con cuyo movimiento hacían girar mecánicamente el asador en el que se ensartaba la carne para asarla.

La raza se extinguió, sin duda desde que se popularizó el uso del horno, pero, si podía enseñarse a una perra a caminar en una banda manual del siglo XVI, ¿qué mayor dificultad puede entrañar caminar sobre las eléctricas del siglo XXI?

Uno de mis clientes, conocido directivo de una empresa de facturación millonaria, tenía un poderoso macho de pastor alemán totalmente fuera de control que atacaba y mordía a la gente, pero su dueño se negaba a reconocerlo. Fue su esposa quien me llamó. Trabajé con su marido unas cuantas horas y me di cuenta de que estaba totalmente a la defensiva: no era culpa suya, sino de su esposa y sus hijos. Él era un tipo muy ocupado y no tenía tiempo de sacar a pasear al perro. Entonces yo le dije: "Bien, puesto que dice usted que no tiene tiempo de sacarlo a pasear, ¿podrá hacerlo trabajar en una banda para correr?". Él me contestó: "No. De ningún modo. Este perro jamás aprendería a usar una banda para correr". Yo no dije nada, y cuando terminó le pregunté: "¿Quiere verlo?". El tipo empezaba a enfadarse conmigo. "Yo le digo que este perro jamás se subirá a una banda para correr". Tardé cinco segundos en colocar al perro y el animal aprendió inmediatamente. Mi cliente se quedó mudo de asombro. No es la clase de persona acostumbrada a que le quiten la razón o a que alguien le diga que se equivoca. Pero yo estaba allí por el bien del perro y no del dueño. Aun así me temo que no habrá seguido mi consejo y que no lo hará hasta que se encuentre con una demanda judicial en las manos. Desgraciadamente eso, la demanda, en algunos casos es lo único que consigue que mis clientes se tomen en serio el comportamiento de sus animales.

Siempre recomiendo que se contraten los servicios de un profesional para que le enseñe las precauciones imprescindibles que hay que tomar cuando se pone a una perra a andar sobre una banda. Para ella las dos primeras semanas que pasa utilizando una banda constituyen un desafío mental, ya que se trata de un suelo que se mueve y su instinto le dice que eso no puede ser bueno y que debe huir. Tras dos semanas verá cómo será ella quien rasque la banda con las patas para pedirle que la encienda. Las perras se vuelven adictas a ella… y es una adicción más que saludable. Si empieza con una velocidad lenta y supervisa al animal hasta que se asegure de que domina completamente la situación, podrá encender la banda y seguir con sus quehaceres siempre y cuando no se aleje demasiado. Nunca la deje mucho rato en la banda sin supervisión, por supuesto, pero su uso a una velocidad razonable, aunque no es sustituto de un paseo al aire libre, puede ser una saludable contribución al régimen de ejercicio de su perra. Es especialmente importante para los perros enérgicos que necesitan dosis extra de trabajo que ayude a controlar su tendencia dominante o agresiva.

Mochilas para perras

Otra técnica que empleo para perras de gran energía es colocarles una mochila. Añadir peso a una perra mientras pasea, o incluso mientras se ejercita en la banda, endurece su trabajo, además de ofrecerle algo en lo que concentrarse, un trabajo que debe realizar. A los perros les encanta tener un trabajo y, como ya he mencionado anteriormente, no pueden hacer más de una cosa a la vez. Si están concentrados en caminar y llevar su peso, es mucho menos probable que se acuerden de perseguir a cada gato que tiene la desgracia de asomar los bigotes a su paso, o de ladrar a los ciclistas. ¿Alguna vez ha visto a los Boy Scouts caminando por el monte? Por hiperactivos que puedan parecer en su campamento, ¡siempre se ven sumisos y tranquilos cuando van caminando con sus mochilas al hombro! Llevar mochila casi siempre calma a un perro; es como el Prozac, pero sin efectos secundarios. Las mochilas se fabrican en distintos tamaños y estilos; búsquelas en Internet bajo el enunciado *Dog Backpack*. El peso que ponga en ella debe estar entre 10 y 20 por ciento del peso corporal del animal, dependiendo de su nivel de energía y sus necesidades.

Las mochilas han hecho milagros con muchos de los perros que he rehabilitado. Coach, un bóxer agresivo y ultraprotector, tenía un comportamiento tan descontrolado que sus dueños habían decidido dormirlo el mismo día en que yo empecé a trabajar con él. Aunque había asistido a clases de obediencia, su familia no lo sacaba a pasear. Con paseos regulares y nuevas reglas y límites para él y para toda su familia Coach se comporta ahora de un modo tan exquisito que acompaña al colegio al niño de ocho años de la familia y le lleva los libros en su mochila. No hay nada más terapéutico para un perro que darle un trabajo, y llevar una mochila lo es. Coach es un perro que pasó del corredor de la muerte a ser un magnífico compañero en cuestión de semanas.

Para finalizar, si usted de ninguna manera puede salir a pasear con su perra, si padece alguna enfermedad o incapacidad, le sugiero que contrate los servicios de alguien que la lleve a pasear. No es una solución ideal para reforzar el papel de líder de la manada, pero ayuda a que el animal se acostumbre a tener un líder humano. Algunos dueños de perras que conozco, comprometidos con el cuidado de su compañera, la sacan a pasear por la mañana y por la noche, y además contratan los servicios de un profesional para asegurarse de que hace el suficiente ejercicio por la tarde también. No todo el mundo puede permitirse ese lujo, pero para aquellos que sí les aseguro que es mucho menos caro que los costos legales que puede acarrearle un mal comportamiento de su perro. Por supuesto, siempre debe asegurarse de que la persona que saca a pasear a su perra es un profesional, y así mismo debe observarlo cuando se lleve al animal. ¿Controla a las perras? ¿Lo arrastran tirando de sus correas o le muestran respeto? Siempre debe usted sentirse cómodo con la persona a la que le deja su mascota. El animal no puede quejarse, de modo que tendrá que confiar en su propia valoración.

Las perras necesitan trabajar

Las perras son animales que desde el principio de los tiempos fueron creados para trabajar. En la naturaleza las manadas funcionan como máquinas de cazar bien engrasadas, y tras domesticarlas las criamos para aprovecharnos de su innata capacidad de trabajo. Seleccionamos las distintas razas en función del uso que podíamos darles. Nos gusta cómo saltan por encima de un obstáculo. Nos gusta cómo cavan en la tierra. Nos gusta cómo traen la presa que hemos abatido o cómo conducen al ganado. Noventa por ciento de las razas caninas del mundo fueron en sus orígenes razas de trabajo. No más de cinco por ciento de las razas actuales se criaron como animales de compañía. Los canes, tanto salvajes como domésticos, nacieron para trabajar. Pero en nuestra era moderna no siempre tenemos un trabajo que pueda encajar con el talento especial de nuestra perra.

Por lo tanto, el paseo es el trabajo más importante que puede ofrecerle. Caminar con usted, su dueño, es una actividad tanto física como mental para nuestra mascota. Una vez acometida esta forma básica de ejercicio, está bien que realicen las otras cosas con las que tanto disfrutan los dos: jugar a traer objetos que usted le lance, nadar en la alberca, hacer pequeños trucos y toda otra clase de actividades. Del mismo modo que usted no dejaría a sus hijos todo el día en un parque recreativo, también estas actividades más frenéticas con su perra deben tener un límite de tiempo. Pero al igual que decíamos respecto al jardín, estos juegos no pueden sustituir al paseo. No se lo puede saltar. Después de él su perra caerá de modo natural en el modo más profundo de descanso: lo que los humanos llamamos *meditar*. Cuando esté en esta disposición, podrá usted marcharse de casa e iniciar su rutina diaria, seguro de que su perra sabe que es usted el líder de la manada y que toda esa energía que lleva dentro está siendo canalizada debida y constructivamente.

 **Disciplina**

Cuando hablamos del comportamiento de una perra, la palabra *disciplina* tiene últimamente muy mala reputación. Hay personas que se niegan incluso a pronunciarla, pero porque suelen interpretarla como sinónimo de *castigo*. Para mí el término tiene un significado totalmente distinto. Por supuesto que significa reglas y límites, pero posee también un sentido mucho más profundo respecto a mis perros y a mi propia vida.

La disciplina hace de uno mismo una persona mejor, te pone en forma, te ayuda a preservar tu salud y te ayuda a que tus relaciones sean mucho más sanas porque la disciplina te empuja a hacer lo mejor para esa relación. Por supuesto esto no quiere decir que yo le "imponga" disciplina a mi esposa diciéndole que ha hecho algo mal; ¡además, en mi casa suele ocurrir precisamente lo contrario! La disciplina significa en nuestra relación que formo parte de una pareja, de una estructura que tiene sus propios límites y, como soy una persona disciplinada, quiero vivir de acuerdo con ese compromiso. Cuando le prometo a mi esposa que voy a hacer algo, lo cumplo y ella hace lo mismo. Siempre. Para mí la palabra *disciplina* me ayuda a estar concentrado, a alcanzar mis objetivos y a perseguir mis sueños. Es una palabra que me permite mantener el equilibrio, ser un ser humano respetuoso, honrado, alguien que quiere lo mejor para sí mismo y para todo lo que tiene a su alrededor, desde los árboles, pasando por los animales y terminando en los seres humanos. Sin disciplina no se puede ser un buen modelo que se pueda seguir. Si no eres una persona disciplinada, toda tu energía se vuelve negativa.

Necesito ser disciplinado para dirigir mi Centro de Psicología Canina. Debo serlo para llevar a cabo las tareas asignadas a cada día. Debo hacerlo para respetar el horario. Tengo que asegurarme cada día de que las perras tienen agua, comida y ejercicio. Tengo que ocuparme de su salud y llevarlas al veterinario si se ponen enfermas. Tengo que mantener limpias las instalaciones. Si no fuera una persona disciplinada en todas estas cosas, no sólo fracasaría mi negocio, sino que mis preciosos animales podrían ponerse enfermos e incluso morir. Para mí la disciplina es algo serio.

La Madre Naturaleza responde ante la disciplina. Las reglas y los límites existen en todas las especies que viven en el planeta. Las abejas son disciplinadas. Las hormigas también. Los pájaros, los delfines… Si alguna vez ha visto delfines cazando en un banco de anchoas, habrá reparado en lo ordenadamente que trabajan para conducir a sus presas. Los lobos son disciplinados no sólo cuando cazan, sino cuando viajan, juegan o comen. No cuestionan la disciplina. La naturaleza no la considera negativa, sino parte del ADN. Imprescindible para sobrevivir.

Reflexione ahora sobre cómo la disciplina interviene en su vida. Si usted fuera Lance Armstrong, la disciplina lo empujaría a mantenerse en forma, a entrenar, a comer sólo la comida adecuada y a recorrer sobre su bici un montón de kilómetros a la semana. Si trabajase en Starbucks, la disciplina significaría llegar al trabajo a tiempo, memorizar interminables listas de bebidas en las que interviene el café, saber cuánta leche debe llevar un capuchino y saber cómo ser educado aun teniendo una larga fila de clientes impacientes esperando. Eso es disciplina. Para alcanzar el éxito en cualquier cosa que emprendemos necesitamos disciplina.

Así es como interpreto yo la disciplina en cuanto a las perras. Mi trabajo consiste en decirles cuándo deben despertarse, cuándo deben comer y cómo deben interactuar las unas con las otras. Yo pongo las reglas y los límites sobre dónde vamos a ir y a qué paso, cuándo descansar, cuando defecar, a quién perseguir, a quién no, dónde hacer un agujero y dónde revolcarse. Todo ello forma parte de la disciplina. No del castigo. Estas reglas, estos límites existen por el bien de las perras y de mi relación con ellas.

Correcciones

En la naturaleza los perros se corrigen los unos a los otros constantemente. Las madres corrigen a los cachorros; los líderes, a sus seguidores. Las manadas están llenas de reglas y límites. Hay docenas de normas de etiqueta no escritas en una manada de lobos, a veces comunicadas por energía, otras a través del lenguaje corporal, otras por un contacto físico o un mordisco. Una corrección —lo que algunas personas podrían llamar un "castigo"— es simplemente la consecuencia de la ruptura de las normas por parte de un individuo. Sin excepciones. Si los miembros de una manada pudieran hablar, le dirían al transgresor: "No estás siendo disciplinado como nosotros; no formas parte de la manada. Vamos a darte una oportunidad. Si lo vuelves a hacer, quedarás fuera. Te mataremos o te echaremos a patadas". Las perras no se ofenden porque otras las corrijan, ni se sienten con aquel que comete un error. Simplemente lo corrigen y siguen adelante. Es sencillo y natural para ellas.

En la naturaleza poner límites no es una práctica "cruel" y para que los límites queden establecidos todos los animales a veces necesitan correctivos. Todos conocemos a padres humanos que no ponen límites a sus hijos y los vemos correr por todo el restaurante gritando y tirando la comida, molestando a quienes pretenden disfrutar de una cena tranquila. Hay padres que llaman a la *supernanny* cuando su casa es un caos.

Reflexionemos un momento sobre cómo aprendemos los humanos. Muchas veces necesitamos cometer errores y que alguien nos corrija para llegar a conocer las reglas. Si está usted, por ejemplo, en un país extranjero cuyas normas de tráfico desconoce y gira a la derecha, lo cual es prohibido, un policía lo hará detenerse para decirle que en ese país no se puede girar a la derecha si hay una señal que lo prohíba. A partir de ese momento conocerá la norma, pero recibirá de todos modos una multa. Ése será su castigo, su corrección. Y seguramente funcionará. Cuando haya tenido que rascarse el bolsillo, seguro que no volverá a girar a la derecha si está prohibido.

Como en el caso de los humanos y todos los demás animales, las perras necesitan que alguien las corrija cuando transgreden una norma. La razón por la que prefiero el término *corrección* frente a *castigo* es que este último posee connotaciones humanas y mucha gente corrige a sus perras del mismo modo que castigaría a un niño; por ejemplo, quitándole un privilegio: "No ordenaste tu habitación, así que mañana no irás al partido", o gritándole y castigándolo con mandarlo a su cuarto. Pero lo único que ellos perciben es energía desequilibrada y alterada, lo que sólo servirá para asustarlo o confundirlo, o bien decidirá ignorarlo. Las perras no tienen el concepto de "mañana", de modo que no pueden amenazarla con no ir a jugar. Si las envía a otro cuarto, o las deja apartadas, probablemente no sabrán establecer la relación entre el mal comportamiento y el exilio. Las perras viven en un mundo de causa y efecto. No piensan: reaccionan. Por lo tanto, necesitan ser corregidas en el instante mismo que han cometido la infracción. No se puede esperar ni siquiera cinco minutos, porque seguro que ya olvidaron lo ocurrido. No olvide que las perras viven el ahora, de modo que es en el ahora cuando debe aplicarse la corrección, que deberá repetirse cada vez que se transgreda la regla para que el animal comprenda qué aspecto de su comportamiento no es correcto.

Cómo debemos corregir a nuestra perra también es tema de amplio debate. Una influyente corriente de pensamiento aduce que el refuerzo positivo y las técnicas de entrenamiento positivo son el modo que debe emplearse con las perras o con cualquier otro animal. En mi opinión el refuerzo positivo es maravilloso… siempre que funcione. Y puede funcionar con perras despreocupadas y cachorros. Si consigue modificar el comportamiento de su perra con golosinas, adelante. Pero los animales que acuden a mí suelen mostrar un comportamiento descontrolado: animales adoptados que han tenido un pasado horrible de abusos, carencias y crueldad. O canes que han vivido siempre sin normas ni límites de ninguna clase. Animales que están en la zona roja de la que hemos hablado. Estas perras han llegado demasiado lejos para poder ser rehabilitadas utilizando golosinas.

El abuso, por otro lado, no es aceptable. Pegarle a una perra es inaceptable. No se puede emplear el miedo para conseguir que un animal se comporte, simplemente porque no funciona. Mostrarle un liderazgo fuerte y darle reglas a seguir no es lo mismo que suscitar miedo e imponer castigos.

La distinción reside en el modo y el momento en que se utilizan las correcciones. Nunca hay que corregir a un animal empujados por la ira o la frustración. Esto termina en abuso, tanto a animales, a niños o a cónyuges. Cuando se intenta corregir a una perra empujados por la ira, es usted quien está fuera de control, más que la perra. Está usted satisfaciendo sus propias necesidades, no las del animal, que sentirá su energía inestable y repetirá el comportamiento no deseado. Nunca debe permitir que un animal lo descontrole. Lo que se pretende es enseñarle y mostrarle su liderazgo y, si lo que quiere es corregirlo, jamás debe perder la serenidad. Puede que sea un reto para usted, como lo fue para Jordan, el propietario de David, un bulldog. Pero quizá haya sido ése el propósito de que un animal apareciese en su vida: que ambos pudieran aprender a comportarse de un modo más saludable.

Dicho esto, cuando pretenda corregir a su perra, lo más importante es la energía, el estado de ánimo y el momento escogido, siempre y cuando el método que emplee no sea abusivo. Jamás le pegue a una perra. Un contacto rápido y firme puede conseguir que una perra cambie de actitud. Yo suelo poner la mano en forma de garra de modo que, cuando toco el cuello de una perra o la parte de debajo de la barbilla, ella siente mi mano como si fueran los dientes de otro perro o los de su madre. Las perras suelen corregirse unas a otras con suaves mordiscos y el contacto es el modo más habitual de comunicarse. Un contacto de este tipo es más efectivo que un golpe. En cualquier caso hay que emplear el método menos rudo posible para apartar a una perra de un comportamiento no deseado. El objetivo es redirigir la atención de la perra y que le preste atención a usted, que es el líder de la manada. Puede usarse casi cualquier cosa para corregirla, desde un sonido, una palabra, un ruido hecho con las manos… lo que mejor funcione en su caso y que no represente daño físico o mental para la perra. Lo que a mí me funciona mejor es hacer lo que ellas se harían entre sí: mirarse a los ojos, mostrar energía, lenguaje corporal adecuado y un movimiento hacia delante. Recuerde que las perras leen constantemente su nivel de energía y comprenderán lo que quiere decirles cuando su energía les advierta "no está bien lo que estás haciendo". Cuando llevo a una perra de la correa, doy un ligero tirón hacia arriba para apartarla de un comportamiento inadecuado. Se trata de un tirón breve que apenas dura un momento y que no le hace daño, pero que el momento sea el adecuado es vital. Se utilice el método que se utilice, tiene que hacerse apenas una décima de segundo después de que la perra inicia el comportamiento no deseado. En ese momento interviene el conocimiento que tenga usted de su mascota. Debe aprender a leer el lenguaje corporal de su perra y su energía casi tan bien como ella lee el suyo.

Por ejemplo: a todas las perras les encanta revolcarse en los restos de animales muertos. Así es como en la vida salvaje camuflan su olor para salir de caza y es una de las invenciones más ingeniosas de la Madre Naturaleza, un comportamiento que está profundamente grabado en los genes de la perra. Sin embargo, cuando viven con nosotros, que entren a la casa con olor a zorrillo o a ardilla muerta no es sólo desagradable, sino antihigiénico. Me gusta que las perras vivan del modo más natural posible, pero, como líder de la manada y quien paga las cuentas, creo que tengo derecho a intentar limitar este aspecto del comportamiento de mis animales, de modo que si veo a una olfateando algo que no me parece normal, tengo que corregirla inmediatamente, antes de que eche a correr hacia aquello que ha llamado su atención. Recuerde que las perras son mucho más rápidas que nosotros y, por lo tanto, si no conseguimos "leerles el pensamiento" y actuar en ese instante, tendremos que dedicarnos a quitar la peste a zorrillo muerto del pelo de nuestra mascota al llegar a casa.

El ritual de dominación

Otro aspecto controvertido de la corrección es el ritual de la dominancia, lo que la mayoría de entrenadores y etólogos llaman la "perra alfa". Es una réplica de lo que las perras o los lobos hacen en estado salvaje: la perra dominante tumba de costado al otro hasta que señala su sumisión. Se trata, básicamente, de que un lobo haga gritar al otro "¡Mamá!" y admita haber sido vencido. Éste es el modo de mantener el orden que tiene un líder de la manada sin tener que recurrir a la violencia contra algún otro miembro de la manada. Según algunos etólogos, enfrentar a una perra a la perra alfa es tan cruel como echarla al fuego. He recibido críticas de la escuela positivista y me han llamado inhumano y bárbaro por utilizar esta técnica. Respeto estas opiniones y estoy de acuerdo en que esta técnica es sólo apropiada para determinados casos y sólo debe ponerla en práctica un entrenador de perros experimentado. Si usted piensa como ellos y cree que este método es cruel, debe tener en cuenta mi consejo, ya que estoy convencido de que, en lo que se refiere al modo de relacionarse con los animales, siempre existe la cuestión de la conciencia personal.

En mi opinión pedirle a una perra que se someta a mí tumbándose de lado es algo muy natural. En mi propia manada una mirada severa, un sonido o un gesto mío casi siempre consiguen que cualquier perra vuelva a su estado de sumisión sentándose o tumbándose sin tener que haberla tocado o, en algunos casos, ni tan siquiera acercarme a ella (véase la secuencia en tres pasos que sigue a continuación). No es necesario decir que siempre preferiría obtener el comportamiento deseado con una simple mirada o un sonido que con un contacto. No obstante, con animales extremadamente dominantes, con perras que atacan a sus iguales o a personas, o con dos perras que se estén peleando entre sí, a veces tengo que tumbar físicamente a una de ellas o a ambas. Un animal dominante luchará contra mí (¿quién no lo haría si estuviese acostumbrado a ser el jefe?). Es natural. Si durante toda tu vida has mantenido un determinado comportamiento, lógicamente te rebelarás contra quien te diga con firmeza: ¡no! En este caso tengo que ser extremadamente firme hasta que la perra deja por fin de resistirse. Comencé a utilizar esta técnica con mi primera manada de rottweiler y sigo utilizándola cuando es necesario. Con ella provoco una respuesta primaria en la perra que tengo que tratar, y es la de que yo soy el líder de la manada.

Cuando alguien ve a una perra tumbada de lado, las orejas echadas hacia atrás y la mirada hacia delante, da por sentado que el animal responde así por temor, pero se equivoca. Ésa no es una postura de miedo. (Revise la sección sobre lenguaje corporal). Es una posición de sumisión total. En el mundo canino éste es el último signo de respeto. De rendición. *Sumisión* y *rendición* no tienen connotaciones negativas en su mundo. La humillación no existe porque las perras no viven en el pasado. No sienten rencor. Aunque muchas de las perras de mi manada han tenido que someterse en algún momento de su vida después de haberse comportado mal, continúan queriéndome y siguiéndome cada día. Con cuarenta perras juntas en el mismo lugar no pasa un solo día sin que alguien se meta en algún lío. Pero una trastada puede convertirse en algo más peligroso e inquietante y, como haría cualquier buen líder de una manada, me corresponde la tarea de detenerla antes de que llegue demasiado lejos.

En lo concerniente al ritual de dominación he de puntualizar algo: aunque yo lo practico en mi trabajo cuando necesito rehabilitar perras muy desequilibradas o agresivas, advierto a cualquiera que no sea un profesional, o al menos que no sea muy experimentado en comportamiento canino y agresividad: nunca, *jamás,* tumbe a una perra a la fuerza. Con una perra dominante o agresiva alguien que carezca de la experiencia suficiente podría resultar mordido o atacado. Se trata de algo serio, que pone en riesgo la vida de una persona. Si su perra ha dado muestras de tener los problemas de comportamiento que requieren tal clase de corrección, debería consultar a un profesional. No debería ocuparse usted mismo de intentar restaurar la disciplina en una perra que ha llegado tan lejos en términos de dominación o agresividad.

Reglas y límites

En casa tenemos normas que nuestros hijos deben seguir. ¿Por qué no ha de hacer lo mismo con su perra? Son muchos los clientes que acuden a mí después de haber tocado fondo. Es la perra quien dirige la casa y la familia está sumida en el caos. Muchos de mis clientes admiten avergonzados que se están "aislando", que ya no ven a sus amigos por temor a lo que la perra pueda hacer cuando una persona nueva llega a la casa. Su vida se ha vuelto imposible de controlar, ¡casi como si vivieran con un alcohólico o un drogadicto! Tuve la fortuna de conocer durante la primera etapa de mi programa de televisión a los Francesco, una encantadora familia italo-americana alegre y extrovertida, hasta que una pequeña bichon frisé de nombre Bella llegó a sus vidas. Cuando yo los conocí, habían dejado de invitar al resto de la familia a su casa por temor a que Bella pudiera atacarlos. Aquella pequeña bola de pelo ni siquiera pesaba cinco kilos, pero controlaba a toda la familia. Ladraba sin parar a cualquiera que entrase en la casa y no dejaba de hacerlo hasta que se marchaba. Los Francesco querían a Bella, que la cuidaran había sido el último deseo de una tía muy querida. Bella representaba algo espiritual para ellos, una persona a la que querían profundamente y que habían perdido, de modo que la trataban con guante blanco, jamás le imponían nada: nada de límites ni reglas. No se daban cuenta de que con ello no le estaban haciendo un favor a la perrita, que era un animal muy desequilibrado, siempre irritable porque intentaba ser el líder de la manada sin nunca terminar de conseguirlo. Era un animal que la pasaba mal. La mayoría de canes saben que no es su papel dirigir la casa. Es más, no quieren hacerlo. Pero, si su amo no ocupa el papel, sienten que no tienen más opción que intentar hacerlo ellos.

La necesidad de contar con reglas y una estructura en su vida es instintiva en una perra. La naturaleza está llena de reglas y rituales de comportamiento. Ahora que las perras domésticas viven con nosotros, depende de los humanos fijar las reglas. Lo que usted permita o no en su casa depende de usted: que la perra duerma en la cama con usted, que pueda o no subirse a los muebles, hacer agujeros en el jardín, pedir comida cuando la familia está en la mesa. Pero existen ciertos comportamientos que le aconsejo que prohíba siempre, porque si los permite, podría estar animando a su animal a mostrarse dominante. No debe permitir que se le suba cuando llegue a la puerta, ni a usted ni a nadie. Tampoco debe permitirle que llore cuando se separa de usted. Nada de mostrarse posesivo con los juguetes ni de marcar o morder. Prohíbale subirse a la cama para despertarlo y mostrarse agresivo hacia otras personas, perros o animales que convivan en la casa. Prohíbale también ladrar sin cesar.

Algunos de los comportamientos que intentará evitar son instintivos en ella. Por eso debe ser usted para ella algo más que su dueño: debe ser el líder de la manada. Un líder controla tanto los comportamientos instintivos como los genéticos. Un adiestrador sólo puede controlar los genéticos. Puede enviar a su perra a una escuela de obediencia en donde podrán enseñarle a sentarse, a quedarse quieta, a acercarse a usted o a retroceder. Eso es pura genética. Pero porque una persona vaya a Harvard no quiere decir que cuando reciba su licenciatura sea una persona equilibrada, y sólo porque una perra sepa obedecer no significa que esté equilibrada. Cuando se entrena a una perra, no se accede a su mente sino a sus condicionantes y eso no significa nada en el mundo canino. A las perras les importa un comino ganar el Westminster o llevarse el premio al perro que más Frisbees atrapa. Una perra puede ser capaz de seguir órdenes, ir a buscar, perseguir o hacer un cierto número de cosas que su raza, su genética, le ha programado para realizar. Pero ¿puede jugar feliz con otros perros sin pelearse? ¿Sabe viajar en manada? ¿Sabe comer sin mostrarse posesiva con su comida? Eso es instinto. Un líder de la manada ha de controlar ambas cosas.

Puede que haya tenido usted esta experiencia con su perra: le encanta jugar a la pelota. En el jardín de su casa puede pasarse el día entero yendo a buscar la pelota que usted le lanza y devolviéndosela. Eso es genética. Raza. Usted controla el comportamiento de su perra, pero con la pelota. Su motivación para permanecer con usted es la pelota que usted tiene en la mano. Pero digamos que su perra pierde interés por ella. Su nueva motivación es el gato y empieza a perseguirlo. Es el instinto lo que la empuja a hacerlo. ¿Puede controlarla en esa situación? ¿Puede impedir ese comportamiento? ¿Y sin la pelota, fuera del jardín? ¿Puede controlarla durante un paseo? ¿Puede evitar que persiga ardillas mientras pasean? No puede impedir que persiga a las ardillas o los gatos con una pelota de tenis, sino con su liderazgo. A menos que haya conseguido controlar su lado instintivo, no podrá predecir o controlar lo que su perra haga o deje de hacer.

Como líder de una manada de entre treinta a cuarenta perros en el Centro de Psicología Canina, tengo que bloquear comportamientos instintivos para que la manada funcione bien. Es instintivo que una perra monte a otra, pero a veces tengo que impedirlo porque, si ese comportamiento se vuelve demasiado intenso, podría acabar derivando en una pelea. No permito que las perras se peleen por la comida o por una pelota de tenis. Ni las agresiones ni las peleas están permitidas en mi manada. A las perras de mayor tamaño no se les permite ir por las pequeñas: así es como nuestro chihuahua, Coco, más pequeño que una taza de té, puede vivir feliz en la misma manada que dos enormes pastores alemanes, siete pitbull y un doberman. Tengo que impedir que las perras de más envergadura persigan a las más débiles o aquellas cuya energía es más inestable. Es natural para ellas intentar deshacerse de la energía inestable de un miembro de la manada, pero yo tengo que enseñarles a todas a aceptar a los miembros débiles y a no acosarlos. Así es como la manada ayuda a rehabilitarse a las perras inestables: mostrándoles con el ejemplo lo que significa ser un animal equilibrado, sereno y sumiso, y cómo se sienten comportándose así. Tampoco les permito que mordisqueen nada ni que hagan agujeros en el césped o que se revuelquen en las deyecciones de los demás. He elegido imponer esas reglas porque son las que mejor me parecen como ser humano, y como líderes de la manada tenemos el derecho y la responsabilidad de elegir las reglas bajo las que deben vivir.

No obstante, cada vez que bloqueo un comportamiento instintivo, he de reemplazarlo por otra actividad para canalizar la energía. No se puede arrebatarle algo a una perra sin darle nada a cambio. ¡La energía que empuja a una perra a iniciar ese comportamiento no deseado no desaparece por el mero hecho de habérselo prohibido! Debe reemplazar la actividad no deseada por una que sí lo sea. Por eso tengo en el Centro carreras de obstáculos, albercas, bandas para correr, pelotas de tenis y otras distracciones para perras. Por eso pasamos de entre cinco a ocho horas al día haciendo algún ejercicio vigoroso, y por eso procuro hacer de cada actividad, desde caminar hasta bañarse, pasando por comer, un desafío psicológico para ellas. Si no proporciona a su perra el modo de canalizar su energía y ejercitar su mente, será mucho más difícil para ella seguir las normas y los límites que le imponga. Por el contrario, si es usted un líder bueno y responsable, le proporcionará no sólo estructura a su vida, sino muchas vías por las que canalizar su energía natural.

 Afecto

Es posible que los perros de Estados Unidos no hagan suficiente ejercicio o que carezcan de disciplina, pero desde luego afecto no les falta. Es precisamente ésa la razón por la que muchas personas deciden tener una perra: por esa increíble cantidad de amor incondicional que proporcionan. Las perras son animales afectuosos, muy físicos, y el contacto significa mucho para ellas, tanto en el mundo salvaje como cuando vienen a vivir con nosotros, pero, como ya he dicho antes, el afecto que un individuo no se ha ganado puede ser perjudicial para él. Especialmente el afecto que se dispensa en el momento equivocado.

¿Cuándo es el momento adecuado para compartir ese afecto? Pues después de que la perra ha hecho ejercicio y ha comido. Cuando una perra deja el comportamiento no deseado y hace lo que se le ha pedido. Cuando cumple con una regla o una orden. Si la perra se pone a saltar sobre usted pidiéndole una caricia, lo más probable es que su instinto la empuje a satisfacer su deseo. Pero este comportamiento le envía la señal de que es ella quien lleva las riendas. Muéstrese afectuoso sólo con una mente que esté tranquila y sumisa. Pida a su perra que se siente y que se tranquilice, y sólo después muéstrele su cariño. El animal comprenderá enseguida que sólo hay un modo de conseguir lo que desea.

¿Cuándo no debe usted darle cariño? Cuando la perra esté asustada, ansiosa, posesiva, dominante, agresiva, llorosa, ladrando… o contraviniendo cualquiera de las reglas de su casa. Los propietarios de Bane y Hera, los perros asesinos de San Francisco, daban enormes muestras de cariño a sus perros después de que se hubieran pasado el día aterrorizando a la gente. Cuando se muestra cariño a una perra, se refuerza el comportamiento que haya tenido un instante antes. Con amor no se puede conseguir que un perro deje de portarse mal, del mismo modo que tampoco se puede conseguir que un delincuente deje de cometer delitos. Cuando me casé por primera vez con mi esposa, Ilusión, ella me daba todo el amor del mundo, pero no era ese amor lo que podía hacerme desistir de un mal comportamiento al que estaba acostumbrado. Lo que me hizo cambiar y ser un buen marido y compañero fue que ella trazase al fin una línea sobre la arena. O me reformaba o me abandonaría. ¡Tengo que admitir que no fue el amor lo que me cambió, sino las reglas y los límites!

Un magnífico ejemplo del modo correcto de dar amor puede encontrarse observando a los perros que tienen un trabajo. Las personas con minusvalías que cuentan con el trabajo de una perra deben comprender que ese animal no está con ellos sólo para que sea su amigo. Tienen que aprender a mostrarse líderes antes de que el perro sea capaz de encender la luz, abrir la puerta o llevarlos hasta la parada del camión. Aunque esos animales han sido entrenados por especialistas, no responderán ante la persona con minusvalías hasta que esa persona aprenda a proyectar energía serena y firme. Si alguna vez ha visto a esas perras en acción, habrá reparado en que llevan un cartel en el que puede leerse que no se les deben dar muestras de afecto mientras están trabajando. La ley prohíbe expresamente que se acaricie a esos animales. El afecto sólo crea excitación y una perra no puede concentrarse en su trabajo si está excitada. ¿Cuándo le demuestra su afecto la persona a la que ayuda? Cuando el animal ha realizado su tarea, y en casa, al final de un duro día de trabajo. Las perras de búsqueda y rescate y las que trabajan para la policía no reciben afecto mientras están trabajando, a menos que sea inmediatamente después de haber realizado una tarea importante. Los policías de estupefacientes no se dedican a jugar con sus perras todo el día para luego pedirles que busquen sin distraerse paquetes de sustancias ilegales. Tener que trabajar para ganarse el afecto es algo muy natural para una perra. Somos sólo los humanos quienes creemos que si no damos afecto a nuestras perras veinticuatro horas al día, siete días a la semana, les estamos privando de algo.

Satisfacción

Cuando hablo de "satisfacer" a nuestras perras, me refiero a la satisfacción que pretendemos para nosotros mismos en nuestra vida. ¿Somos felices? ¿Vivimos cada día aprovechándolo al máximo? ¿Somos capaces de exprimir todo nuestro potencial, de ejercitar los talentos y las capacidades con los que nacimos? Con las perras es lo mismo. La vida de una perra está llena si puede vivir cómodamente en una manada, sintiéndose segura bajo la guía de su líder. Una perra está satisfecha si hace ejercicio frecuentemente y, de algún modo, siente que está trabajando por comida y agua. Una perra está satisfecha cuando confía en su líder para fijar normas consistentes y límites por los que regirse. A las perras les encantan las rutinas, los rituales, la consistencia, además de las nuevas experiencias y la oportunidad de explorar, especialmente cuando sienten que tienen una unión profunda con su líder.

Las perras nos llenan de satisfacción de muchas maneras. Nos hacen compañía cuando estamos solos. Nos acompañan en nuestros paseos matutinos. Nos proporcionan algo vivo, suave y cálido con lo que acurrucarnos. Nos sirven como despertadores, alarma antirrobo y centinelas. Nos hacen ganar dinero en sus competiciones. Nosotros no les pedimos todo esto, pero ellas lo hacen. No saben hablar y pedirnos lo que necesitan, pero, dándoles unas cuantas cosas muy simples —ejercicio, disciplina y afecto, en ese orden—, habremos encontrado el modo de agradecerles todo lo que aportan a nuestra vida.

NOTAS

[1] "Wolves in Denali Park and Reserve", National Park Service/Departamento de Interior, http://www.nps.gov/akso/ParkWise/Sutedents/ReferenceLibrary/DENA/WolvesInDenali.htm.

[2] Scott, J. P., y Fuller, J. L., *Genetics and the Social Behavoir of the Dog,* Chicago, University of Chicago Press, 1965.

8
¿No podemos llevarnos bien sin más?
Trucos sencillos para vivir feliz con su perro

Los humanos y los perros llevamos coexistiendo y dependiendo los unos de los otros miles de años. En los países en vías de desarrollo y las sociedades primitivas no siempre se trata a los perros con el nivel de amor y ternura que empleamos en Estados Unidos. Sin embargo, los perros que viven en tales lugares no parecen padecer tantas dificultades y neurosis como aquí. ¿Cómo podemos compartir el amor que sentimos por ellos sin provocarles "dificultades"? ¿Cómo podemos ser líderes fuertes de la manada sin perder la compasión y la humanidad que nos empujó en un principio a emparejarnos con ellos?

La respuesta a estas preguntas no es sencilla. No obstante, pretendo ofrecerle algunos consejos prácticos obtenidos a partir de mi experiencia con clientes que espero los ayuden, a usted y a su perro, a vivir sin estrés y a alcanzar un elevado nivel de conexión entre las dos especies.

Elegir un perro

Como ya he mencionado anteriormente, elegir el perro adecuado es la piedra angular sobre la que edificar una relación larga y satisfactoria entre ambos. Antes de tomar la decisión de comprometerse con un perro debe preguntarse cuál es su motivación. No tiene por qué compartirla con nadie, pero debe ser absolutamente sincero consigo mismo porque le aseguro que no podrá engañar a un perro. ¿Se siente triste y solo y pretende utilizar al perro como sustituto de la compañía de un ser humano? ¿Quiere que el perro interprete el papel del niño que nunca tuvo o pretende que ocupe el lugar de los hijos que acaban de dejar el nido? ¿Quiere llevar a un perro a su casa para que llene el vacío que ha dejado otro que falleció? ¿Quiere llevar a su lado un perro con aspecto de chico duro para ganar una determinada posición o prefiere un perro bonito al que poder llevar a pasear y que atraiga a las chicas? ¿Quiere que su perro sea su protector, un arma y poco más? Si alguna de éstas es la razón principal por la que desea un perro, le pido que recuerde que se trata de un ser vivo con intensos sentimientos, necesidades y deseos que por ser distintos a los suyos no son menos importantes. Un perro no es una chica, un hijo, un bolso, un símbolo de posición social o un arma. Si ha decidido que desea compartir su vida con uno, tendrá una increíble oportunidad de formar un poderoso lazo de unión con un miembro de otra especie. Pero esa oportunidad tiene un precio: el precio de la responsabilidad.

Conózcase a sí mismo antes de conocer a su perro. Antes de transformarse en el ama de uno de ellos, le recomiendo que la respuesta que emita a estas importantes preguntas que voy a proponerle sea siempre sí a la primera parte de ellas y no a lo que figura entre paréntesis:

1. ¿Estoy dispuesta a comprometerme a pasear a mi perro durante al menos una hora y media al día? (¿O me voy a limitar a dejar al perro en el jardín diciéndome que de ese modo ya hace suficiente ejercicio al aire libre?).

2. ¿Estoy dispuesta a comprometerme a aprender a ser un líder de la manada firme y sereno para mi perro? (¿O dejaré que mi perro haga lo que quiera porque es más fácil?).

3. ¿Estoy dispuesta a comprometerme a establecer reglas y límites claros en mi casa? (¿O dejaré que mi perro haga lo que quiera cuando quiera?).

4. ¿Estoy dispuesta a comprometerme a proporcionarle a mi perro comida y agua de modo regular? (¿O le daré de comer sólo cuando me acuerde?).

5. ¿Estoy dispuesta a comprometerme a darle afecto a mi perro sólo en el momento adecuado y cuando mi perro se muestre sereno y sumiso? (¿O lo abrazaré y lo besaré cuando tenga miedo, se muestre agresivo o simplemente cuando me antoje?).

6. ¿Estoy dispuesta a comprometerme a llevar a mi perro al veterinario de modo regular, a esterilizarlo, a hacerle los exámenes necesarios y a ponerle todas las vacunas? (¿O pienso ir al veterinario sólo cuando esté enfermo o herido?).

7. ¿Estoy dispuesta a comprometerme a socializar a mi perro y/o a entrenarlo debidamente para que nunca pueda llegar a ser un peligro para otros animales o personas? (¿O confiaré en la suerte, limitándome a advertirle a todo el mundo que no se acerque a mi perro?).

8. ¿Estoy dispuesta a recoger los excrementos de mi perro cuando lo saque a pasear? (¿O consideraré que las cacas de mi perro no son asunto mío?).

9. ¿Estoy dispuesta a educarme en psicología canina en general y a aprender las necesidades específicas de la raza de mi perro? (¿O aprenderé por instinto?).

10. ¿Estoy dispuesta a ahorrar algo de dinero por si debo llevar a perro a un especialista si presenta problemas de comportamiento o si debo buscar una clínica veterinaria de urgencia? (¿O destinaré a mi perro sólo lo que pueda permitirme en ese momento?).

¿Aprobó? Enhorabuena. Está usted preparado para tener perro. En caso contrario quizá sería mejor que pensara más detenidamente en su elección de mascota. También hay muchos gatos sin hogar que necesitan ser adoptados y sus necesidades son muy distintas a los de los perros, y no tan trabajosas.

Y ahora, ¿qué perro elegir? Como ya he dicho anteriormente, la raza es un factor importante y hay muchas guías que consultar acerca de los cientos de distintas razas que existen. Yo recomiendo la *American Kennel Club's Guide to Dog Breeds,* con sus preciosas fotografías a todo color y una fascinante historia genética de cada raza. *Your Dream Dog,* de Bash Dibra, es otro libro lleno de información muy útil a la hora de elegir una raza que encaje con sus requerimientos. *Mutts: America's Dogs,* de Michael Capuzzo y Brian Kilcommons, ofrece una visión única en la que "clasifican" las razas mestizas. La historia de los perros es fascinante, lo mismo que leer acerca de ellos.

Aun así, cuando se trata de emparejar a un humano con su perro perfecto, mi opinión es que encontrar una *energía compatible* es mucho más importante que la raza.

A lo largo del presente libro hemos visto ejemplos de perros cuya energía desbordaba a la de sus propietarias. Jordan el bulldog es el primero que me viene a la memoria. Emily la pitbull es otro ejemplo. Si es usted una persona relajada y sosegada, un chino crestado enérgico que salta por todas partes sólo causaría agobio y dolores de cabeza tanto al perro como a usted. Si es usted una corredora a la que le gusta salir a correr con su perro, un bullbog aletargado y de patas cortas no sería su elección ideal.

Primero ha de ser honesta con su propio nivel de energía. Y tómese su tiempo para analizarlo. Si tiene la oportunidad, acérquese a ver al perro en cuestión un segundo día, a una hora distinta, para determinar si hay alguna variación en su comportamiento. Mucha gente no elige razas puras directamente en un criadero, sino que acude a las organizaciones de rescate o albergues para adoptar un perro perdido o abandonado. Puesto que la mayoría de animales que acuden a mi Centro de Psicología Canina tienen un historial de este tipo, aplaudo el altruismo de esos gestos, pero ocurre con demasiada frecuencia que una persona se "enamora" de un perro, o "siente lástima por él", y decide adoptarlo en ese momento, se lo lleva a casa sin pensar y termina pasando por el infierno que tantos de mis clientes han tenido que soportar. Esta situación es injusta para el perro porque en muchas ocasiones es devuelto al refugio, y los perros que tienen un historial de múltiples devoluciones corren un riesgo elevado de recibir la eutanasia. Por otro lado, suelen desarrollar mayores dificultades, cortesía de cada ser humano que los adopta para rechazarlos después, de modo que tomarse el tiempo necesario a la hora de elegir un perro es algo muy serio. Si puede permitírselo, hágase acompañar de un profesional cuando tome la decisión final. También puede pedirle a esta persona que la ayude a la hora de introducir al animal en su hogar.

Llevar un perro a casa

Cuando lleva un perro desde un criadero o desde un refugio a su nueva casa, recuerde que para él está usted simplemente transportándolo de un lugar a otro. Puede usted tener una mansión de seis millones de dólares con una finca de veinte hectáreas, catorce cuartos de baño, alberca, jacuzzi, casita de invitados y cancha de tenis, pero para el perro sólo se tratará de una caseta más grande. Las paredes no son algo natural para ellos, aunque el arquitecto que las haya diseñado sea famoso. Por lo tanto, necesita usted crear la experiencia de la migración para el perro antes de llevarlo a su casa. Lo primero que ha de hacer apenas llegue es dar un paseo bien largo con él, al menos de una hora, por su colonia. Durante este paseo estarán ambos construyendo un lazo de confianza y estableciendo usted su posición como líder de la manada. Las reglas que regirán su relación se están estableciendo en esos primeros momentos. El animal también se familiarizará con la zona. Está usted recreando lo que el animal sentiría si migrase a una zona nueva con su líder natural. Y, por supuesto, está usted agotando su energía para que esté mejor dispuesto a aceptar las normas cuando llegue a casa.

Tan importante como este primer paseo juntos es el hecho de entrar por primera vez en la casa. Sólo va a tener una oportunidad de causarle esta primera impresión. Si lo hace bien, se ahorrará un montón de dolores de cabeza. Si lo hace mal, tendrá que rehabilitar a su perro desde el primer día.

Asegúrese de entrar antes que él. Luego "invítelo" a pasar. No deje que su marido y sus hijos acudan en tropel a recibirlo con abrazos y cariñosas bienvenidas. Por duro que pueda parecerles, pídales que se queden donde están. Acérqueles al perro y deje que los olfatee. A estas alturas usted ya habrá hecho comprender a todo el mundo lo importante que es que proyecten una energía serena y firme, de modo que eso es todo lo que el animal va a percibir en la habitación, ¿verdad? Mucha gente cede a la tentación de dejar que el perro deambule por la casa y el jardín, deleitándose en verlo olfatear e investigar cada nueva habitación y cada objeto. Si se lo consiente, sobre todo si al hacerlo va usted detrás de él, le estará permitiendo que reclame toda la propiedad para él. Durante las dos primeras semanas debe ser usted quien le "dé permiso" para hacer todo. La primera noche indíquele una habitación y un lugar donde dormir, mejor su propia casita o cesta. Suelo recomendar a las familias que contengan sus muestras de afecto durante un par de semanas, hasta que el perro haya comprendido las normas de la casa y se haya acostumbrado a su nueva manada. Para la mayoría este requerimiento es imposible de cumplir, y lo comprendo perfectamente. Una vez que el animal está tranquilo, en su casita, y listo para irse a dormir, podrá compartir con él su afecto y comenzar a trabar su unión. Pero recuerde: no es el amor si no la energía de su liderazgo lo que conseguirá que su perro se sienta seguro en su casa.

Al día siguiente comience la que será la rutina regular de su perro. Un largo paseo a primera hora de la mañana, luego comida, después afecto y luego descanso. Vaya mostrándole una habitación cada día, siempre dejándole claro que es usted quien le da permiso para entrar en ella. Establezca desde un principio lo que queda prohibido para él y lo que es aceptable. No dude ni cambie las normas por mucho que él la mire con esos ojitos lastimeros. No olvide que su firmeza y su fuerza durante esta primera fase son regalos que le está haciendo a su perro, tan importantes como la comida y el techo que comparte con él. Le está proporcionando el regalo de una camada sólida y de confianza, una camada en la que enseguida podrá relajarse y ser él mismo.

Las reglas de la casa

Las reglas que imponga para los perros de su casa dependen enteramente de usted, pero hay algunas normas generales que yo recomiendo que se sigan para mantener intacto su papel de líder.

— Despiértese cuando usted diga, no cuando diga su perro. Él no es su despertador. Si el perro duerme en su misma cama, enséñele a bajarse tranquilamente si se despierta antes que usted y necesita agua o estirar las patas. Luego tendrá que esperar tranquilamente a que usted se levante y comience la rutina diaria.

— Empiece el día con pocos contactos físicos o charla. El afecto se lo demostrará después del paseo. El paseo es el tiempo de unión entre usted y su perro. Si caminan, intente hacerlo durante al menos una hora diaria. Si le gusta correr, hágalo; si le gusta montar en bicicleta o patinar, hágalo también. En una situación ideal usted habrá elegido un perro que pueda practicar su actividad preferida y, si se trata de un deporte muy activo, podrá reducir su duración. Pero caminar a paso rápido es el mejor ejercicio tanto para el perro como para el humano, tanto a nivel físico como psicológico. Si le es totalmente imposible dedicar una hora al paseo, añada una mochila para que el trabajo sea más productivo para su perro o póngalo en una banda para correr durante media hora mientras usted se prepara para ir al trabajo.

— Dé de comer a su perro de un modo tranquilo y jamás le ofrezca comida si está dando saltos. Sólo recibirá alimento cuando esté sentado y tranquilo. Jamás recibirá comida como respuesta a un ladrido. En el Centro de Psicología Canina los perros más tranquilos y dulces son los primeros en comer. ¿Se imagina qué incentivo es su actitud para el resto de la manada?

— Su perro no debe pedirle nada mientras usted esté comiendo. Cuando el líder de la manada come, nadie lo interrumpe. Fije la distancia a la que su perro debe estar de la mesa de comer y no la varíe. No ceda ante las miradas suplicantes de su perro, ya que sus antepasados lobunos nunca competían con el líder de la manada por la comida y él tampoco debe hacerlo.

— Después del ejercicio y la comida llega la hora del afecto. Pídale a su animal que esté tranquilo y en posición sumisa y luego dele todo su amor hasta que llegue la hora de ir a trabajar. Haciendo todo esto está condicionando a su perro para que tenga una mañana bonita, equilibrada y satisfactoria cada día de la semana.

— Nunca dé gran importancia al momento de salir de su casa o de volver. Si debe dejar al perro todo el día, simule marcharse muchas veces antes de que verdaderamente lo haga. Asegúrese de que está en actitud serena y sumisa cada vez que usted entre o salga. Una vez que esté en la posición que usted desea, no hable, no lo toque, ni lo mire a los ojos antes de irse. Por difícil que le pueda resultar, actué con frialdad y no deje de proyectar su energía firme y serena. Si ha ejercitado debidamente al animal y no ha alimentado su miedo o su ansiedad, su reloj biológico le dirá que ha llegado el momento de descansar y estar relajado un rato. No permita que gima o aúlle cuando se marche. Puede que tenga que esperar un poco hasta que el perro esté totalmente tranquilo, pero sea paciente y asegúrese de que la rutina cala en él. No se preocupe: podrá volver a quererlo cuando regrese a casa.

— Una vez que haya vuelto, contenga su cariño cuanto pueda al verlo. No lo anime a sobreexcitarse. Cámbiese de ropa, tome algo y vuelva a sacar al perro. Este paseo puede ser algo más corto (media hora), puesto que van a pasar la tarde juntos. Después del paseo vuelva a reforzar el hábito de la comida y después de la cena podrá permitir que su perro vuelva a ser su mejor amigo.

— La forma de dormir para un perro debe quedar clara y sin ambages. Un animal debe tener un lugar en el que dormir habitualmente y no debe ser a elección suya. Cuando su perro llegue por primera vez a su casa, póngalo invariablemente en su casita o en su cesta durante la primera semana. De este modo lo acostumbrará a su nuevo entorno al tiempo que le estará imponiendo límites. Tras la primera semana reemplace la casita por una almohada o una cesta. Aquél será ya su lugar de descanso. Si usted quiere que el perro duerma en su misma cama, bien. Para ellos es natural dormir con los miembros de su manada y es una forma intensa de crear lazos con el animal. Invite al perro a entrar en el dormitorio, métase en la cama unos minutos y luego invítelo a subir. Usted elegirá la parte de la cama en la que puede dormir el perro. Dulces sueños.

— Todos los integrantes de la casa tienen que ser líderes para su perro. Desde el bebé hasta los abuelos: el perro necesita respetar a todo el mundo por el puesto más elevado que ocupa en la escalera de la dominación. Esto significa que cada habitante de la casa tiene que vivir con las mismas normas y límites. Hablen de ello y asegúrense de que todo el mundo respeta la ley. Recuerden que, si unas veces aplicamos las normas y otras no, crearemos un perro impredecible que es mucho más difícil de condicionar a largo plazo. De modo que su hijo de diez años no puede pasarle golosinas a Max por debajo de la mesa si la norma no le permite pedir comida. No puede impedir que su perro salte por encima de los muebles cuando usted está en casa, pero sí permitirlo cuando el que está es su marido. Un liderazgo inconstante conduce a un perro desobediente.

— Dedicar semanalmente un tiempo para jugar con su perro es un modo estupendo de añadir ejercicio a la rutina diaria del paseo. (¡Aunque a estas alturas ya sabe usted que nunca puede constituir un sustituto para el paseo!) También es un modo de permitir que su perro exprese las necesidades especiales y capacidades de su raza. Pueden jugar a lanzar y recoger cosas, a nadar en la alberca, jugar con el Frisbee y a correr en una carrera de obstáculos… Lo que le guste a usted o utilice los talentos especiales de su perro. Asegúrese, eso sí, de que el animal haya dado uno de sus largos paseos antes de jugar (o lo que es lo mismo, no lo haga a primera hora de la mañana) y ponga un límite estricto al tiempo que dedicarán al juego. No deje que su perro la convenza de que se pasen tres horas jugando con la pelota de tenis cuando usted había dispuesto sólo una.

— No evite o posponga el baño de su perro sólo porque a él no le gusta. Seguramente al animal le importa un comino estar limpio o sucio, pero usted se merece tener un perro limpio. Hay muchas formas de convertir la hora del baño en una experiencia agradable para ambos. Primero permita que su perro conozca la tina de un modo relajado y agradable antes de bañarlo. No olvide que en la naturaleza los perros no se bañan. Sólo entran en el agua o en un charco de lodo para refrescarse cuando hace calor, a lo cual los empuja el instinto. Utilice ese instinto en su propio beneficio y someta al perro a un ejercicio intenso (un paseo rápido, una carrera, la banda para correr o una sesión de patinaje) antes del baño. Que el agua esté templada. También puede asociar el baño con alguna golosina, pero no confíe en extremo en esa solución. Un perro cansado y relajado que ha sudado la camiseta es la mejor apuesta para un baño feliz.

— No permita que su perro se muestre posesivo con la comida o los juguetes. Asegúrese de que sepa que sus juguetes son antes suyos y de que está tranquilo y sumiso, o activo y sumiso antes de darle de comer, y que no gruñe cuando se acerca mientras come.

— No permita que ladre de modo descontrolado. Si su perro ladra en exceso, lo más probable es que se deba a la frustración física o psicológica. Es su forma de hacerle saber que necesita más actividad física y un líder más activo. Su perro está intentando decirle algo con sus ladridos. ¡Escúchelo!

Perros y niños

El tema de perros y niños podría constituir un libro en sí mismo. Como persona que creció rodeada de animales y que ha criado a sus propios hijos entre una manada de perros, puedo dar testimonio de que el hecho de vivir con perros puede ser una de las experiencias más memorables y gratificantes en la vida de un niño. Los perros enseñan a los niños empatía; les enseñan responsabilidad y cuidados, a estar en sintonía con la Madre Naturaleza. Les enseñan equilibrio y amor incondicional. No puedo imaginarme haber criado a Andre y Calvin sin la alegría que los perros han puesto en sus vidas. Sin embargo, no debemos olvidar que, cuando tenemos un perro, estamos invitando a un depredador carnívoro a nuestra casa. Por unidos que estemos con los perros somos dos especies distintas, y es nuestra responsabilidad como padres y dueños de perros proteger a los miembros más preciados de nuestras familias, a nuestros hijos, y asegurarnos de que tanto ellos como nuestros perros saben coexistir con seguridad y felicidad.

Más de la mitad de mordeduras graves y decesos que ocurren en Estados Unidos las sufren niños de entre cinco a nueve años, pero los bebés son especialmente vulnerables. Mientras escribo este libro, el sur de California todavía se resiente de la trágica muerte de un recién nacido de Glendale, que el rottweiler de los abuelos arrancó de los brazos de la madre[1]. En esos casos, invariablemente, los dueños no pueden creérselo. "Había sido siempre un perro tan cariñoso", dicen. Luego suele aparecer un vecino que dice haber visto señales de aviso que pasaron inadvertidas o fueron ignoradas.

Un bebé puede ser algo confuso para un perro si nunca antes ha visto uno. Los bebés huelen de modo distinto a los adultos humanos. Su forma es diferente. Emiten sonidos y se mueven de modo distinto. Para los perros con un fuerte instinto depredador el tamaño y la debilidad de un bebé pueden desencadenar el ataque. Por otro lado, es lógico que la familia revolotee en torno al recién nacido y no preste demasiada atención al perro. Si su perro tiene problemas de dominancia o está obsesionado con usted, puede tener problemas.

Las familias que están esperando el nacimiento de un bebé y que tienen perro deben evaluar cuidadosamente la situación. ¿Cuál es el temperamento del perro? ¿Cómo es la relación con su dueña? Si los padres resultan ser líderes débiles y permiten que el perro domine la casa, sobre todo si se trata de una raza fuerte que se ha mostrado agresivo en algún momento del pasado; si el perro está acostumbrado a recibir atención constante y se muestra territorial o posesivo, recomendaría seriamente a la familia que le buscase un nuevo hogar antes del nacimiento del niño. A pesar de la importancia que tienen los animales en mi vida como padre sé que jamás habría puesto la vida de mis hijos en peligro. Hay algunas situaciones familiares en las que no se deben mezclar bebés y perros, aunque suele deberse más a la relación entre la dueña y su perro que al perro en sí. Si el animal ha sido socializado debidamente, no sólo la mayoría de perros pueden convivir pacíficamente con los niños, sino que pueden convertirse en sus devotos protectores.

Pero si tiene usted la más mínima duda de su propia capacidad para manejar al perro en cualquier situación, le sugiero que se tome los nueve meses de espera para encontrarle al animal una nueva casa adecuada para él. Sé que puede ser descorazonador, pero la buena noticia es que los perros se adaptan mucho más deprisa que los humanos. Se sentirá desorientado en un principio cuando se marche a vivir con una nueva manada, pero en la naturaleza los lobos cambian de manada cuando surge la necesidad de hacerlo. Si una manada es demasiado numerosa para los recursos de su territorio, los lobos se dividen y forman grupos nuevos. Si encuentra una casa adecuada para él, se adaptará sin problemas: su instinto lo empujará a ajustarse para encajar. La reconocerá si vuelve a verla o a olerla, pero no perderá el tiempo con usted. No olvide que los perros viven el momento.

Preparar al perro para el esperado acontecimiento

Suponiendo que no se encuentre usted en la situación que he descrito en los párrafos anteriores, hay muchas cosas que puede hacer para preparar a su perro para la llegada del bebé y, lo que es aún más importante, para condicionarlo a respetar al bebé como otro líder de la manada. Hay que empezar pronto. Cualquier debilidad potencial en su relación líder-seguidor debe ser corregida inmediatamente. Si su perro es muy dependiente, ansioso o tiene dificultades con la separación, puede reaccionar en exceso a cualquier cambio en la estructura de la manada. Por difícil que pueda parecer puede empezar mostrándose más fría hacia él mucho antes de que llegue el bebé. No permita que la siga como una sombra por toda la casa. Impida que duerma con usted. Imponga nuevas reglas sobre dónde se puede o no sentar. Hágale saber que queda prohibido entrar en la habitación del bebé. Salga a pasear con él llevando un carrito y asegúrese de que él va siempre detrás, nunca delante. Anímelo y recompense su comportamiento sereno y sumiso en estas sesiones.

Una vez que haya nacido el niño, lleve a su casa una prenda de ropa con el olor del bebé y deje que su perro la huela. Es un modo de "presentarle" al bebé antes de que puedan verse cara a cara. No le ponga la prenda bajo la nariz para obligarlo a olerla. Primero muéstresela desde el otro lado de la habitación y luego pídale que se acerque poco a poco, pero no más cerca de lo que le permitiría si se tratase del bebé. Lo que le está pidiendo no es algo irracional: en la naturaleza la madre mantiene a sus retoños alejados de la manada al principio. El perro siempre debe mostrarse sumiso y tranquilo cuando detecte el olor del bebé. Corrija muestras de ansiedad o fijaciones, y recompense sólo un comportamiento tranquilo y sumiso.

Cuando el bebé llegue a casa, no se lo presente fuera. Entre primero y luego invite al perro a pasar, dejándole claro que están en la casa del bebé y no del perro. Presénteselo poco a poco. Empiece dejando que lo vea desde el otro lado de la habitación. Luego, poco a poco, deje que se acerque. Su energía firme y serena es vital en este momento. Cuando Ilusión se hizo a la idea de que llevase a mis hijos a la manada, entré con ellos mientras proyectaba mi forma más firme y serena de energía. Llevaba en brazos a mis hijos con orgullo. Estaba comunicando a la manada que aquellos niños formaban parte de mí, de su líder, y que ellos tenían que respetarlos del mismo modo que me respetaban a mí. Mis hijos aprendieron de mí ese comportamiento viéndome interactuar con los perros y lo imitaron.

Al mismo tiempo que enseñamos al perro hay que enseñar al niño a medida que crece cómo respetar al perro sin dejar de ser el líder de la manada. Por eso la supervisión es muy importante. Los perros nunca deben quedarse solos con niños que están aprendiendo a caminar y que están demasiado llenos de energía física. Los niños tienen que aprender a no jalarles las orejas o la cola, y hay que enseñarles a que nunca deben jugar a peleas con un perro. Cuanto más insistamos, más aprenderá a corregir el modo de tratar a un perro. Al final el animal comprende que el niño no va a hacerle ningún daño. A Andre y Cavin les enseñé bien pronto a reconocer las pistas que proporciona el lenguaje corporal de un perro, de modo que pudieran saber cuándo podían o no tocarlo. Les hice que me ayudaran a darles de comer y les enseñé a no poner delante de un perro su plato de comida hasta que no estuvieran sentados y tranquilos. Enséñeles también cómo deben acercarse a un perro desconocido: no hay que hablar ni tocar ni mirarle a los ojos hasta que no esté tranquilo y cómodo con nosotros. En cuanto mis chicos pudieron andar, correteaban entre los perros como los amos del lugar. Hagan como yo: condicione a sus niños para que lleguen a ser los líderes de la manada desde que están en la cuna. ¡Toda una generación de perros se lo agradecerá!

Visitas

Cómo tratar a las visitas puede ser algo difícil de comprender para un perro. La mayoría de la gente quiere que sus perros sean, si no sus protectores, al menos su alarma. Si un extraño se acerca a la casa por la noche, las dueñas de los perros quieren que éstos las alerten de ello. Pero al mismo tiempo desean que se muestren dóciles y cariñosos cuando los amigos o el cartero llegan a su puerta. Es difícil conseguir ambas cosas. ¿Cómo va a diferenciar el animal qué clase de persona está al otro lado de la puerta? Es tarea de la dueña enseñar modales al perro y reforzarlos cuando sea necesario.

Cuando un desconocido llama a su puerta, asegúrese de que el perro deja de ladrar inmediatamente y de que está sentado y sumiso cuando entra. No permita que salte encima del recién llegado. Al mismo tiempo pida a la persona que llega a su casa que no salude al perro del modo tradicional (pero ¡equivocado!) ¡Nada de agacharse para ponerse al nivel del animal para acariciarlo y hablarle! El invitado debe aprender las normas que yo utilizo para los visitantes del Centro de Psicología Canina: no hay que tocar ni hablar ni mirar a los ojos nada más llegar. El perro debe acostumbrarse educadamente al olor del invitado antes de que éste le muestre cariño. El perro tiene la capacidad de recordar miles de olores distintos, de modo que tras un par de visitas el invitado ya le será familiar. Pero con cada persona nueva que conozca habrá que repetir el ritual.

El pobre cartero también puede crearle dificultades al perro. Puesto que los canes viven en un mundo de causa y efecto, si el perro se acostumbra a ladrarle al cartero, lo interpretará del siguiente modo: "Llega el cartero. Ladro y gruño. El cartero se va. Lo he asustado". En algunos perros dominantes y agresivos esto puede despertar su instinto depredador, lo que potencialmente puede incitar la agresión hacia el cartero. Para el dueño esto puede traducirse en tener que ir a recoger el correo a la oficina de correos o, en el peor de los casos, a una denuncia. El servicio postal de Estados Unidos en la actualidad se toma muy en serio la seguridad de sus carteros. En el caso de uno de los perros que han aparecido en *Dog Whisperer* no sólo la propietaria del perro en cuestión sino todo el vecindario perdieron el privilegio de recibir el correo en sus casas. (Ya se imaginarán que la dueña del perro no se hizo muy popular en el barrio…).

Corregimos esta dificultad condicionando al perro para que no ladrase cuando un desconocido se acercase a la puerta. Cuando conseguimos progresar en este sentido, me vestí con el uniforme de los carteros y me acerqué a la puerta una y otra vez hasta que el perro perdió el deseo de ladrarme. Fue como si hiciera un trueque con la dueña: ella renunció a su "sistema de alarma" para conseguir recuperar el privilegio del correo. Siempre es preferible instalar una alarma que dar a su perro ese trabajo, porque ¡el cartero es irremplazable!

Ir a la peluquería y al veterinario

Siempre que propongamos a nuestro perro una situación nueva y desconocida es importante que lo preparemos de antemano. Mucha gente lleva galletas para intentar calmarlo, pero, si el animal ya está aterrado, seguramente no funcionará. Recuerde que los perros no entienden lo que es un peluquero o por qué tienen que ir a sus revisiones con el veterinario. Pocos son los perros que no protestan cuando les cortan el pelo o visitan al veterinario por primera vez. Muy pocos son los que no se ponen tensos o nerviosos. Para ellos son situaciones muy poco naturales, de modo que el peluquero y el veterinario tienen que actuar como etólogos además de hacer el trabajo que deben realizar, y algunos no son capaces de combinar ambas cosas. No es su trabajo. De usted depende contribuir a que la experiencia sea lo más cómoda posible para su perro.

Antes de ir al veterinario es importante que usted sujete a su perro y lo toque del mismo modo que hará el veterinario. De hecho es algo que debe hacer con regularidad mucho antes de la visita. El cerebro necesita haber sido condicionado a que lo toquen en determinadas partes del cuerpo que normalmente no tocaría nadie. Muchos de nosotros acariciamos a nuestros perros cuando les damos afecto: tocamos la cabeza, los acariciamos, les rascamos la tripa o la espalda. Un veterinario le abrirá la boca, le mirará los oídos, los ojos y el ano. Usted puede ayudar a su perro "jugando al doctor en casa". Que todo el mundo se involucre, incluidos los niños, y que alguien se ponga una bata parecida a la del veterinario. Que su perro se acostumbre al tipo de instrumental que utiliza un veterinario, aunque sea de juguete, y que experimente el olor a alcohol. Puede darle masajes o alguna golosina durante la sesión para crear una asociación positiva.

La visita al peluquero ha de prepararse del mismo modo. Los únicos perros que se sienten cómodos en la peluquería son los que provienen de un linaje de perros de exposición. De algún modo es como si hubieran heredado la tranquilidad de sus padres a la hora de enfrentarse al proceso del acicalado. Para otros perros, sin embargo, puede constituir toda una pesadilla. ¿Recuerda a Josh, *El Gremlin?* ¡No se imagina la cantidad de clientes que temen más ir al peluquero con sus perros que a su propio dentista!

Por naturaleza soy un hombre muy competitivo y los desafíos siempre me seducen. Para mí lo es trabajar con un perro inestable e intentar ayudarlo a recuperar el equilibrio, así que, cuando trabajé como peluquero en San Diego y me trajeron un perro como Josh, para mí fue un placer. No difiere mucho del vaquero cuyo trabajo consiste en montar un caballo salvaje o un toro. No queremos herir a los animales: sólo domarlos. Lo que yo vi entonces fue la oportunidad de domesticar al animal que esos perros llevaban dentro y al mismo tiempo dejarlos guapos por fuera. Si el perro resultaba ser un animal fácil, mejor, todo iba más deprisa, pero un perro difícil no era algo negativo para mí. Por supuesto los perros hacían crecer en mí mi energía positiva, de modo que conseguía que la experiencia les resultase muy agradable. Sin embargo, entiendo por qué la mayoría de peluqueros temen a esa clase de perros. Detestan tener que ocuparse de un animal que puede morderles e inconscientemente culpan al perro. El animal se percata de su energía negativa y eso exacerba su ansiedad. La verdad es que los perros actúan de ese modo porque sus dueñas no los preparan debidamente para la ocasión.

Al igual que cuando lo preparábamos para el veterinario, podemos recrear el escenario para condicionar al perro gradualmente a sentirse más cómodo en el peluquero. Cómprese algunas pinzas o tijeras e intente ponérselas al perro para calibrar su reacción. Si se pone nervioso, espere a que tenga hambre. Ofrézcale comida y, mientras esté comiendo, mueva las tijeras o las pinzas a su lado. Hágalo unas cuantas veces. Empezará a asociar ambas cosas con la hora de la comida, lo cual mejorará su opinión de la visita al peluquero.

Y lo más importante: antes de llevar a su perro a la clínica veterinaria o a la peluquería, o antes de que el servicio de peluquería llegue a su casa, *llévese al perro a dar un largo e intenso paseo*. Lo mejor es que le dé su paseo habitual antes de salir de casa y que, cuando llegue a la clínica, le dé otro paseo más corto alrededor de la cuadra. Si el perro llega habiendo hecho ejercicio, tendrá menos energía dentro de sí y estará más receptivo ante una situación nueva y que puede producir temor. Si el perro asocia que cada vez que acuden a ese lugar pasa más tiempo con usted caminando, lo tomará de otro modo. Añadir golosinas puede ayudar, pero pasar más tiempo con el líder de la manada le dejará mejor sabor de boca que cualquier galleta de perro de las que se encuentran a la venta.

 ## Visitar el parque canino

Los parques caninos, especialmente aquellos en los que el perro puede estar sin correa, son puntos calientes en muchas comunidades estadounidenses. Esta clase de parques puede utilizarse para incrementar o mantener sus habilidades sociales, y quizá para que se divierta corriendo y jugando con miembros de su propia especie. Pero eso es todo lo que se debe esperar de un parque canino. No es un lugar en el que pueda esperarse que el perro consuma su exceso de energía. *Nada* puede reemplazar a su paseo, porque, cuando reúnes en un mismo sitio un número de perros que no se conocen, se corre el riesgo de que se desate el conflicto. El "poder de la manada" es intenso en un perro, pero recuerde que en el Centro de Psicología Canina a veces he tardado semanas en introducir con éxito a un perro en la nueva manada, ¡y mi manada está constituida por animales equilibrados y estables! ¿Puede decirse lo mismo de todos los perros del parque canino? ¿Puede estar absolutamente seguro de que su perro lo es? Un parque canino es un lugar rodeado de muros y cada vez que se encierra a muchos animales en un lugar aparecen las riñas.

A ver si le suena lo que voy a contarle: usted está cansada. Ha tenido un día muy largo y no tiene ganas de salir a pasear con su perro, así que decide montarlo en el coche. El animal está muy excitado y usted le dice: "Tranquilo, Rex, voy a llevarte al parque". El perro percibe su energía y sus señales. Reconoce los olores y las características del paisaje. Sabe adónde van y empieza a saltar dentro del coche. "¡Qué contento se pone porque sabe que vamos al parque!", piensa usted. Pero no, no es felicidad. Es excitación. Y usted debe saber a estas alturas del libro que la excitación en un perro no es sinónimo de felicidad, sino que en la mayoría de casos expresa energía reprimida y frustrada. Es decir: ¿qué está a punto de ocurrir? Pues que un perro frustrado y sobreexcitado se va a presentar en un parque para perros. Dependiendo del perro, puede estarse preparando el desastre.

Cuando un perro con energía excitada, frustrada, ansiosa o dominante llega a uno de estos parques, los perros que ya están allí van a sentir su energía inmediatamente y será interpretada como inestable. Y ya sabemos que en la naturaleza los animales no alientan la inestabilidad, de modo que los demás se acercarán a él y lo desafiarán, o bien huirán de él porque está saturado de energía negativa y explosiva. Ver huir a esos otros perros puede hacerlo entrar en estado depredador o de ataque porque es la forma más fácil de descargar la frustración. Un perro en ese estado puede crear problemas atacando a otro y las dueñas de los demás perros se alarmarán. Algunas intentarán recordar la hora en que suele aparecer el atacante e intentarán ir ellas treinta minutos antes o después. Cuando el perro se encuentre con esas personas, recibirá descargas de energía negativa que quedarán registradas en él, de modo que el parque dejará de ser un lugar de destino posible para él.

Por supuesto ya sabe lo que yo le recomendaría antes de llevar al perro al parque, ¿verdad? ¡Pasear con él! Darle un paseo de al menos media hora y después, una vez que se hubiera estacionado cerca del parque, darle otro paseo por aquella colonia. Si se trata de un perro con mucha energía, podrá utilizar una mochila. Recuerde que el parque para perros debe utilizarse para trabajar con sus habilidades sociales, no como sustituto para el ejercicio regular. El animal debe agotar tanta energía como sea posible antes de llevarlo al parque, cuando su nivel sea casi cero. De ese modo, cuando llegue al parque, estará relajado pero aún tendrá ganas de relacionarse con los otros perros.

¡No hay que olvidarse de él en el parque!

A menudo el comportamiento de la dueña de un perro en el parque es tan culpable como la falta de preparación del animal antes de llegar. La dueña llega al parque, suelta al animal y se pasa el resto de tiempo totalmente al margen, de pie a un lado, charlando con el resto de dueñas. La propietaria interpreta ese tiempo como una oportunidad de relajarse de la carga que supone tener un perro… "olvidarse" de ese trabajo durante un tiempo. Pero no olvide que ser el líder de la manada es una responsabilidad de veinticuatro horas al día, siete días a la semana. La experiencia puede no resultar satisfactoria para el perro porque se siente completamente solo, sin la guía de su perro alfa. No pretendo decir que deba estar constantemente al lado del perro, pero sí que debe permanecer alerta, no quedándose siempre en el mismo sitio sino caminando alrededor del parque, conectando con su perro mediante la voz, con serenidad y calma, mirándolo, transmitiéndole su energía. Debe conocer el lenguaje corporal de su mascota y cómo sacarle de una interacción que parece estarse transformando en una confrontación. Si un perro se comporta mal o lo desafían, o lo atacan, no debe actuar con suavidad. No alimente un comportamiento dominante, temeroso o agresivo consolando al perro o acariciándolo. No permita que su perro se esconda o que se le meta entre las piernas. ¡Y nunca lo deje sin supervisión en un parque para perros! Si ha conseguido establecerse como el líder de la manada de su perro, él la buscará para que le indique cómo comportarse. ¡No le defraude!

Recuerde que su perro tiene cuatro opciones cuando interactúa con otros perros: pelear, huir, evitar o someterse. Si ignora o evita a otros perros en el parque, eso no significa que sea un inadaptado social. Si usted se paseara en el centro de Los Ángeles a mediodía en un día laborable, no iría diciéndole "hola" a todo aquel que se cruzara en su camino, ¿verdad? Por supuesto que no. Ignora a la mayor parte de las personas con las que se cruza. ¡No se presenta con cada desconocida que se encuentra una en un elevador! Para un perro ignorar también forma parte de un comportamiento social habitual. Un perro saludable y equilibrado sabe cómo evitar a los demás como modo de prevenir un conflicto y mantener estable su disposición.

No hay estadísticas sobre las peleas que se producen en los parques para perros, de las heridas y las muertes en Estados Unidos, pero han ocurrido suficientes incidentes para provocar que muchas comunidades hayan intentado prohibir los parques en los que los animales van sin correa. Los perros que mejor se comportan en estos lugares son los que han sido socializados a una edad muy temprana.

Claramente hay algunos perros que, simplemente, no deben acudir a estos parques y no hay más opción. Los animales agresivos y dominantes nunca deben acudir a esta clase de instalaciones. Un animal nervioso o temeroso, tampoco. (Sin embargo, no es una solución que pueda contribuir a superar ese temor). El miedo es una señal que los animales dominantes interpretan con claridad y por esa debilidad pueden atacar a su perro.

Bajo ningún concepto debe llevar un perro enfermo a un parque: no sólo podría infectar a otros, sino que los perros dominantes interpretarían su enfermedad como una debilidad. Tampoco lleve nunca más de tres perros al mismo tiempo, y lleve más de uno sólo si está completamente seguro de su temperamento. Las hembras en celo pueden causar peleas, lo mismo que llevar comida.

En cualquier parque público para perros no hay modo de predecir cuál va a ser el comportamiento de los perros que acudan. Para socializar a su perro con otros miembros de la raza canina hay muchas alternativas más seguras. Puede encontrar a otras personas que salgan a pasear con su perro, que es el mejor modo de que su can sienta la manada. Empiece por permitir que sus perros se conozcan en una situación más relajada, más lúdica, atenta siempre al comportamiento de ambos. Corrija a su perro si es necesario y anime a la otra dueña a hacer lo mismo. Los perros en grupo aprenden enseguida las normas. No olvide que las manadas de lobos suelen constar de sólo cinco a ocho miembros. No hay por qué buscar la compañía de diez o veinte perros para que su mascota se beneficie del contacto con los de su propia especie.

 Viajar

Cualquier dueña de un perro conoce los riesgos de llevar a su mascota de viaje. Cuando los metemos en el coche o en jaulas de transporte si hemos de viajar en avión, tren o barco, algunos se marean, otros vomitan y otros jadean constantemente. Algunos se sobreexcitan y no hay modo de calmarlos. Hay incluso perros que se sienten atrapados, lo cual les provoca agresividad inducida por el miedo. Ladran, muerden o no dejan de gimotear. La razón por la que estos perros se sienten tan mal a la hora de viajar es porque no estaban tranquilos y relajados cuando se los metió en el coche o en su cesta. Necesitamos condicionarlos para que asocien viaje con relajación.

Una vez más, cuando vamos a exponer a nuestros perros a algo que para ellos es tan poco natural, lo mejor que podemos hacer por ellos es prepararlos de antemano. Antes de meterlos en el coche o en su jaula tenemos que salir a pasear. Sí, ya sé que vuelvo a decir lo mismo: que hay que darles un largo y vigoroso paseo. Si se trata de un viaje muy largo o en avión, añada una mochila o media hora más de banda para correr. El objetivo es que el animal esté agotado cuando vaya a encerrarlo. Para él habrá llegado el momento de descansar, así que tendrá sentido que se esté tumbado durante un largo espacio de tiempo.

Por supuesto, a algunos canes les encanta ir en el coche porque sus dueñas les dejan sacar la cabeza por la ventanilla. Cuando el perro saca el hocico fuera del coche, la experiencia es para él más excitante que para un humano asistir a una película en tres dimensiones, con el sonido llegándole de todas partes, olores incluidos; miles y miles de ellos, conocidos y desconocidos, llegan a su pituitaria cada segundo. Si hay cinco coches por delante de usted, el animal estará recogiendo cada uno de los olores presentes en ellos. Si pasa usted por delante de una granja, el perro está detectando el olor de cada uno de los animales que hay en ella. A los perros les encanta esta experiencia: es entretenida, satisfactoria y psicológicamente estimulante. Pero yo le sugeriría que no se lo permitiera, porque es físicamente muy peligroso para su perro. Polvo o cualquier brizna de hierba podrían metérsele en los ojos y el aire tan fuerte podría dañarle los oídos. Además, tanta estimulación podría sobreexcitarlo. Lo mejor es asegurarnos de que el animal está en disposición de descansar dentro del coche, así que ábrale la ventana sólo un poquito, pero de modo que no pueda sacar la cabeza. Aunque el aire olido de esta manera no está tan concentrado en olores, seguirá percibiendo aromas fascinantes para él y sin riesgo para su salud.

Traslados

Tengo muchas clientas que vienen a verme por primera vez después de haberse mudado. Suelen decirme que su perro estaba perfectamente bien antes de que llegaran a la nueva casa. De lo que no se dan cuenta es de lo mucho que ellas mismas han contribuido a que el animal desarrolle comportamientos no deseados. Comportamientos que pueden evitarse.

En la naturaleza los perros se trasladan constantemente. No hay nada que les guste más que explorar un nuevo entorno. Pero el modo en que los humanos nos trasladamos no es natural para ellos. Cuando estamos preparándonos para mudarnos, nuestros perros no tienen ni idea de que nos vamos a ir a un nuevo territorio, pero presienten que algo dramático está a punto de ocurrir. En primer lugar ven como todo lo que hasta aquel momento les es familiar va desapareciendo. Luego sienten toda la energía conflictiva que emiten los humanos: la excitación, la tensión, el estrés o la tristeza. Cuando la gente se inquieta por tener que abandonar su hogar, el perro lo interpreta como energía débil, negativa. Cuando los humanos nos paseamos por la casa vacía lamentándonos de lo mucho que vamos a echar de menos aquella colonia o recordando el nacimiento de nuestros hijos en aquel lugar, nuestros perros sólo perciben que algo terrible está pasando. Luego los metemos en el coche o en la jaula y los subimos a un avión. No saben que van a otra ciudad. ¡Y cuando llegamos a la casa nueva y vacía, los bajamos y esperamos que se adapten aún más rápido que nosotros! Los pobres ya están bastante ansiosos; han presentido nuestras emociones y lo han asociado con algo muy traumático. Por eso, cuando llegan a la casa nueva, aparecen comportamientos que nunca antes hemos visto en ellos. *¡Un perro no es un mueble!* No podemos embalarlos, trasladarlos de un sitio a otro y esperar que no les afecte.

Si vive usted en un sitio cercano al lugar al que se va a trasladar, le sugiero que lleve al perro caminando hasta allí un par de ocasiones antes de la mudanza. Los perros son muy sensibles al entorno y, cuando llegue el día de la mudanza, sabrán que ya han estado antes allí. Si vive lejos, siga el procedimiento que he indicado para viajar. Luego, cuando lleguen, ¿adivina qué es lo mejor que puede hacer? Aunque esté usted pasando por su personal momento de angustia o por una transformación emocional, en cuanto llegue a su nueva casa con el perro, lo que debe hacer es llevarlo a dar un paseo. Este paseo no es sólo para cansarlo, sino para ayudarlo a que se ajuste a un entorno nuevo. Este paseo debe durar más de una hora. Aunque es imposible para muchas personas, yo recomendaría que durase al menos tres. Le sentará bien a usted después de un viaje largo y la ayudará a liberar su propio estrés. A lo mejor puede compartir la responsabilidad del perro, la de deshacer el equipaje y abrir las cajas en su nueva casa con toda la familia. Lo haga como lo haga, este paseo es la piedra angular de la nueva vida de su perro. Es el paseo que le hará comprender que han migrado a un nuevo territorio y que conseguirá que la migración sea algo más natural para él.

Si ha caminado con su perro más de una hora, deberá estar cansado y preparado para relajarse cuando entre en su nueva casa. Déle de comer y enséñele la casa, habitación por habitación. No le deje deambular de un lado para otro. Muchos de mis clientes cometen este error simplemente porque están demasiado ocupados abriendo el equipaje. Piensan que el animal quiere explorar y le dejan recorrer su nueva casa incluso antes de haber tenido ellos mismos la oportunidad de hacerlo. La disciplina se ha roto.

Recuerde que la casa no es del perro, sino suya. Si llega a poseerla antes que usted, entonces se volverá dominante en ese espacio. Le sugiero que lleve al perro a una habitación, por ejemplo, la cocina, y que mantenga el resto de la casa prohibida para él mientras deshacen el equipaje. Si ha tenido su paseo de presentación, estará cansado y no le importará esperarla. Cuando pueda hacerlo, llévelo de habitación en habitación, invitándolo a entrar en cada una de ellas igual que hizo cuando el animal llegó por primera vez a su casa. Enseguida comprenderá que aquélla es su nueva guarida y que usted sigue siendo, indiscutiblemente, el líder de la manada.

Introducir un perro nuevo en la manada

A veces me he encontrado con clientas que han intentado solucionar algún problema de comportamiento, digamos, por ejemplo, la ansiedad por la separación, llevando a otro perro a casa. Sin duda lo hacían con sus mejores intenciones, pero el efecto es el mismo que si se deja caer un cerillo encendido en una lata de gasolina. Si va a ocuparse de dos perros, al menos uno de ellos debe estar equilibrado. Si en su casa hay multitud de perros, al menos todos los de la manada original deben estar equilibrados. Simplemente no puede salir bien cuando más de un animal está desequilibrado. Aunque su manada consista sólo de un animal y usted, introducir un perro nuevo debe ser un proceso meditado con calma en el que han de tenerse en cuenta el equilibrio y la energía del animal —para no hablar de la suya propia.

¿Se acuerda de Scarlett, mi bulldog francesa, el amuleto de la buena suerte del Centro? Tuvo la mala suerte de ser un perro inestable que fue a parar a una manada inestable en la casa de su dueño. Cuando Scarlett llegó, todos los demás perros que ya habitaban en la casa eran animales inestables que vivían sin normas ni límites. Uno experimentaba fijaciones casi con todo, otro era agresivo por temor y se mostraba posesivo con todo. Incluso los humanos de la casa estaban desequilibrados y eran indisciplinados. Scarlett es una perra muy sensible que, en cuanto llegó y se percató de toda esa energía inestable, reaccionó peleando, atacando esa energía. Era también la más joven y la más atlética de la casa, y no iba a tolerar que otro perro inestable la mangoneara. Desgraciadamente para ella sus dueños habían desarrollado lazos de unión con los perros que ya vivían allí, de modo que los otros tenían el privilegio de la antigüedad. Scarlett era la recién llegada, y por ser la nueva la culpaban de todo. Por eso y porque sus propietarios no iban a cambiar, tuve que sacarla de esa situación.

Del mismo modo que obraría si se tratara de usted, debe elegir como compañero para su perro otro de similar nivel de energía. Igual que en las parejas humanas, a los perros no tienen por qué gustarles las mismas cosas para llevarse bien, pero sí necesitan compartir el mismo temperamento básico. La mayor parte de la gente, cuando lleva a un perro nuevo a su casa, suele favorecer al más antiguo, principalmente porque se sienten culpables por haber impuesto un "competidor" a su perro de más edad. No quieren que se sienta "celoso". Solemos interpretar el periodo natural en el que se decide cuál es el animal más dominante o cuál el más sumiso como "celos". Puede que, en realidad, los perros experimenten algo parecido a nuestros celos, pero lo más normal es que seamos los humanos quienes escribamos el guion de la historia. La razón que se oculta tras los "celos" es el hecho de que el perro nuevo ha aportado un nivel superior de energía o un carácter más competitivo que el perro que ya se siente cómodo con su entorno tal y como está. Aun así, muchos dueños temen este momento porque piensan que su perro se ha enojado con ellos y lo que hacen es proyectar más energía negativa. Cuando esto ocurre, cuando la relación entre ambos va cuesta abajo, acaban llevando al perro a un médium, que les dice que sus dos perros eran rivales en otra vida. ¿Piensa que exagero? Pues ¡esta versión es una de las más ligeras que he tenido que escuchar de mis clientas!

Lo que deben hacer es tratar a ambos perros por igual, siempre desde la posición de líder firme y sereno. Los perros que son seguidores en una manada no pelean entre ellos, sino que concentran toda su energía en seguir las reglas del líder, sus normas y sus límites. Si usted es un verdadero líder, a los animales no les quedará más remedio que llevarse bien. Dos mentes sumisas serán capaces de vivir y jugar sin problemas. Dos mentes dominantes se desafiarán la una a la otra y acabarán siendo un tormento para usted.

Hay determinadas situaciones en las que recomiendo una relación más dominante-sumiso entre un perro recién llegado y el más antiguo. Hace poco grabamos un capítulo para la segunda temporada de *Dog Whisperer* que trataba de la llegada de un compañero para un perro que llevaba ya un tiempo en su casa. El capítulo se titula *Buford's Blind Date* ("Una cita a ciegas para Buford"). Buford es un bóxer de aspecto duro pero muy tranquilo y estable; eso sí, sin socializar. Buford necesitaba un compañero, pero su dueña, Bonita, no estaba comprometida al cien por ciento ni era el líder firme y sereno que se necesitaba. Aunque es una dama muy sosegada, yo sabía que iba a necesitar una fuerte guía antes de llevar a otro bóxer a su casa y sabía también que no iba a poder contar con ella para que les proporcionase el liderazgo que iban a necesitar dos perros fuertes. Fui con ella a Boxer Rescue en Sun Valley, California, para ayudarla a elegir a la novia de Buford. Aunque su perro es un animal dulce que podría haberse llevado bien con muchos perros, tenía que contar con la energía y el nivel de compromiso de Bonita a la hora de hacer la elección. Necesitaba un perro que pudiera adaptarse sin necesitar demasiado esfuerzo de su parte. Escogimos a Money, una perra menuda, sociable pero extremadamente sumisa, con una preciosa capa de color chocolate con leche. Al llevarla a casa dejé que Buford estableciera su dominancia sobre ella, además de pedirle a Bonita que no diera muestras de afecto a Money durante las dos primeras semanas. Bonita es una persona que adora a los perros, de modo que fue un requerimiento extremadamente difícil para ella. Pero era importante que le proporcionara a Buford el espacio necesario para mostrar su dominancia sobre la perra antes de que Bonita empezase su relación con la recién llegada. En esencia le estaba encargando a Buford el trabajo que suele tener un ser humano: enseñar al recién llegado las normas de la casa. Siendo un animal sereno y equilibrado, en esas dos semanas haría mejor aquel trabajo que Bonita.

Cuando deba introducir un perro nuevo en su casa, asegúrese de que sus perros antiguos hayan trabajado hasta agotar su energía antes del gran día. Deben estar serenos y sumisos. Aunque usted esté nerviosa ante el acontecimiento, debe ser consciente de que no puede compartir ese temor, esa tensión o esa inseguridad con los perros porque el encuentro estaría abocado al fracaso. Si no se siente cómoda haciéndolo en su propia casa, escoja un territorio neutral y luego, al final del día, invite a ambos perros a su casa.

Sin embargo, lo más importante es que conozca usted bien a su perro antes de pensar en expandir su manada. Asegúrese de que no se siente frustrado y que no es un animal agresivo empujado por el miedo o por cuestiones de dominancia. Si tiene acceso a otros perros, déjelos interactuar en varias situaciones. Obsérvelos atentamente en el parque, por ejemplo. Así verá en qué áreas del comportamiento de su perro ha de trabajar antes de poder llevar a un nuevo amigo a casa.

Los perros y el ciclo de la vida: vejez y muerte

Cuando vivimos con un perro durante muchos años, inevitablemente tenemos que verlo envejecer. Los perros tienen un ciclo vital más corto que el nuestro —una media de 13 años[2] frente a una de 77[3]—, de modo que a menos que los adoptemos cuando ya somos mayores, es muy probable que se hagan viejos antes que nosotras. La vejez del animal puede hacer sufrir mucho a la dueña y a su familia, pero una de las razones por las que creo que los animales llegan a nuestra vida es para enseñarnos que la vejez y la muerte forman parte de la naturaleza, que al dar vida debemos experimentar y aceptar la muerte como otra fase del ciclo natural de la vida. Los perros celebran la vida y asumen con naturalidad la muerte. De hecho enfrentan la muerte mucho mejor que nosotros. Ellos son los profesores en este ámbito. Su sabiduría natural puede ayudarnos a encontrar consuelo cuando hemos de enfrentarnos a nuestra propia fragilidad y muerte.

Si un perro enferma, por ejemplo, de cáncer, no percibe su enfermedad del mismo modo que nosotros. Sentimos lástima por él y liberamos energía triste y dolorosa cada vez que lo miramos, pero esa energía sólo sirve para crear un entorno negativo para el perro. Si el animal vuelve del veterinario con un diagnóstico de cáncer, no viene pensando "¡Ay, Dios mío, sólo me quedan seis meses de vida! ¡Ojalá hubiera ido a China!". Ellos viven el momento, independientemente de si tienen cáncer o no. Independientemente de si están ciegos o sordos. No importa cuál sea su situación: ellos siguen viviendo el momento de cada día. Hace poco tiempo impartí un seminario para trescientas cincuenta personas en Texas. Una perra de un albergue local estaba sentada a mi lado. Acababan de diagnosticarle cáncer, pero nadie podría imaginar un animal más alegre, más feliz que aquél. Todo el mundo se decía "Tiene cáncer. Pobrecita". Pero a ella no le preocupaba en lo más mínimo. Se la estaba pasando de maravilla. Se sentía equilibrada, serena y sumisa, en un entorno nuevo y muy interesante para ella. Algo que podemos aprender de los perros es a apreciar y disfrutar de la vida en los más pequeños detalles cada día.

La decisión de dormir a un animal que está sufriendo es una de las más duras a las que puede tener que enfrentarse un ser humano. Es una decisión muy personal que descansa sobre la conciencia de cada uno, sobre sus creencias espirituales y la unión que mantuviera con ese animal. Una de mis clientas describió el momento de tomar tal decisión como "apagar la luz" de su mascota a pesar del hecho de que seguía vivo y respirando. El mejor consejo que puedo ofrecer para enfrentarse a ese momento es que, cuando el animal deja de existir, seguramente ha vivido una vida más plena que la de cualquiera de nosotros. El perro habrá saboreado cada momento que ha pasado sobre esta tierra y no deja atrás cosas sin acabar ni conoce el remordimiento.

Los seres humanos somos los únicos animales que tememos activamente a la muerte, que nos obsesionamos con ella, que sufrimos por ella antes de que ocurra. Los perros tienen mucho que enseñarnos en este sentido. ¿Sufren? Sí. Recientes investigaciones han demostrado que muchos animales sufren por su muerte, sobre todo por la de los miembros de su familia, compañeros o aquellos con los que habían creado un vínculo profundo[4]. Pero para la mayoría de animales el dolor es simplemente una fase por la que pasan antes de recuperar el equilibrio. En la naturaleza, si el líder muerte, la manada pasará un tiempo de duelo por su pérdida y recomponiendo su estructura. Luego seguirán adelante.

Como ya he dicho antes, los perros se reponen psicológicamente hablando mucho antes que los humanos… siempre que se lo permitamos, claro. Si muere un perro en una casa donde había dos, por supuesto que el que queda sufrirá por la muerte del que se ha ido, pero es natural que el animal recupere el equilibrio a menos que los humanos se lo impidamos. Les sorprendería la cantidad de casos que he tenido en los que uno de los perros de la familia ha fallecido y el que queda comienza a tener dificultades que nunca antes tuvo. Cuando la familia me dijo: "Es que no ha podido superar la muerte de Winston", miré a mi alrededor. Había fotos de Winston por todas partes, recuerdos del funeral, una urna con sus cenizas en la chimenea. Las cortinas estaban corridas, la casa a oscuras y llena de polvo. El perro no era responsable de todo aquello. Cuando pregunté cuánto tiempo hacía que Winston había muerto, me contestaron: "Seis meses". ¡Seis meses! ¡Una eternidad para un perro! Permanecer en tal estado no es natural para él. En esos casos son los humanos quienes deciden permanecer en un estado de duelo, no el animal, que se limita a contagiarse de la energía trágica y la depresión que reina en la casa. Son los humanos los que han de dejar de proyectar su dolor sobre el perro y seguir adelante para que pueda hacerlo él.

También he atendido un buen número de casos en los que se lleva a casa a un perro tras la muerte de otro. El nuevo ha de ser un "sustituto" para el anterior y muchas veces ese sustituto llega demasiado pronto, cuando aún los humanos o los demás perros de la casa están asimilando su dolor. Cuando se lleva un animal a una casa llena de tristeza, se le lleva a un entorno de energía débil y negativa. En una casa sumida en el duelo no hay líderes fuertes.

En un caso reciente del que me ocupé, un gran danés había entrado en una casa y les estaba haciendo la vida imposible al esposo, la mujer y la familia del perro que falleció. El animal no era dominante por naturaleza, pero, en cuanto entró y notó el vacío, cambió. Por difícil que pueda ser, le aconsejo que espere un poco antes de llevar una mascota nueva a casa después de que la anterior se haya ido. Espere a estar preparada para abrir las cortinas, dejar entrar la luz y la risa. Entonces volverá a estar preparada para ser el líder de la manada y para proporcionarle un hogar saludable y equilibrado al nuevo perro.

NOTAS

[1] Cobarrubius, A., y Lee, N., "Pet Rottweiler Kills Toddler in Glendale", en *Los Angeles Times,* 4 de agosto de 2005: B1.

[2] Brace, J. J., "Theories of Aging", *Veterinary Clinics of North America-Small Animal Practice* 11 (1981): 811-814.

[3] Fuente: AARP.

[4] Hauser, M. D., *Wild Minds: What Animals Really Think,* Nueva York, Henry Holt and Company, 2000.

9
Bueno para nuestras perras, bueno para nosotros

Aunque pueda suponer un revés para nuestro ego humano tan sobredimensionado, la verdad es que nosotros necesitamos más a las perras que ellas a nosotros. Si los humanos desapareciéramos mañana de la faz de la Tierra, las perras se las arreglarían para sobrevivir. Seguirían su instinto genético y formarían manadas muy parecidas a las que los lobos continúan formando. Volverían a cazar y a establecer territorios. Continuarían criando a sus cachorros casi del mismo modo que lo hacen hoy. En muchos sentidos incluso serían más felices. Las perras no necesitan a los humanos para estar equilibrados. De hecho la mayor parte de dificultades e inestabilidades que las perras domésticas sufren se derivan de su permanencia en situaciones no naturales para ellas: vivir con nosotros tras unos muros en este mundo moderno e industrializado.

He dicho antes que las perras son de Plutón y los seres humanos son de Saturno. Sería más exacto decir que las perras son de la Tierra y los humanos son del espacio exterior. En muchos sentidos los humanos somos distintos a todos los demás seres que comparten este planeta con nosotros. Tenemos la capacidad de racionalizar, lo cual nos da también la capacidad de engañarnos a nosotros mismos. Eso es lo que hacemos cuando humanizamos a los animales: proyectar nuestras propias imágenes sobre ellos para sentirnos mejor. Al hacerlo, no sólo les hacemos daño a ellos, sino que nos distanciamos aún más del mundo natural en el que existen.

Lo que parecemos olvidar es que aún tenemos acceso al mismo mundo en el que ellos viven. Por eso los indígenas de los desiertos, las montañas, los bosques y las junglas son capaces de sobrevivir generación tras generación. Son el Homo sapiens, como lo éramos nosotros, pero ellos están totalmente en sintonía con su naturaleza animal. Viven cómodamente en ambos mundos. Aquí, en la "civilización", nos hemos alejado del mundo natural definiéndonos exclusivamente como la especie superior, la especie que crea, la especie que desarrolla. Continuamos rematando ese lado más natural y mejor de nosotros mismos al ser la especie que destruye ecosistemas enteros sólo por dinero. Ninguna otra especie destruye a la Madre Naturaleza del modo en que nosotros lo hacemos. Sólo los humanos hacemos algo así.

Sin embargo, no importa lo mucho que arrasemos la Tierra, nuestra naturaleza animal ansía ser satisfecha. ¿Por qué cree que plantamos árboles junto a las carreteras? ¿Por qué ponemos cascadas en los vestíbulos de los rascacielos? ¿Por qué decoramos las paredes de nuestras casas con paisajes? Incluso los departamentos más minúsculos del centro de la ciudad tienen en sus ventanas pequeñas jardineras para plantas. Nos gastaremos los ahorros de todo un año para tomarnos una semana de vacaciones para preservar nuestra salud mental junto al mar, a un lago o en las montañas. Y eso es porque, sin alguna conexión con la Madre Naturaleza, nos sentimos aislados. Tenemos frío. Nos sentimos desequilibrados. Nos morimos por dentro.

En Estados Unidos y en algunas otras culturas del mundo las perras y demás animales que llevamos a nuestras casas sirven como nexo de unión principal con la Madre Naturaleza. Puede que no seamos conscientes de ellos, pero son la línea vital que nos une con una parte de nosotros mismos que estamos a punto de perder. Cuando humanizamos a nuestras perras, interrumpimos la lección vital que iban a enseñarnos: cómo experimentar el mundo a través de nuestros instintos animales. Cómo vivir cada momento y cada día al máximo.

Cuando llevamos una perra a nuestra casa, es nuestra responsabilidad satisfacer sus necesidades instintivas para que puedan sentirse equilibradas. A las perras les importa un comino los juguetes, ganar trofeos o las joyas que ponemos en sus collares. No les importa que usted viva en una casa grande; ni siquiera si tiene trabajo. Les importan otras cosas, como la solidaridad de la manada, sentirse unidas a su líder durante la migración, explorar el mundo, vivir en la sencilla felicidad de un momento. Si consigue satisfacer a su perra en todos estos sentidos, dándole ejercicio, disciplina y afecto, en ese orden, su perra le devolverá el favor encantada. Podrá presenciar el milagro de dos especies muy distintas comunicándose y uniéndose de un modo que nunca creyó posible. Conseguirá en la relación con su perra la clase de conexión profunda con la que siempre soñó.

Deseo con toda sinceridad que este libro le haya ayudado a encontrar el punto por el que empezar su búsqueda de una relación más saludable y mejor con las perras de su vida.

La luz dorada del sol de esta hora empieza a decaer en esta desierta playa del sur de California mientras salto en mitad de una pequeña ola y lanzo una pelota de tenis con todas mis fuerzas. Aullando de alegría, todas las perras de la manada salen disparadas en su persecución, intentando ser la que consiga atraparla para devolvérmela, pero sin pelear entre ellas por su posesión. Cualquiera que conozca a las perras sabrá hasta qué punto es esto un milagro, pero yo soy un buen líder de la manada y ellas son unas buenas seguidoras. Las reglas son las reglas y todo el mundo las conoce. Carlitos, un pitbull de tres patas, se hace con el trofeo esta vez como prueba de su absoluta determinación. Las otras vienen ladrando junto a él mientras él se acerca cojeando para ponerme en la mano la pelota y mirarme con absoluto arrobo con sus ojos castaños. Le acaricio la cabeza, corro a la orilla y vuelvo a lanzar la pelota. Las perras vuelven a saltar al agua. Por un momento siento lo mismo que ellas: el agua fría y salada en la piel, miles de aromas marinos, el sonido hipnótico y tranquilizador de las olas. Me llena la felicidad de este momento fugaz y se lo debo a ellas. Todo se lo debo a ellas.

El sol se ha vuelto rojo al borde del Pacífico cuando tomamos la vereda rocosa que nos conduce a la camioneta. Todos estamos agotados pero felices. Esta noche los cuarenta y tantos perros del Centro dormirán profundamente. Yo también dormiré bien con la conciencia de haber ayudado a llenar sus vidas... del mismo modo que ellos han llenado la mía.

Glosario

1. Energía serena y firme

Es la clase de energía que ha de proyectar para mostrarle a su perro que es usted un líder de la manada firme y sereno, que tiene en cuenta las circunstancias del momento pero que nunca pierde el control.

2. Energía serena y sumisa

En la naturaleza se trata de la energía adecuada para un "seguidor" en la manada y, por lo tanto, es la ideal para un perro que vive en una casa. Los signos de este tipo de energía son una postura relajada, orejas atentas y una respuesta casi instintiva a las órdenes del "líder de la manada".

3. Ejercicio, disciplina y afecto… ¡en ese orden!

Éstos son los tres ingredientes necesarios para tener un perro feliz y equilibrado. Muchos dueños ofrecen a sus animales sólo cariño o no satisfacen estas necesidades en el orden correcto.

a) Ejercicio: caminar con el perro al menos una hora diaria y de modo correcto.

b) Disciplina: imponer al perro reglas y límites de un modo no abusivo.

c) Afecto: una recompensa que ofrecemos a nuestro perro y a nosotros mismos, pero sólo *después* de que el animal se haya mostrado sereno y sumiso en nuestra "manada".

4. Dominar el paseo

El paseo es un ritual extremadamente importante para un perro. Tendrá lugar al menos dos veces al día, con una duración de treinta a cuarenta minutos en ambas ocasiones, de modo que tanto la mente como el cuerpo del perro trabajen en firme. También es importante que el dueño actúe como líder durante el paseo, lo que significa que el animal debe caminar junto al dueño o detrás de él, y no jalando la correa. Si es el perro el que "saca a pasear" al humano, el animal se percibe a sí mismo como líder de la manada en ese momento, lo cual supone que el humano no tiene el control.

5. Reglas y límites

a) Los perros necesitan saber que su líder es quien establece las normas y los límites que rigen su vida tanto dentro como fuera de casa.

b) La ira, la agresividad o los abusos practicados a un perro *no* le asegurarán el papel de líder; un líder airado y agresivo no tiene el control. La energía firme y serena y un liderazgo diario y consistente conseguirán más fácilmente que se respeten las normas.

6. Dificultades

Si un perro no confía en su dueño como líder fuerte y estable de la manada, experimenta confusión respecto a su propio papel en ella. Un perro que no sabe con claridad quién está al mando siente preocupación por la supervivencia del grupo, de modo que intenta reemplazar al líder ausente a veces sin saber cómo hacerlo. Esto puede causar agresividad, ansiedad, temor, obsesiones y fobias… lo que yo llamo "dificultades".

7. Equilibrio

Un perro equilibrado posee el estado ideal que la Madre Naturaleza designó para él como seguidor sumiso y sereno del grupo, al estar satisfecho físicamente gracias al ejercicio. Psicológicamente ese equilibrio lo conservan las normas y los límites y, emocionalmente, el afecto de su dueño.

8. Adiestramiento canino

Condicionar a un perro a responder ante las órdenes de un humano (siéntate, quieto, ven, atrás) no es lo que yo hago.

9. Rehabilitación de perros

Esto es lo que yo hago: ayudar a un perro con dificultades a recuperar su equilibrio, su serenidad y su sumisión. A veces puede parecer que soy capaz de "arreglar" instantáneamente a un perro, pero, como ya he dicho en otras ocasiones, los animales no son aparatos que podamos enviar a reparar. La rehabilitación total de un can sólo puede lograrse con un dueño sereno, firme, estable y *consistente*.

10. Nariz, ojos y orejas… ¡En ese orden!

Recuerdo a los dueños de perros que éstos ven el mundo de un modo distinto a nosotros. Nos comunicamos usando primero las orejas, luego los ojos y por último la nariz. Los perros empiezan por la nariz, luego los ojos y por último las orejas. Permitir que un perro se familiarice con nuestro olor antes de que hagamos contacto visual con él o de que le hablemos es un modo de establecer confianza temprana.

11. Humanizar a los perros

Muchos propietarios cometen el bienintencionado error de considerar niños a sus perros. Yo les aconsejo que intenten ver el mundo a través de los ojos de sus mascotas: comida cara, bonitos accesorios y una mansión millonaria no harán la felicidad de su perro. Ejercicio regular, un líder de la manada fuerte y el afecto merecido supondrán un perro sereno y equilibrado.

12. Entrenar a las personas

Cuando me llaman para ocuparme de algún caso, son muchos los dueños que piensan que el problema está en el perro, y yo intento hacerles comprender que su propio comportamiento tiene un impacto importante en su perro. Para conseguir "reformarlos" le ofrezco consejos sobre cómo ser un líder sereno y firme.

Bibliografía

ABRANTES, R., *Dog Language: An Encyclopedia of Dog Behavior,* Wenatchee WA, Wakan Tanka Publisers, 1997. (*Manual de comportamiento canino,* KNS Ediciones, Cacheiras, 2004).

AMERICAN KENNEL CLUB, *The Complete Dog Book,* Wiley Publications, Nueva York, 1998.

BEKOFF, M., *Minding Animals: Awareness, Emotion and Heart,* Universidad de Oxford, Nueva York, 2002.

DIBRA, B. (con Elizabeth Randolph y Kitty Brown), *Your Dream Dog: A Guide to Choosing the Right Breed for You,* New American Library, Nueva York, 2003.

FOGLE, B., DVM. MRCVS, *The Dog's Mind: Understanding Your Dog's Behavior,* Howell Book House, Nueva York, 1990. (*Conozca a su perro,* Naturart, Barcelona, 1993).

HAUSER, M. D., *Wild Minds: What Animals Really Think,* Henry Holt and Company, Nueva York, 2003.

IRVINE, L., *If You Tame Me: Understanding Our Connection with Animals,* Temple University Press, Filadelfia, 2004.

MCCONNELL, P. B., *The Other End of the Leash: Why We Do What We Do Around Dogs,* Ballantine Books, Nueva York, 2002.

MONKS OF NEW SKETE, *How to Be Your Dog's Best Friend,* Brown and Company, Nueva York, 2002.

SCOTT, J. P., y FULLER, J. L., *Genetics and the Social Behavior of the Dog: The Classic Study,* Universidad de Chicago, Chicago, 1965.

Whitney, L., DVM. *Dog Psychology: The Basics of Dog Training,* Howell Book House, Nueva York, 1971; 1974. (*Adiestramiento y psicología del perro,* Bellaterra, Barcelona, 1998).

César recomienda

Asociaciones humanitarias y de rescate

Amanda Foundation
310 278 2935
www.amanda-fnd.org

The American Kennel Club
www.akc.org

Animal Rescue League of El Paso
"Protecting Life, Providing Love"
No Kill Shelter
P.O. Box 13055 /El Paso, TX 79913
915 877 5002
www.arlep.org

Best Friends Animal Society
5001 Angel Canyon Road / Kanab, UT 84741 – 5000
433 644 2001
www.bestfriends.org

Gingers House
Linn Boyke
P.O. Box 490748 / Los Angeles, CA 90049
www.gingershouse.org

The Society for the Prevention of Cruelty to Animals
www.spca.com

Pets911
www.pets911.com

Second Chance at Love Humane Society
"Rescue, Rehabilitation, Placement"
Cheri Lucas
P.O. Box 396 / Templeton, CA 93465
805 434 3982
www.secondchancelove.org

César recomienda en México

Adoptando a un amigo
informes@adoptandounamigo.com
www.adoptandounamigo.com
DF

Adopta Un Amigo
32 24 44 66, 28 45 09 63, 26 99 29 91
perros@adoptaunamigo.org
www.adoptaunamigo.org
DF

Amigos de los Animales
amigosdelosanimalesmx@hotmail.com
www.geocities.com/amigosdelosanimalesmx
Jalapa

Asociación Coahuilense para la Protección a los Animales
44 14 99 00
Calle Xicoténcatl Norte 716 Privada Los Angeles 2ª.
Saltillo

Asociación Defensora de los Animales, A. C.
83 03 05 80
www.geocities.com/sociedadprotectoradeanimales
Monterrey

Asociación Mexicana de Médicos Veterinarios Especialistas en Pequeñas Especies
(AMMVEPE)
Atlixco # 42 – 1, Colonia Condesa, México, DF.
55 53 11 88, 52 86 18 02
DF

Asociación Mexicana por los Derechos de los Animales (AMEDEA)
55 14 81 99 17, 044 55 27 07 46 92
amede_ac@yahoo.com.mx, amedea_juridico@yahoo.com.mx
www.amedea.org.mx
DF

Asociación Pro Derechos de Los Animales (APRODEA)
680 35 36
isleraa@yahoo.com
Tijuana

Cambia un destino
55 19 36 10, 55 19 36 11
adopciones@cambiaundestino.com.mx
www.cambiaundestino.com.mx
DF

Comité Pro Animal
Callejón de Colima 23, Col. del Carmen Coyoacán
56 40 93 46, 56 40 93 85; emergencias: 53 28 28 28, clave: 6258
www.comiteproanimal.org
comiteproanimal@yahoo.com.mx
DF

Gente Por La Defensa Animal
www.gepda.org
contacto@gepda.org
DF

Grupo de Defensa de la Vida Animal, A.C.
915 19 62 , 916 52 34, 916 67 26
Aguascalientes

Humane Society of Cabo San Lucas, AC
41 43 50 16, 39 47
Cabo San Lucas

Milagros caninos
044 55 26 90 72 83
www.milagroscaninos.org

Presencia Animal
51 35 53 43
www.presenciaanimal.org
contacto@presenciaanimal.org
DF

Prodefensa Animal, AC (PRODAN)
www.prodan.org.mx
Garza García

Pro Perro, A.C.
044 55 91 43 52 84
www.properro.org
DF

Red AMMA
www.redamma.com
tamara@redamma.com
DF

Este libro se terminó de imprimir en marzo de 2011
en los talleres de Litográfica Ingramex, S.A. de C.V.
Centeno 162-1 ,Col. Granjas Esmeralda,
C.P. 09810 México, D.F.